武汉大学百年名典

社会科学类编审委员会

作者简介

陈继勇 教授生于1953年3月，湖北应城人，汉族，中共党员，武汉大学珞珈杰出学者，二级教授，博士生导师，经济学博士。1973年，陈继勇先生毕业于孝感师范学校中文专业。1973年至1975年，在应城市陈河高中任教。1975年至1981年，在武汉大学经济系学习，获硕士学位并留校任教。1984年8月至1985年10月，赴美国匹兹堡大学经济系进修。1985年，晋升为讲师。1986年，任武汉大学世界经济系副主任。1989年1月，晋升为副教授。1990年，任武汉大学经济学院副院长。1991年，获经济学博士学位并破格晋升为教授。1993年，任博士生导师。1994年8月至1995年7月，作为富布赖特高级访问学者，赴美国约翰斯·霍普金斯大学保尔·尼茨高级国际问题研究院访问研究一年。1996年4月，任湖北大学副校长、党委常委、校学位委员会主席兼任经济学院院长。1999年，任武汉大学美国加拿大经济研究所所长。2001年6月，任湖北省社会科学院院长、党组成员。2002年4月，当选为中共湖北省第八次党代会代表。2002年6月，当选为中共十六大代表。2005年至2013年，任武汉大学经济与管理学院院长。曾兼任中国美国经济学会会长，中国世界经济学会副会长，中国亚太学会副会长、中国高校经济学年会副理事长、中国外国经济史学会副会长、教育部经济学教学指导委员会委员，湖北省社会科学联合会副主席，湖北省经济学团体联合会执行主席，湖北省学位委员会委员，湖北省、武汉市咨询与决策委员会委员，武汉市人民政府参事，湖北省美国经济学会会长等。

陈继勇教授长期从事世界经济、国际投资、国际金融与贸易研究，为我国应对中美经贸冲突、参与世界贸易组织决策和国际

作者简介

经贸人才培养做出巨大贡献。四十多年来，先后在人民出版社等出版独著、主编、参编著作40多部，在各类期刊发表论文200余篇。主持国家社科基金重大攻关项目、国家自然科学基金项目、国家教育部重点基地重大项目、跨世纪优秀人才基金重大项目，以及国家教委“八五”、“九五”、“十五”重点社科基金重点项目、省社科基金重点课题等，在美国经济、中美经贸关系、世界贸易组织等方面做出了突出研究贡献。其研究成果先后30多次获国家级、省部级优秀科研成果奖。如：2001、2003、2007、2009和2011年先后五次获湖北省第二届、第三届、第五届、第六届和第七届社会科学优秀成果一等奖；2009年获教育部高等学校科学研究优秀成果奖二等奖；2006年获教育部第四届高校人文社会科学研究优秀成果三等奖；2009年获湖北省首届发展研究奖一等奖等。

陈继勇教授自1986年以来，先后四次被评为武汉大学先进工作者、武汉大学教书育人优秀教师、武汉大学优秀教师、武汉大学优秀党务工作者，1991年被湖北省青年联合会授予“七五”建功立业优秀青年称号，1993年获国务院特殊津贴，1997年被湖北省委、省政府授予有突出贡献的中青年专家称号，同年入选教育部首批哲学社会科学跨世纪优秀人才培养计划。作为国家级重点学科——武汉大学世界经济学科点学科带头人及湖北省跨世纪学科带头人，2003年获湖北省新世纪高层次人才工程第一层次人选，2007年获湖北省教育系统“三育人”先进个人称号，2008年获湖北省五一劳动奖章，2009年获武汉市劳动模范称号。

百年名典

美国对外直接投资研究

陈继勇 著

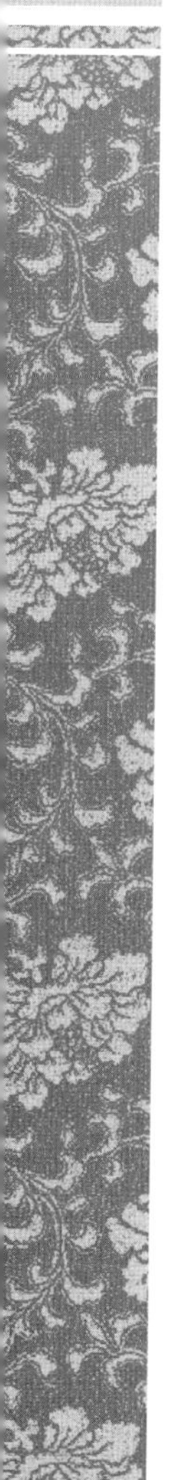

武汉大学出版社
WUHAN UNIVERSITY PRESS

图书在版编目(CIP)数据

美国对外直接投资研究/陈继勇著.—武汉：武汉大学出版社,2023.11
武汉大学百年名典
ISBN 978-7-307-24075-9

Ⅰ.美… Ⅱ.陈… Ⅲ.对外投资—直接投资—研究—美国
Ⅳ.F837.124.8

中国国家版本馆 CIP 数据核字(2023)第 201513 号

责任编辑:黄金涛　　责任校对:汪欣怡　　版式设计:马　佳

出版发行：**武汉大学出版社**　(430072　武昌　珞珈山)
(电子邮箱：cbs22@ whu.edu.cn　网址：www.wdp. com.cn)
印刷:武汉中远印务有限公司
开本:720×1000　1/16　印张:22.5　字数:319 千字　插页:4
版次:2023 年 11 月第 1 版　2023 年 11 月第 1 次印刷
ISBN 978-7-307-24075-9　定价:139.00 元

《武汉大学百年名典》出版前言

百年武汉大学，走过的是学术传承、学术发展和学术创新的辉煌路程；世纪珞珈山水，承沐的是学者大师们学术风范、学术精神和学术风格的润泽。在武汉大学发展的不同年代，一批批著名学者和学术大师在这里辛勤耕耘，教书育人，著书立说。他们在学术上精品、上品纷呈，有的在继承传统中开创新论，有的集众家之说而独成一派，也有的学贯中西而独领风骚，还有的因顺应时代发展潮流而开学术学科先河。所有这些，构成了武汉大学百年学府最深厚、最深刻的学术底蕴。

武汉大学历年累积的学术精品、上品，不仅凸现了武汉大学"自强、弘毅、求是、拓新"的学术风格和学术风范，而且也丰富了武汉大学"自强、弘毅、求是、拓新"的学术气派和学术精神；不仅深刻反映了武汉大学有过的人文社会科学和自然科学的辉煌的学术成就，而且也从多方面映现了20世纪中国人文社会科学和自然科学发展的最具代表性的学术成就。高等学府，自当以学者为敬，以学术为尊，以学风为重；自当在尊重不同学术成就中增进学术繁荣，在包容不同学术观点中提升学术品质。为此，我们纵览武汉大学百年学术源流，取其上品，掬其精华，结集出版，是为《武汉大学百年名典》。

"根深叶茂，实大声洪。山高水长，流风甚美。"这是董必武同志1963年11月为武汉大学校庆题写的诗句，长期以来为武汉大学师生传颂。我们以此诗句为《武汉大学百年名典》的封面题词，实是希望武汉大学留存的那些泽被当时、惠及后人的学术精品、上品，能在现时代得到更为广泛的发扬和传承；实是希望《武汉大学百年名典》这一恢宏的出版工程，能为中华优秀文化的积累和当代中国学术的繁荣有所建树。

《武汉大学百年名典》编审委员会

序

二次大战后，西方跨国公司迅猛发展，国际直接投资急剧增长，这是当代世界经济中极其重要的现象，并具有深远的影响。在西方跨国公司中，美国跨国公司长期居于主导地位。迄今为止，美国的对外直接投资仍遥遥领先于其他西方发达国家。1990 年其对外直接投资余额约占世界对外直接投资总额的 1/4，即分别等于该年份日、德两国或英、法两国对外直接投资余额之和。因此，深入剖析美国对外直接投资的发展过程及其特点，从世界经济研究的角度说来，无疑具有重要的现实意义和理论意义。武汉大学经济学院副院长陈继勇同志的新著《美国对外直接投资研究》，正是他在上述背景下经过几年的潜心研究，并在其博士学位论文的基础上修改写成的。

这部著作是国内世界经济学界第一部篇幅较大的、系统而全面地研究美国对外直接投资的专著。它明显具有以下几个特点：

首先，它以马克思主义经济理论包括列宁的资本输出理论为指导，同时吸收了当代西方国际投资理论如垄断优势论的一些有益分析，来考察美国对外直接投资的历史发展、现状、特点及其前景，从而做到了立论得当，观点正确，论述具有理论深度。

其次，作者研究美国对外直接投资，并非就事论事，而是把这个问题放到世界经济整体的大环境中，放到国际经济一体化发展变动的总趋势中，放到各种类型国家复杂错综的多种关系中去探讨，故涉及面大，包括国际分工深化，跨国公司活动，世界产业结构变化与科技成果转移，国际贸易与国际金融发展，各类国家相互间经济关系的演变，国际竞争、矛盾与冲突加剧，等等。因此，作者分析问题时眼界宽阔，其论点和结论也较符合客观实际，即较符合于当代世界经济的现实。

再次，全书体系结构具有明显的系统性、逻辑性和完整性。全书包括前言和正文九章。第一章运用历史的、比较的方法，分三个时期系统地考察了美国100多年来对外直接投资的发展变迁，包括投资规模、增长速度、地区配置、部门结构、投资方式、资金来源和在国际直接投资中地位的变化等问题。接着在第二、三两章中，从理论探讨和政策分析角度，分别深入剖析了战后美国对外直接投资空前发展的各方面原因，以及美国政府从立法和有关政策方面为海外投资所创设的必要条件。然后在第四、五两章中，依次论述美国对发达国家和发展中国家(地区)直接投资的变化及其特点。在上述分析基础上，作者在六、七、八章中，进而研究美国对外直接投资在各方面所起到的影响，即分别论述其对美国经济本身、对投资对象国即东道国经济以及对整个国际经济的影响。最后一章即第九章则联系我国实际，集中探讨了美国对华投资的现状及存在的问题，并提出了加强引进美资工作的对策建议。根据以上情况，全书的分析从历史发展看来是系统的，从涉及的国家和地区而言是全面的，从对外投资本身到其各方面影响角度说来是顺序深入、由局部到整体的，而最后又由面回到点，以必要的篇幅落脚于中美经济关系和我国引进外资以服务于现代化建设这个重要主题。可以说，全书研究和说明问题的构架是合理的，具有严密的逻辑性和完整性。

又次，这部著作中运用了系统的、全面的、长期的统计资料，特别是美国的统计资料，以及大量外文书刊的分析资料和能说明有关问题的典型材料，具有资料丰富，论据充实，说服力强的特点。

最后，在完成博士论文和修改成书期间，作者关于美国对外直接投资的一些研究成果，曾以系列论文形式先后公开发表。这说明本书是作者较长时间潜心探索的综合性成果。因此，作者在本书中分析问题时，能在取前人之长的基础上，经过一分为二的辩证思考和实事求是的深入分析，得出具有启发性的一系列看法，形成了自己的创见。当然，马克思主义国际投资理论的发展和完善，是一项长期的艰巨的任务，这在许多方面已超出了本专著的范围，需要本书作者和更多同志今后继续进行这方面的探讨。

整个说来，陈继勇同志的这部著作是近年来国内学术界对国际投资研究的一项新的可喜成果，是探讨美国对外直接投资的一部佳作，具有较高学术价值和较大现实意义。我认为，及时出版这部著作，对推动我国美国经济研究以及国际投资研究工作而言，都会是一件十分有益的事情。它将促使更多同志在上述研究领域内进行更广泛更深入的探索，从而使新的研究成果不断涌现出来。

郭吴新

1993 年 1 月于珞珈山

前　言

美国全称美利坚合众国，位于北美洲南部，面积936.3万平方公里(包括阿拉斯加和夏威夷)，人口24 630万(1988年)，是当今世界经济实力最雄厚的发达资本主义国家，也是世界上最大的对外直接投资国。

众所周知，美国是一个后起的资本主义国家，南北战争结束后，美国资本主义进入了迅猛发展的时期。19世纪末20世纪初，随着美国垄断资本的形成，美国成为托拉斯之国，即典型的帝国主义国家。从这时起，美国的对外经济扩张步伐大为加快，直接投资作为美国对外经济扩张的重要手段在美国对外资本输出中一直占着主导地位，并执国际直接投资之牛耳。帝国主义国家之间为争夺殖民地、势力范围和世界霸权而爆发的第一次世界大战，为美国抢占国外投资市场，不断扩大资本输出提供了良机。战争期间，美国在国外投资市场上排挤英、法、德的势力，扩大资本输出，加强其在资本主义世界金融中的地位。两次世界大战之间和二战期间，美国垄断资产阶级利用各种特殊有利的条件，加紧进行资本输出。1914—1945年，美国私人长期资本输出由35亿美元增至137亿美元，其中直接投资由26亿美元增至84亿美元。

经过第二次世界大战，美国经济军事实力空前膨胀起来。战后初期，美国单独拥有资本主义世界工业产量的53.4%(1948年)，出口贸易的32.4%(1947年)，黄金外汇储备的74.5%(1948年)，都居第一位。经过大战，美国第一次夺取了最大资本输出国的交椅，并大大加强了它作为世界金融剥削中心的地位。在战后相当长一段时期内，美国利用它在资本主义世界取得的政治上和军事上的霸主地位和经济上的压倒优势，大肆向外进行经济扩张，以控制和掠夺广大的亚非拉发展中国家和地区，并力图使西欧、日本、加拿大等发达资本主义国家长期俯首听命，充当自己的小伙伴。据统计，美国对外直接投资累计额由1950年的118亿美元增至1989年的3 734亿美元。但随着第三次新的科技革命的蓬勃展开，资本主义经济政治发展不平衡的加剧，生产和资本的日益国际化，以及美国国际经济地位的相对下降，美国的对外直接投资地位从80年代以来发生重大转折，并由世界上最大的直接投资净输出国，转变为直接投资净输入国。

本书以马列主义的资本输出理论为指导，在吸收当代西方国际直接投资理论的一些合理成份的基础上，通过对一百多年来(主要是二战后)美国对外直接投资的发展过程、投资规模、增长速度、地区配置、部门结构、投资方式、资金来源和在国际直接投资中的地位等进行较系统的分析，尤其是结合80年代以来美国对外直接投资中出现的新进展、新特点的研究，在理论上从不同角度深入探讨促进战后美国对外直接投资空前发展的原因，美国政府在推动对外直接投资发展中的作用，美国对外直接投资的迅速发展对美国、东道国和国际经济的重大影响，最后，联系我国实行改革开放以来的具体实践，剖析外商对华直接投资的特点，在我国经济发展中的作用，目前存在的主要问题以及解决这些问题的对策与建议，尤其是重点研究了美国对华直接投资的现状及其前景。

在本课题的研究中，作者以实际资料为基础，力求实事求是地研究问题，并在前人研究的基础上，进行较深入系统的探索。本书的写作过程也是一个研究的过程。在过去的三年里，书中的有些内容，已经单独以论文形式发表在国内学术刊物上，其中有：《论80年代以来美国对华直接投资的特点、问题及其对策》(《世界经济与政治》，1992年第11期)，《论50年代末期以前美国对外的主要特点》(《外国经济史论文集》，陕西人民教育出版社1991年12月版)、《论80年代美日相互直接投资增长速度不平衡及其原因》(《经济评论》，1991年第2期)、《论美国海外直接投资对美国对外贸易的影响》(《对外经贸实务》，1992年第2期)、《论80年代以来美国对华直接投资的发展及其前景》(《对外经贸实务》，1992年第4期)、《论战后美国海外直接投资对美国经济发展的影响》(《经济评论》，1992年第5期)、《论战后美国跨国公司海外直接投资的迅速发展对国际金融的影响》(银行与企业》，1992年第10期)、《论美国政府对跨国公司海外直接投资的鼓励与促进》(武汉投资研究》，1992年第4、5期)等。可以说，《美国对外直接投资研究》一书是这一研究的较为系统的成果。但值得指出的是，本课题的完成只是一个阶段性的研究成果。在今后的教学和科研工作中，作者将继续对这一领域进行更深入的研究。

本书是在我的博士学位论文的基础上修改而成的。在本书搜集资料、研究和撰写过程中，作者曾得到了许多老师和同志们的支持与帮助。我的导师郭吴新教授始终悉心指导并审查书稿，隋启炎教授、陈华山教授在书稿提纲的修改中提出了一些宝贵意见。武汉大学经济学院的吴纪先教授、周新民教授、朱景尧教授、李裕宜教授对本课题的研究十分关心，并给予了必要的支持和帮助。复旦大学的洪文达教授；南开大学的熊性美教授、薛敬孝教授、宫占奎副教授、张岩贵副教授；中国社会科学院的王怀宁研究员、陈宝森研究员、郑伟民研究员、陈沙副研究员等在许多方面给予了热情帮助和支持。熊桂芳同志在本书写作期间，协助我进行了资料搜集工作，并编写了附录。

作为中华社会科学基金研究课题，本书的出版得到了中华社会科学基金的赞助；在出版过程中曾得到了武汉大学出版社的支持和帮助。在此书付梓之际，作者向所有支持、帮助和关心这项工作的前辈学者和朋友，表示深切的感谢！

陈继勇

1991年6月初稿，1992年6月
至12月修改定稿于武昌珞珈山

目　　录

第一章　美国对外直接投资的发展及其主要特点

美国是当今世界经济实力最雄厚的发达资本主义国家，也是世界上最大的对外直接投资国。二战以来，在第三次科技革命的强有力推动下，国际分工不断向纵深发展，生产和资本日益国际化，美国的对外直接投资在其迅速发展的同时，呈现出一些引人注目的新特点和新趋势。

第一节　第一次世界大战以前的美国对外直接投资

美国是一个后起的资本主义国家。南北战争结束后，美国资本主义进入了迅猛发展的时期，随着垄断资本的形成，美国资本输出迅速增加。据统计，1897 年，美国对外直接投资累计额为 6 亿美元，1908 年迅速增至 16 亿美元。① 到 1914 年第一次世界大战前夕，美国对外资本输出已达 35 亿美元，占主要资本主义国家资本输出总额的 8%。其中，美国对外直接投资累计额已达 26. 32 亿美元，占主要资本主义国家对外直接投资的一半以上(详见表 1-1)。

---

① ［美］《美国历史统计》(从殖民地时期到 1970 年)，纽约出版公司 1976 年英文版，第 868-869 页。

表 1-1　1914 年美国对外直接投资的地区和行业分布

单位：亿美元

	合计	铁路	公共工程	石油	矿业	农业	制造业	销售业
总计	26.32	2.55	1.33	3.43	7.20	3.56	4.78	1.70
拉丁美洲	12.81	1.76	0.98	1.33	5.49	2.43	0.37	0.34
墨西哥	5.87	1.10	0.33	0.85	3.02	0.37	0.10	0.04
古巴及西印度群岛	2.81	0.24	0.58	0.06	0.15	1.44	0.20	0.09
中美洲	0.90	0.38	0.03	—	0.11	0.37	—	0.01
南美洲	3.23	0.04	0.04	0.42	2.21	0.25	0.07	0.20
加拿大	6.18	0.69	0.08	0.25	1.59	1.01	2.21	0.27
欧洲	5.73	—	0.11	1.38	0.05	—	2.00	0.85
亚洲	1.20	0.10	0.16	0.40	0.03	0.12	0.10	0.15
大洋洲	0.17	—	—	0.02	—	—	0.10	0.05
非洲	0.13	—	—	0.05	0.04	—	—	0.04

资料来源：[美]刘易斯：《美国在国际投资中的股本》，威斯康星 1938 年版，第 575-606 页。

从表 1-1 可以看出，第一次世界大战前夕，美国的对外直接投资呈现出三个明显的特点：

一、就近投资且多流向经济落后地区

从地区流向看，美国的对外直接投资绝大多数投向与美国毗邻的加拿大和美国的“后院”拉丁美洲，共占美国对外直接投资的 72.2%；对欧洲国家的直接投资占美国对外直接投资的 21.8%；对亚、非、大洋洲的直接投资仅 1.5 亿美元，约占美国对外直接投资的 5.7%。这表明，美国的对外直接投资的地区配置在第一次世界大战前夕有两个特征：一是就近投资，这是与美国的对外直接投资处于起步阶段相吻合的；二是基本上投向经济落后的地区，因为在这些“落后的国家里，利润通常是很高的，因为那里资本少，地价比较贱，工资低，原料也便宜”①。

二、向生产初级产品和为生产初级产品服务的公共设施部门投资

从部门结构看，整个说来，美国对外直接投资绝大部分投到生产初级产品和为生产初级产品服务的公共设施部门，而投到制造业部门的直接投资所占比重较低。1897 年，美国对外直接投资总额 6. 35 亿美元，其中投在铁路业 1. 43 亿美元，占 22. 6%，居首位；其次是采矿业，为 1. 34 亿美元，占 21. 1%。到 20 世纪初，美国的对外直接投资仍高度集中于采矿业等资源开发型行业和公共基础设施部门。在第一次世界大战前夕，美国在采矿业和石油业的直接投资达 10. 63 亿美元，占其全部对外直接投资的 40. 4%；农业为 3. 56 亿美元，占 13. 5%；公共基础设施(铁路、公共工程)3. 88 亿美元，占 14. 7%；制造业直接投资为 4. 78 亿美元，占 18. 2%；商业为 1. 7 亿美元，占 6. 5%。这表明，美国对外直接投资 1/2 以上投向了生产初级产品的行业，1/7 投向了基础设施行业，1/4 投向了制造业和服务业。这种对外直接投资的部门结构是为美国向殖民地落后国家输出工业品，并从殖民地或落后国家输入初级产品服务的，它反映了美国与经济落后国家之间的旧的国际分工。通过这种垂直型的国际分工，美国力图将亚、非、拉落后国家变为美国的原料附庸、工业品推销市场和有利的投资场所，并力图控制其经济命脉。

三、美国对外直接投资的部门结构因投资地区不同各异

美国对拉丁美洲的直接投资 72. 2%投向了石油、采矿和农业等初级产品生产行业。投向公共工程的直接投资占 10. 4%，而投向制造业的投资仅占 1. 4%。这说明，美国对拉丁美洲的投资重点在初级产品生产部门和为初级产品生产服务的部门，其目的不仅是要从这些国家获得超额利润，而且企图借以确立美国垄断资本对这些国家的经

① 《列宁选集》第 2 卷，人民出版社 1977 年版，第 783 页。

济控制和政治统治。如在墨西哥，美国垄断资本通过对其大量投资，在1912—1913年把墨西哥的主要经济命脉掌握在自己手中。墨西哥国内78%的矿井，72%的冶金工业，58%的石油开采企业以及68%的橡胶企业，都归美国垄断资本家所有。

美国对加拿大和欧洲的直接投资部门结构与拉丁美洲明显不同，它是初级产品行业和制造业并重。1914年，美国对加拿大直接投资的35.8%投向制造业，46.1%投向采矿、石油和农业部门；美国对欧洲的直接投资34.9%投向制造业；25%投向采矿、石油和农业部门。这种投资部门结构反映了美国与这些国家之间存在着混合型的国际分工，即在有些部门(如采矿、石油)是垂直型的分工，在另一些部门(如制造业)是水平型分工。早在1867年，美国的胜家缝纫机公司就在英国的格拉斯哥建立缝纫机装配厂。胜家公司开始以格拉斯哥的产品供应欧洲和许多其他地区市场。到1880年，它又在伦敦和德国汉堡等地设立销售机构，负责在世界各地的销售业务。据1968年对美国187家制造业大公司的调查，1914年以前它们在国外建立的子公司数为122个。①

美国对国外某一行业的直接投资，又高度集中于某些国家和地区。在采矿业中，美国的直接投资主要分布在墨西哥和南美洲，约占美国对国外采矿业直接投资的72.6%；在农业中，美国的直接投资主要集中在古巴和加拿大，约占美国对国外农业直接投资的68.6%；在石油业中，美国的直接投资主要集中于欧洲和墨西哥，占美国对国外石油业投资的65.0%；在制造业中，美国的直接投资高度集中于加拿大和欧洲，占美国对国外制造业直接投资的88%。

必须指出，尽管美国在第一次世界大战前的20年里，资本输出迅速增长，尤其是对外直接投资有了长足进展，但直到大战前夕，美国对外投资还不及外国在美国投资的一半。美国当时还是一个净债务国。据统计，1914年6月30日，外国在美国的投资总额为72亿美

① ［美］弗兰科：《欧洲跨国企业》，哈佛大学出版社1974年版，第182页。

元，其中英国占60%，德国、荷兰和法国占28.1%。①

第二节　两次世界大战之间的美国对外直接投资

帝国主义国家之间为争夺殖民地、势力范围和世界霸权而爆发的第一次世界大战，历经四年，给人类造成了巨大的灾难，同时也为美国实行对外经济扩张，不断扩大资本输出提供了天赐良机。战争中，美国狡猾地采取坐山观虎斗的“中立”政策，充当交战双方的兵工厂，大做军火买卖，饱发战争横财。大战期间，美国不仅收回了外国在美国的有价证券达20亿美元以上，同时资本输出也急剧增加。到1919年，美国在国外的投资总额已达70亿美元，并借给协约国战债约100亿美元。美国从战前的净债务国一跃而成为战后的净债权国，并把世界黄金储备的40%(近45亿美元)掌握在自己手里。因而大大加强了它在资本主义世界金融中的地位。

大战结束后，美国充分利用战后欧洲的经济恢复和20年代资本主义发展相对稳定这一有利时机，凭借自己雄厚的经济优势，空前地扩大了对外投资。1914年、1919年和1929年，美国的资本输出额由35亿美元增至70亿美元和172亿美元，其中对外直接投资也由26亿美元增至1919年的39亿美元和1929年的75亿美元。在主要资本主义国家中，美国的资本输出仅次于英国而居第二位，而在对外直接投资中，美国则稳居第一位(详见表1-2)。

表1-2　1929年美国对外直接投资的地区和部门分布

单位：亿美元

	总额	采矿	石油	制造业	交通通信公共工程	贸易业	其他
总计	75.28	11.85	11.17	18.13	16.10	3.68	14.35
拉丁美洲	35.19	7.32	6.17	2.31	8.87	1.19	9.33

① 《利用外资理论与实践》，南开大学出版社1988年版，第9页。

续表

	总额	采矿	石油	制造业	交通通信公共工程	贸易业	其他
加拿大	21.10	4.00	0.55	8.20	5.42	0.38	1.55
欧洲	13.53	—	2.31	6.29	1.45	1.39	2.09
其他	6.46	0.53	2.14	1.34	0.36	0.72	1.37

资料来源：《美国历史统计》(从殖民地时期到 1970 年)，纽约出版公司 1976 年版，第 870-871 页。

1914—1929 年间，是美国对外直接投资迅速发展时期。在此期间，美国对外直接投资累计余额增长了 1.86 倍，年平均递增 7.3%。其中，美国对加拿大的直接投资增长得最快，年平均递增 8.2%；对拉丁美洲次之，年均递增 7.0%；对欧洲投资增长速度最慢，年均递增 5.9%。从流量上看，这一时期美国对外直接投资增加了 48.96 亿美元，其中，对加拿大增加了 13.92 亿美元，占其增加总额的 28.4%；对拉美增加了 22.38 亿美元，占其增加总额的 45.7%；对欧洲增加了 7.8 亿美元，占其增加总额的 15.9%；对其他地区增加了 4.96 亿美元，占其增加总额的 10%。这意味着，在此期间，美国对外直接投资增加额约 1/2 流向了拉丁美洲，1/10 流向了亚非国家，1/4 强流向了加拿大，1/7 流向欧洲。美国对外直接投资仍以拉美国家和加拿大为其重点。

由于美国对各个国家和地区直接投资的原有基础和增长速度上的差异，使得美国对外直接投资的地区分布有了一些新的变化。第一，美国对加拿大的直接投资占其对外直接投资的比重不断上升。1914 年，加拿大所占比重为 23.5%，1929 年其所占比重上升至 26.7%；第二，拉丁美洲和欧洲在美国对外直接投资中的比重有所下降，拉丁美洲由 1914 年的 48.7%降至 1929 年的 46.7%，欧洲由 1914 年的 21.8%降至 1929 年的 18.0%；第三，亚洲、非洲、大洋洲在美国对外直接投资中的比重逐渐上升，由 1914 年的 5.7%升至 1929 年的 8.6%。这种地区结构表明，美国在巩固南北邻近地区国家直接投资市场的同时，加紧了对非洲、亚洲和大洋洲国家的经济扩张，抢占国外商品市场和投资市场。

在拉丁美洲，美国对南美的直接投资增长最快。1914—1929 年间增长了 3.8 倍，年均递增 11.0%，投资累计额达 15.48 亿美元。在对南美的投资中，主要投向智利(4.23 亿美元)、阿根廷(3.32 亿美元)、委内瑞拉(2.33 亿美元)，以及巴西、哥伦比亚、秘鲁等国。美国对中美洲的直接投资增长速度与南美相比，则缓慢得多，但投资高度集中于墨西哥和古巴两国。1929 年，美国对中美洲的直接投资累计余额为 19.71 亿美元，其中古巴为 9.18 亿美元，墨西哥 6.83 亿美元。这两国占美国对中美洲直接投资的 81.2%。①

在欧洲，美国的直接投资集中于英国(4.85 亿美元)、德国(2.17 亿美元)、法国(1.45 亿美元)和意大利(1.13 亿美元)。四国占美国对欧洲直接投资的 71.0%。②

在亚洲，美国的直接投资主要在中国、菲律宾、日本，三国占美国对亚洲直接投资的 64.6%。美国对大洋洲的投资主要投向澳大利亚和新西兰。对非洲的投资主要投向英属非洲。③

从这段时期美国对外直接投资的部门结构看，也发生了一些新的变化。第一，对制造业的投资增长快，所占比重不断上升。1914—1929 年，美国对国外制造业的直接投资增加了 2.79 倍，年均递增 9.3%，所占比重则由 18.2%升至 24.1%，居各行业之首。第二，交通、通信和公共工程的投资迅速增加，所占比重急剧上升。在此期间，美国对国外交通、通信和公共工程的直接投资增加了 3.15 倍，年均递增 9.9%，所占比重由 14.7%急剧升至 21.4%，居第二位。第三，对采矿业的投资增长缓慢，所占比重急剧下降。1914—1929 年

① 《对美国 1929—1943 年和 1947 年对外直接投资的估计》，阿尔诺出版社 1976 年英文版，第 18-19 页。

② 《对美国 1929—1943 年和 1947 年对外直接投资的估计》，阿尔诺出版社 1976 年英文版，第 10 页。

③ 《对美国 1929—1943 年和 1947 年对外直接投资的估计》，阿尔诺出版社 1976 年英文版，第 26 页。

间，美国对国外采矿业的直接投资只增长了64.6%，年均递增仅3.4%，所占比重由27.4%降至15.7%，居第三位。第四，石油业和贸易业所占比重变化不大。1929年，石油业占美国对外直接投资的14.8%，贸易业占4.9%。① 从总体上看，尽管美国对国外制造业的直接投资有了较快增加，所占比重提高了近6个百分点，但美国对外直接投资的部门结构仍然是以生产初级产品的行业和为初级产品生产行业服务的交通、通信和公共设施为主，1929年，美国对上述部门的直接投资占其对外直接投资累计额的63%以上。

美国对外直接投资的部门结构在不同地区存在着显著差异。1929年，在美国对加拿大直接投资中，40.8%投向制造业，19.9%投向采矿业，27.0%投向交通通信和公共工程部门，1.9%投向贸易业，7.7%投向其他行业。在欧洲，美国直接投资的46.5%投向制造业，17.1%投向石油业，10.7%投向交通通信和公共工程部门，10.3%投向贸易业；15.4%投向其他行业。在拉丁美洲，美国直接投资的重点是资源开发型的初级产品生产行业和为之服务的公共工程。1929年，美国对拉丁美洲的直接投资中，采矿业、石油业、农业和交通通信及公共工程行业分别占20.8%、17.5%、23.2%和25.2%。四项合计占86.7%。而制造业所占比重仅为6.6%。美国对拉美采矿业的直接投资主要集中在墨西哥和智利，对石油业的直接投资集中在墨西哥和委内瑞拉，对农业的直接投资主要集中在古巴。

20年代末30年代初的震撼资本主义世界的经济大危机，使美国经济遭受了巨大破坏，从危机前最高点(1929年5月)到危机最低点(1932年7月)，全国工业生产下降了55.6%。在危机延续的五年中，全国有13万家以上的企业倒闭。危机期间，美国出口和进口总值都分别减少了70%左右。如果除去价格下跌因素，二者分别减少了48%和34%。失业率居高不下，根据官方压低了的数字，1932—1933年全失业人数达1 200万—1 300万人(约占劳动人口的1/4)，资本

① ［美］《美国历史统计》(从殖民地时期到1970年)，纽约出版公司1976年英文版，第870-871页。

输出一落千丈。美国私人长期资本输出由 1930 年的 152 亿美元猛降至 1940 年的 113 亿美元。① 其中对外直接投资则由 1929 年的 75.28 亿美元降至 1940 年的 70 亿美元。这一方面是由于经济危机和随后的严重萧条使美国从国外抽回大量投资或投资遭受一定损失；另一方面则由于国际信贷制度的紊乱和政治局势的动荡，美国对外直接投资的国际环境恶化，新的资本输出锐减(详见表 1-3)。

可见，经过 30 年代经济危机和萧条的冲击，美国对外直接投资累计余额 1940 年与 1929 年相比下降了 8.0%。这主要是由于美国在此期间从拉丁美洲抽回大量直接投资所致。据统计，1940 年美国对拉美直接投资累计余额与 1929 年相比，下降了 21.3%。在对外直接投资的部门结构中，制造业所占比重持续上升，已达 27.5%，且投资主要集中在加拿大和欧洲地区；石油和采矿业所占比重为 29.4%，与 1929 年相比略有下降，且投资主要集中在拉美地区。

表 1-3 1940 年美国对外直接投资的地区分布和行业分布

单位：亿美元

	总额	制造业	石油业	采矿业	农业	贸易业	公共工程	其他
总计	70.00	19.26	12.78	7.82	4.32	5.23	15.14	5.48
拉丁美洲	27.71	2.10	5.72	5.12	3.59	0.82	9.62	0.74
加拿大	21.03	9.44	1.20	1.87	0.10	1.12	4.07	3.23
欧洲	14.20	6.39	3.06	0.53	—	2.45	0.74	1.04
亚、非、大洋洲	7.06	1.33	2.80	0.30	0.63	0.84	0.71	0.46

资料来源：美国商务部：《美国 1940 年对外直接投资》。

但从总体上看，第二次世界大战前夕的美国对外直接投资就其地

① ［美］《美国历史统计》(从殖民地时期到 1970 年)，纽约出版公司 1976 年英文版，第 869 页。

区流向看，已从以亚非拉落后国家为主逐步转向到亚非拉与加拿大、欧洲国家并重的格局；就其部门结构看，尽管美国对外直接投资仍以生产初级产品和为之服务的公共设施行业为主，但所占比重逐步下降，而制造业所占比重则不断上升，已接近30%。这表明美国的对外直接投资结构在两次大战之间已发生了重大变化。

第三节 第二次世界大战以来的美国对外直接投资

第二次世界大战爆发以后，美国政府自1939年11月4日起，准许反法西斯国家根据“现购自运”原则在美国购买军火。德国则通过“中立国”及美国垄断组织在美国套购。这使美国军火商大发其财。在其后的两三年中，大量黄金从各资本主义国家流入美国。以后，由于各国黄金外汇消耗殆尽，无力继续用现款在美国购买军火，以及美国人民坚决要求对反法西斯国家给以物质援助，美国国会才于1941年3月11日通过了“租借法案”。到1945年9月底，美国根据这一法案共供应各国(主要是英国和英联邦各国以及苏联)439.5亿美元的军火、设备、粮食、原材料及运输和劳务，并从各国取得了73.4亿美元的商品和劳务补贴①。战争期间，美国垄断资产阶级利用各种特殊有利的条件，加紧对外进行资本输出。1940—1945年，美国私人长期资本输出由113亿美元增至137亿美元，其中直接投资由70亿美元增至84亿美元②。

第二次世界大战的结果，使美国在资本主义世界中的经济地位进一步提高。战后初期，美国单独拥有资本主义世界工业产量的53.4%(1948年)，出口贸易的32.4%(1947年)、黄金外汇储备的

① 樊亢、宋则行主编：《外国经济史》(近现代部分)第三册，人民出版社1982年版，第64-65页。

② 《美国历史统计》(从殖民地时期到1970年)，纽约出版公司1976年版，第869页。

74. 5%(1948 年)，都占第一位。由于英国战时变卖和损失了大量国外投资，经过大战，美国第一次夺得了最大资本输出国的交椅，大大加强了它作为世界金融剥削中心的地位，同时在争夺资本主义世界原料产地的斗争中，美国也取得了新的胜利。1937—1946 年，在资本主义世界 23 种主要矿产原料的总开采量中，美国资本所占比重，已由 54. 9%上升到 66. 4%①。

战后 40 多年来，美国的对外投资，尤其是对外直接投资获得了空前持续的发展，并在其发展过程中呈现出与战前不同的新特点与新趋势。

一、对外直接投资的规模成倍扩大，增长速度大大快于战前，并始终保持着世界第一大直接投资国地位

(一)对外直接投资的规模不断扩大

从存量上看，美国对外直接投资 1949 年突破 100 亿美元，1956 年超过 200 亿美元，1963 年达到 407 亿美元，1973 年高达 1073 亿美元，1980 年突破 2100 亿美元，1987 年超过 3000 亿美元，到 1989 年底累计余额为 3734. 36 亿美元。始终保持着世界第一直接投资大国的地位。1989 年与 1945 年相比，增长了 43. 5 倍(详见表 1-4)。

表 1-4　美国对外直接投资累计余额　　单位：亿美元

年代	投资额	年代	投资额
1914 年	26. 00	1960 年	319. 00
1940 年	70. 00	1965 年	495. 00
1945 年	84. 00	1970 年	782. 00
1950 年	118. 00	1975 年	1 242. 00
1955 年	194. 00	1980 年	2 135. 00

① 樊亢、宋则行主编：《外国经济史》(近现代部分)第三册，人民出版社 1982 年版，第 72 页。

续表

年代	投资额	年代	投资额
1985 年	2 297. 00	1988 年	3 269. 00
1986 年	2 599. 00	1989 年	3 734. 00
1987	3 088. 00		

资料来源：美国商务部：《现代商业概览》有关各期。

从流量看，1945—1989 年间，美国对外直接投资净增加额 3 650 亿美元，平均每年增加 83 亿美元；而在 1914—1945 年间，美国平均每年增加仅有 2. 28 亿美元。战后 40 多年来，美国对外直接投资增加额呈倍增趋势。1945—1950 年，美国对外直接投资年均增加额为 6. 8 亿美元，1950—1960 年年均 20 亿美元，1960—1970 年增至 46 亿美元，1970—1980 年年均增加 135 亿美元，1980—1989 年年均增加 178 亿美元。其中，1985 年以来，美国对外直接投资规模的扩大尤其引人注目。1985—1989 年间，对外直接投资额每年平均增加 359 亿美元。

(二)对外直接投资的增长速度大大快于战前

1914—1945 年间，美国对外直接投资累计余额年平均增长率仅为 3. 7%，而在 1945—1989 年间，年均增长速度高达 9. 0%，超过战前速度的 1. 43 倍。自 50 年代以来，美国的对外直接投资五年年均增长速度除 80 年代前半期(1980—1985 年年均为 1. 5%)较低以外，其他时期均高达 9%以上；其中 1950—1955 年、1955—1960 年、1975—1980 年、1985—1989 年间年均增长速度超过 10%(详见表 1-5)。

表 1-5　1914—1989 年美国对外直接投资累计余额年均增长率(%)

年　代	年均增长率	年　代	年均增长率
1914—1945 年	3. 7	1950—1955 年	10. 5
1945—1950 年	7. 0	1955—1960 年	10. 5

续表

年　代	年均增长率	年　代	年均增长率
1960—1965 年	9. 2	1980—1985 年	1. 5
1965—1970 年	9. 6	1985—1989 年	12. 4
1970—1975 年	9. 7	1945—1989 年	9. 0
1975—1980 年	11. 4	1914—1989 年	6. 8

资料来源：《美国历史统计》(从殖民地时期到 1970 年)；《现代商业概览》有关各期。

二、战后美国对外直接投资的地区配置发生明显倾斜，投资的地区重点由以发展中国家为主转向以发达国家为主

1950 年，在美国的对外直接投资累计余额中，投向发达国家和发展中国家的直接投资额基本持平，所占比重不相上下。但自此以后，美国对发展中国家和地区的直接投资额占美国整个对外直接投资额的比重不断下降，1960 年降至 1/3，1970 年进一步下降至 1/4，1975 年继续降至 1/5 强，以后所占比重保持在 23. 0%~25. 0%之间。与此相反，美国对发达资本主义国家的直接投资累计额所占比重节节上升，即从 1955 年的 55. 1%上升至 1965 年的 65. 3%，1975 年的 73. 1%，1985 年的 74. 3%和 1989 年的 74. 8%(详见表 1-6)。

表 1-6　战后美国对外直接投资的地区分布(%)

年　代	总　额	发达国家	发展中国家	国际机构等
1950 年	100. 0	48. 4	48. 7	3. 0
1955 年	100. 0	55. 1	41. 4	3. 5
1960 年	100. 0	60. 6	34. 9	4. 5
1965 年	100. 0	65. 3	30. 7	4. 0
1970 年	100. 0	68. 7	25. 4	5. 9

续表

年　代	总　额	发达国家	发展中国家	国际机构等
1975 年	100.0	73.1	21.2	5.7
1980 年	100.0	73.5	24.7	1.6
1985 年	100.0	74.3	23.4	2.3
1989 年	100.0	74.8	24.4	1.0

资料来源：美国商务部：《现代商业概览》有关各期。

美国战后对外直接投资的迅速增长及其地区配置重点的巨大变化，具有多方面的原因，对此将在第二章加以论述。

三、战后美国对外直接投资的部门结构日益高级化

随着战后美国对外直接投资的迅速发展，直接投资的部门结构发生显著变化，由以农矿初级产品为主转向以制造业和服务业为主(详见表 1-7)。

由表 1-7 可见，战后以来美国对外直接投资部门结构发生重大变化，制造业在直接投资中的比重稳定上升，1950 年约占 1/3，至 1970 年则上升至 2/5 强，以后一直保持着这一比重。同期，美国对国外制造业直接投资的累计余额由 38.31 亿美元增至 1557.04 亿美元，计增长了 39.6 倍。与此同时，尽管美国不断增加对国外石油和采矿业的直接投资额，但增长速度大大慢于对制造业和服务业的直接投资。因此，它在美国对外直接投资中的比重自 1970 年以来不断下降。1958 年，美国在国外矿业和石油业的直接投资累计余额占整个美国对外直接投资的 45%，到 1989 年这一比重急剧降至 15.5%。美国对国外服务业的直接投资增长速度最快，所占比重变化最大，目前已占到整个对外直接投资的近 2/5。事实上，服务业所占比重要比表 1-7 中所列数字高些。因为在其他行业中，至少有 1/3 以上属服务业，至于在石油行业和制造业中的服务业务也没有分出。据此，美国商务部专门就服务行业的对外直接投资进行整顿。其 1957 年、1966 年、

1977 年和 1982 年(未调整前)的投资累计金额分别为 78.1 亿美元、162.5 亿美元、592 亿美元和 828.4 亿美元，分别占上述年份对外直接投资总额的 30.7%、31.4%、40.6%和 37.4%，与制造业的比重日益接近①。1950—1989 年，美国对国外服务业的直接投资累计额由 22 亿美元猛增至 1434 亿美元，计增长了 64.2 倍。美国对国外服务业直接投资的迅速发展，反映了 80 年代以来美国跨国公司投资行业分布变化的新趋势。

表 1-7　美国对外直接投资的行业分布(%)

年份	总额	矿业石油业	制造业	服务业	其他
1914 年	100.00	40.0	18.2	6.5	28.3
1929 年	100.00	30.6	24.1	4.9	40.4
1940 年	100.00	29.4	27.5	7.5	35.6
1950 年	100.00	38.3	32.5	18.6	10.6
1960 年	100.00	43.3	34.7	14.3	7.7
1970 年	100.00	35.7	41.3	12.0	11.0
1980 年	100.00	25.0	41.7	28.2	5.1
1985 年	100.00	25.1①	41.1	28.3	5.6①
1989 年	100.00	15.5	41.7	38.4	4.4

注释：①1985 年美国商务部公布关于美国对外直接投资普查结果，确定以 1982 年为基点，取消矿业，把它归并到其他行业，增加了服务行业。调整后的服务行业(与批发贸易、银行、金融合为本表的服务业)包括旅馆、商业服务、电影、工程和房屋设计服务、卫生保健和其他服务六项。其他行业包括农林渔业、矿业、建筑、运输通讯和公共工程、零售贸易五项。

资料来源：美国商务部：《现代商业概览》有关各期等。

战后以来，促进美国对外直接投资的产业部门结构日益高级化的

① 美国商务部：《国际直接投资》，美国政府出版局 1984 年版，第 3-54 页。

主要因素有：

第一，科学技术革命和生产力的巨大发展。美国是战后第三次科技革命的重要发源地。由于美国经济实力雄厚，科学技术发达，在许多新技术方面，美国都名列前茅。在科学技术革命的推动下，美国出现了一系列新兴工业部门，生产出一系列产品。为了抢占国外市场和实现经济扩张，美国跨国公司充分利用自己拥有的各种技术优势，纷纷在国外投资办厂，进行有利可图的直接投资。这就推动了美国在国外制造业直接投资的发展。从战后看，美国在国外制造业的直接投资往往呈现出两个明显的特征：一是相当集中在一些发展迅速，以新技术、高技术为特征的工业部门，以便占领市场，排除竞争者，维护其在世界市场上的地位；一是高度集中在发达国家和新兴的工业化国家或地区，这是与美国对外直接投资模式的根本转变相联系的。据统计，1989 年美国在国外制造业直接投资累计额中，化工行业占 23.2%，机器行业占 17.4%，交通设备占 15.1%，电子电器业占 7.6%，食品加工占 10.1%，金属占 5.3%，其他行业占 21.2%。同年，美国在国外制造业直接投资累计额中，发达国家占 81.2%，发展中国家占 18.8%，其中仅巴西和墨西哥占了发展中国家的 57.7%①。

第二，随着科学技术的发展，生产机械化和自动化程度的提高。生产的社会化和专业化不断发展以及生产和资本国际化趋势的加强，使得各国经济的相互联系和合作日趋紧密，对国外市场依赖程度日益加深，从而导致金融、保险、银行、海运及其他工商企业服务的部门，如广告、检验、咨询、情报、商业性研究试验、设备租赁等行业不断扩大，这就必然导致了第三产业的扩大。世界各国产业结构的变化，对美国海外直接投资的部门结构也产生显著影响。尤其是 70 年代以来，随着美国、日本、西欧三足鼎立局面的基本形成，美国、日本、西欧在国际贸易市场的竞争和摩擦日益加剧，贸易战连绵不断，此起彼伏。与此相联系，美国不断扩大在国外批发业、金融业、银行业、保险业等服务行业的直接投资，从而为美国商品和资本的扩张

① 美国商务部：《现代商业概览》1990 年第 8 期，第 64 页。

服务。

第三，发展中国家的兴起和壮大，旧殖民体系的土崩瓦解，对美国海外直接投资的部门结构发生着重大影响。发展中国家取得政治独立以后，为了摆脱帝国主义的经济控制，捍卫国家主权，保卫本国的自然资源，独立自主地发展本国经济。它们一方面纷纷对外国资本控制下的资源采取国有化或其他限制投资的措施，这迫使美国对发展中国家的直接投资不断地由采掘业部门转向制造业；另一方面，一系列发展中国家先后推行进口替代和出口替代的工业化战略，对国内制造业部门采取了许多吸引外国直接投资和引进国外先进技术以促进工业化的措施。而美国出于政治经济方面的目的，也在一定程度上顺应了发展中国家和地区的这种需要，乘机输出劳动密集型和污染型的重化工业，加强了对这些国家和地区制造业部门的直接投资。据统计，美国对发展中国家和地区制造业的直接投资，占美国对发展中国家和地区直接投资的比重由 1940 年的 8.3%迅速上升到 1985 年的 36.5%。

四、战后美国对外直接投资的股权参与方式日益多样化，在不同时期、不同行业、不同类型国家表现出不同的发展趋势

战后以来，美国对外直接投资方式随着国际经济政治形势的变化和国内经济条件的变化日益表现出多样化的趋势。

（一）独资方式仍居主导地位

第二次世界大战前，美国对外直接投资一般采取独资企业的方式，其他投资方式（合资经营、非股权参与）很少。第二次世界大战后，尤其是 60 年代以来，随着国际政治形势的发展变化和美国跨国公司海外直接投资战略的调整，美国对海外直接投资的股权方式作了适当调整，即在坚持以独资方式为主的前提下，采取合资、合营和非股权参与等方式，以促进对外直接投资的快速发展。根据 1968 年 1 月对美国 187 家跨国公司国外子公司的所有权结构的调查表明，美国跨国公司在国外的子公司（不论是在发达国家还是在发展中国家）独资企业仍占主导地位，合资企业处于次要地位（详情见表 1-8）。

表 1-8　1968 年 1 月美国 187 家跨国公司国外子公司的所有权结构(%)

	总数	在发达国家	在发展中国家
总数(家)	3 720	2 271	1 449
95%以上	63.0%	66.4%	57.8%
50%~95%	24.5%	23.3%	26.4%
25%~50%	8.6%	6.8%	11.3%
5%~25%	3.9%	3.5%	4.5%

资料来源：根据[美]沃帕尔和柯汉编《世界跨国企业》哈佛大学出版社 1973 年版，第 269-274 页、295 页表格计算。

美国跨国公司在国外直接投资中主要采用独资方式。其原因是：(1)独资方式是美国对外直接投资的传统方式，它使得跨国公司对其子公司拥有绝对的控制权；(2)战后随着国际分工的深化，跨国公司体系内部实行了较细致的分工，存在着有机联系，采取独资方式，可以保证其子公司能按公司战略行事，以实现其全球性的经营战略；(3)采取独资可以使自己的技术绝对保密，以维护其技术上的垄断地位，技术的经营秘密，商品标准化质量和商标信誉等；(4)可以从子公司中获得全部利益；(5)可以免除由于同其他企业合作而引起的种种不稳定因素和利益冲突。

美国商业机器公司是坚持拥有全部股权子公司的企业。截至 1991 年，该企业在 45 个国家和地区设立了 60 多家子公司。所有这些子公司全部都是该公司独资经营的。70 年代，该公司终止在印度的子公司的活动，曾轰动一时。这家子公司是独资企业，它是于 1951 年应尼赫鲁要求而在孟买设立的(制造厂)。1973 年，印度政府颁布外汇管理法。其中规定，除了那些出口型和高技术企业外，所有外资企业都不能在印度拥有超过 40%的股权，并规定现有外资企业也要按此法令办，且限定于 1977 年前调整完毕。经过长时间的多次谈判，国际商业机器公司拒绝调整，最后于 1977 年夏收回投资，撤销了该子公司。该公司之所以这样做，其原因是十分清楚的。正如当时有一位评论家在《纽约时报》上撰文所说：如果开了这个先例，其他国家将会仿效印度的做法，那才叫真正的麻烦。①

(二)合资企业所占比重不断上升

从战后几十年的发展趋势看，美国在对外直接投资中，合资经营的企业所占比例呈上升趋势(详情见表1-9)。

表1-9　以美国为基地的180家公司在发展中国家设立的制造业子公司所有权类型[①]分布

所有权类型	1951年以前		1951—1965年		1966—1975年	
	子公司数	所占比重(%)	子公司数	所占比重(%)	子公司数	所占比重(%)
总数	214	100.0	510	100.0	534	100.0
全部拥有	125	58.0	207	40.6	241	45.1
多数拥有	26	12.2	103	20.2	94	17.6
对等拥有	12	5.6	50	9.8	58	10.9
少数拥有	24	11.2	104	20.4	130	24.3
情况不明	27	12.6	46	9.0	11	2.1

注释：①子公司分类：母公司拥有95%以上的股权为全部拥有，50%以上的为多数拥有，50%的为对等拥有，5%~50%以下的为少数拥有。

资料来源：联合国跨国公司中心：《再论世界发展中的跨国公司》，商务印书馆1982年版，第279-280页。

从表1-9可见，自50年代以来，美国在发展中国家的直接投资中，拥有全部股权的独资企业经营方式所占比重不断下降(1971—1975年间曾降至43.7%)，而少数拥有、多数拥有和对等拥有股权的合资经营方式所占比重逐步上升。

① 参见叶刚著：《遍及全球的跨国公司》，复旦大学出版社1989年版，第143页。

美国施乐复印机公司是一个热衷于采用合资企业形式向国外进行直接投资的典型。1956 年，它和英国的兰克集团合资在英国建立了一个子公司；不久，又和日本富士胶卷公司合资在日本建立子公司。从 60 年代起，它的国外生产经营活动急剧膨胀。到 1980 年，它在 30 多个国家共建立了 71 家子公司，其中 45 家是合资企业，其股权大多在 60%～70%之间，最低的占 25.5%。该公司之所以采用合资经营，其主要原因是，它已在美国国内取得优势，市场已经饱和，在这种情况下，公司与其丢失国外潜在市场，不如采用合资形式打进去。① 一般来说，美国跨国公司在国外直接投资中，日益采用合资经营的方式。其主要原因是：(1)东道国对外资投资股权的限制；(2)合伙人双方的需要；(3)有利于美国跨国公司了解当地经济、政治和风俗习惯，减少投资风险；(4)有利于跨国公司迅速进入当地生产和经营，使产品易于就地销售；(5)有利于获得当地的资本、管理人才、购销人员、原材料等。但必须指出的是，合资企业由于双方都拥有对企业的控制权，因而容易在下列问题上产生利益冲突，如利润的分配与发放；外销比例与市场分布；供应子公司原料、配件的定价；销售开支与策略；生产布点和合理化；技术的转让；新产品的推广；产品的定价；产品的质量；商标的使用等。

美国跨国公司在国外的子公司的所有权结构除在不同类型国家和不同时期表现出较大差异外，在不同的经营行业里也呈现出明显差别。根据对美国 133 家跨国公司在国外 6 821 家子公司的所有权结构调查显示：在销售业的 1 178 家子公司中，拥有 95%以上的股权企业占 88.2%，拥有 50%～95%股权的企业占 9.0%，拥有 5%～50%股权的企业数占 2.8%；在制造业的 2 877 家子公司中，拥有相应股权的企业数分别占 60.5%、26.3%和 13.2%。② 这表明，美国在海外销售

① ［美］罗巴克和西蒙斯：《国际经营活动和跨国企业》，伊利诺斯 1983 年版，第 297 页。

② 根据［美］沃帕尔和柯汉编：《世界跨国企业》，哈佛大学出版社 1973 年版，第 297 页资料计算。

业直接投资中拥有的股权程度大大高于在制造业中所拥有的股权程度。

（三）非股权参与形式日益增多

值得指出的是，随着60年代以来发展中国家“国有化”运动的兴起，使美国跨国公司在发展中国家丢失了原有的部分投资，为了适应这种变化，美国跨国公司开始以非股权参与形式对发展中国家进行直接投资。80年代以来，这种投资方式在发展中国家运用得更加广泛，名目越来越多，如许可证合同、交钥匙合同、特许权协议、合作开发、经营管理合同、统包业务合同、合作生产合同、市场销售合同等。

美国的非股权参与与股权参与既有联系，又有区别：（1）非股权参与超越了单纯商品买卖关系，由商品流通领域进入了生产领域，它能在一定时期内对东道国的企业进行间接控制和影响，但不能像股权参与企业对子公司进行全面直接控制；（2）非股权参与所取得的收益只同东道国企业的经营效益相联系，但它不能像股权子公司那样按股权分利，而是按规定取得一定的收益；（3）非股权参与同东道国企业的关系，是在一定时期在某些方面的法定合同关系，但不像母公司和子公司那样保持长期的所有关系。

60年代以来，美国在外国直接投资中非股权参与形式的日益增多，是下列因素所促成的：（1）如上面所指出的，是由于发展中国家实施的“国有化”政策。60年代以来，一些发展中国家先后宣布对自然资源实行国有化。据统计，1960—1976年间，发展中国家和地区接管美国企业342家，其中撒哈拉以南非洲71家，西非和北非66家，南亚和东亚47家，西半球158家。① 在国有化浪潮冲击下，美国跨国公司不得不减少以至撤回股权，但是，由于双方都需要，于是就通过签订生产加工合同、管理合同、技术转让合同等，保持经营活动，以维持和保留原有部分利益，这在美国对中东、拉美石油业直接

① 参见联合国跨国公司中心：《世界发展中的跨国公司：趋势和展望》，商务印书馆1982年版，第283页。

投资中特别普遍。(2)美苏关系趋于缓和，原苏联东欧国家逐步加强了与美国的经济联系。这种经济联系超出了商品流通领域。但是，原苏联东欧国家对美国跨国公司抱有戒心，且由于体制和外汇等原因，它们严格限制或不准外商在境内开办子公司，而美国也由于不了解，加上各方面的限制和困难也对在苏东开办子公司缺乏信心。既然双方都有加强经济联系的需要，但又不能像其他国家那样在苏东国家境内办企业，于是各种形式的非股权参与应运而生，并获得迅速发展。(3)资本输入国外资战略的变化。随着许多资本输入国经济的发展和经济实力的增强，它们由原来引进美国一揽子直接投资转变为引进美国的某些生产要素，加上资本输入国外资来源的多元化和投资市场竞争的激化，也迫使美国跨国公司改变策略，加上这类形式比较灵活，容易实施，它使东道国既能从美国跨国公司那里得到所需要的生产要素，又可避免让跨国公司在境内建立经济实体，因此受到资本输入国，尤其是发展中国家的欢迎。

美国跨国公司在对外直接投资中采用非股权参与方式因情况不同而异。有的是把非股权参与和股权形式结合起来，同时使用；有的是为了配合股权投资而进行的补充活动；有的则是单独使用，为了取得合同有关的单项或几项经济利益；有的采用这种形式，是其“外资逐步退出”政策的组成部分；有的是其建立股权投资的试探和前奏，是为它们以后从事直接投资作准备的。

影响美国跨国公司在海外股权投资和非股权投资中作出选择的主要因素有三个：(1)区位因素，即东道国投资的软硬环境。如东道国政府对外资股权限制较严，就只能采取合资经营和非股权参与形式投资；(2)跨国公司本身经济实力的强弱。如跨国公司资金充裕、技术独特，承担风险能力强，营销能力大，往往采取独资，反之，则采取合资经营和非股权参与；(3)公司的成本与收益。美国跨国公司在海外进行直接投资，必须考虑其投资的成本和收益。一般来说，成本应包括投资者投入的技术、资本、人员、原材料和固定资产等各种生产要素，收益则包括得到的专利使用费、其他技术转让费、销售佣金、采购折扣、利息、租金、红利和其他补偿等。

五、战后美国在海外子公司的建立方式上，新建与收购两种投资方式在不同类型国家和不同行业也表现出不同的发展趋势

所谓收购是指一个企业通过购买和兼并另一个现有企业的股权而接管该企业。新建指建立一个新的企业，尤其是新的工厂，或对其他的实际资产的投资。收购和新建是美国跨国公司对外直接投资的两种最基本的方式。

第二次世界大战前，世界上主要跨国公司的国外生产性子公司中有37%是通过收购而建立的。战后1946—1958年，这个数字上升到44%，在60年代，跨国公司通过收购而建立的生产性子公司的比例高达55%。

依据联合国跨国公司中心的统计，美国跨国公司在国外进行制造业直接投资时，通过收购方式而建立的子公司所占比例呈上升趋势并在投资方式中居主导地位。与此同时，通过新建而成立的子公司所占比例则有所下降，日益退居次要地位（详情见表1-10）。

表1-10　以美国为基地的180家最大制造业跨国公司进入母公司体系的制造业子公司数（按进入方式分）

<table>
<tr><td colspan="2" rowspan="3">国家类别与进入方式</td><td colspan="8">年平均数</td></tr>
<tr><td colspan="2">1951—1966年</td><td colspan="2">1967—1969年</td><td colspan="2">1970—1972年</td><td colspan="2">1973—1975年</td></tr>
<tr><td>公司数</td><td>%</td><td>公司数</td><td>%</td><td>公司数</td><td>%</td><td>公司数</td><td>%</td></tr>
<tr><td rowspan="4">所有地区</td><td>总计</td><td>208</td><td>100. 0</td><td>485</td><td>100. 0</td><td>414</td><td>100. 0</td><td>283</td><td>100. 0</td></tr>
<tr><td>新建</td><td>92</td><td>44. 3</td><td>166</td><td>34. 3</td><td>135</td><td>32. 5</td><td>117</td><td>41. 5</td></tr>
<tr><td>收买</td><td>100</td><td>48. 7</td><td>293</td><td>60. 4</td><td>259</td><td>62. 6</td><td>153</td><td>54. 2</td></tr>
<tr><td>其他</td><td>15</td><td>7. 0</td><td>26</td><td>5. 3</td><td>20</td><td>4. 9</td><td>12</td><td>4. 2</td></tr>
<tr><td rowspan="4">发达国家</td><td>总计</td><td>136</td><td>100. 0</td><td>346</td><td>100. 0</td><td>305</td><td>100. 0</td><td>187</td><td>100. 0</td></tr>
<tr><td>新建</td><td>52</td><td>38. 5</td><td>96</td><td>27. 9</td><td>78</td><td>25. 7</td><td>62</td><td>35. 9</td></tr>
<tr><td>收买</td><td>74</td><td>54. 6</td><td>229</td><td>66. 3</td><td>211</td><td>69. 3</td><td>116</td><td>61. 9</td></tr>
<tr><td>其他</td><td>9</td><td>6. 9</td><td>20</td><td>5. 8</td><td>15</td><td>5. 0</td><td>10</td><td>5. 2</td></tr>
</table>

续表

国家类别与进入方式		年平均数							
		1951—1966 年		1967—1969 年		1970—1972 年		1973—1975 年	
		公司数	%	公司数	%	公司数	%	公司数	%
发展中国家	总计	73	100.0	139	100.0	110	100.0	96	100.0
	新建	40	55.1	70	50.4	56	51.4	56	58.2
	收买	27	37.7	63	45.6	48	44.0	38	39.4
	其他	5	7.2	6	4.0	5	4.6	2	2.4

资料来源：联合国跨国公司中心编：《再论世界发展中的跨国公司》，商务印书馆 1982 年版，第 275-276 页。

由表 1-10 可见，在不同类型国家里，美国跨国公司的投资方式差异显著。在发达市场经济国家中，美国对制造业的直接投资以收买方式为主；而在发展中国家则以新建企业为主。这种投资方式的差异反映了美国在不同类型国家投资的战略不同。

在发达资本主义国家，美国投资大量采用购买方式，是与美国战后海外直接投资主要流向发达国家相适应的。早在本世纪初，革命导师列宁在批判考茨基的错误观点时就指出过："帝国主义的特点恰好不只是力图兼并农业区域，甚至还力图兼并工业极发达的区域。"①美国跨国公司作为垄断资本对外扩张的重要工具，它的活动恰恰表现了帝国主义的这种特点。战后至 70 年代初，美国跨国公司是外国企业的主要兼并者。例如，1989 年福特汽车公司以 19 亿欧洲货币单位收购了加柯尔公司；百事可乐公司用 12 亿欧洲货币单位兼并了史密斯—沃尔克油炸马铃薯公司。美国跨国公司在发达国家进行直接投资的主要方式采用收购方式，其好处是：

第一，可以迅速进入其他发达国家市场，省掉建厂时间，并利用现成的管理制度，技术人员和生产设备，扩大企业规模，增强垄断资

① 《列宁选集》第 2 卷，人民出版社 1977 年版，第 783 页。

本实力。以美国国际电话电报公司为例，60年代该公司的销售额之所以能够从7.66亿美元猛增至54.75亿美元，就是因为在国内外进行了多达200次以上的吞并。① 它像大鲨鱼，在国内外不停地吞并大小企业。在法国，它吞并了水泵厂、电视机厂、建筑公司；在联邦德国，吞并了保险公司、冷冻食品厂、汽车零件制造厂；在英国，吞并了化妆品公司、狗食公司、出租汽车公司、印刷公司、电视广播公司等。

第二，可以迅速扩大产品种类，实现多样化经营，增强美国在国际市场上尤其是在其他发达国家市场上的应变能力和竞争能力。

第三，可以获得被收购企业的市场份额、商标、专利及各种资产，并充分利用东道国企业在各地的销售渠道，推销其产品，并抓住有利的市场机会。

第四，有助于绕过贸易壁垒，占领当地市场。战后以来，发达资本主义国家之间的贸易竞争日趋激化，尤其是西欧发达国家，为了发展经济，保护本国工业，往往设置各种贸易壁垒，并于1958年组建欧洲经济共同体，对外筑起统一的关税壁垒，以对抗集团外的商品竞争，这样美国跨国公司被迫用投资代替出口，就地生产，就地销售，以绕过保护主义的壁垒，开辟在西欧的新市场，而兼并西欧企业是美国跨国公司抢占当地市场或扩大已占有地盘的捷径。

美国跨国公司对发展中国家的直接投资，正如表1-10所示，一直以新建企业方式为主。这反映美国对发展中国家的投资战略，也是与战后美国对发展中国家直接投资增长较慢相联系的。美国跨国公司的考虑是：(1)采取新建企业方式拓展对外直接投资，美国跨国公司可以根据有关条件选择适当的地点并按照自己所希望的规模筹建新的企业，以便充分发挥自己的规模经济效益；(2)可以使跨国公司母公司能按照长远发展计划和规模来妥善安排工厂布局，对资本投入的初始量和后来的资本支出具有完全的控制，以便实施全球一体化经营发展战略；(3)跨国公司可以根据自己的垄断优势设置为它们所熟悉的生

① 《跨国公司剖析》，人民出版社1975年版，第95页。

产工序和生产设备，以提高劳动生产率，降低生产成本，增强产品竞争力；(4)跨国公司母公司可以避免卷入它本来不打算卷入的业务中去，也可以避免发展中国家现有的管理方式、惯例、劳工关系和雇员的独特习惯；(5)新建方式的风险和失败率较收购与兼并方式为低。

六、战后，尤其是80年代以后美国对外直接投资的资金来源结构发生重大变化，资金来源从汇款投资为主转向以子公司的利润再投资为主

美国对外直接投资的资金来源，按照美国商务部的统计，主要由三部分组成，即母公司的股权投资、跨国公司体系内部资金流动净额(流出—流入)、国外子公司的利润再投资。应当投出，这三者之和并不一定等于投资增加额。投资增加额还包括了价值调整部分，通常前两个部分统称为汇款投资额。

(一)80年代美国海外直接投资的资金构成特点

长期以来，美国跨国公司对外直接投资的资金来源一直以汇款投资为主，子公司利润再投资处于次要地位。自1972年以来，汇款投资的数额增长缓慢，在资金来源中的比重大为下降，而海外子公司的利润再投资增长迅速，所占比重节节上升，并超过汇款投资而成为美国海外直接投资的主要资金来源。80年代以来，这一发展趋势进一步加强(详情见表1-11)。

表1-11　80年代美国海外直接投资的资金筹措构成　单位：亿美元

项目＼年代	1980年	1982年	1984年	1985年	1986年	1987年	1988年	1989年
投资增加额	267.09	-68.37	64.50	195.73	301.42	492.31	189.17	399.35
股权投资	26.07	41.94	14.78	-22.80	4.31	24.70	-54.69	-48.60
跨国公司体系内部资金流动净额	-10.21	-153.24	-79.40	3.68	87.22	63.15	78.31	141.66

续表

项目＼年代	1980 年	1982 年	1984 年	1985 年	1986 年	1987 年	1988 年	1989 年
利润再投资	169. 98	63. 75	109. 65	206. 64	188. 94	356. 69	151. 70	224. 16
价值调整	81. 63	-20. 81	19. 47	9. 22	20. 96	47. 76	13. 85	82. 13

资料来源：美国商务部：《现代商业概览》有关各期。

由表 1-11 可见，80 年代美国对外直接投资的资金来源结构发生了重大变化。

1. 美国跨国公司向国外的汇款投资额占美国每年对外直接投资年增加额的比重不断下降，并日益退居次要地位，且呈现很不稳定的趋势

1970 年，美国对外汇款投资 44. 10 亿美元，海外子公司利润再投资 29. 48 亿美元，分别占当年投资增加额的 59. 9%和 40. 1%。到 1972 年，汇款投资额下降至 34. 04 亿美元，而海外子公司利润再投资额增至 45. 21 亿美元，利润再投资超过汇款投资而居主要地位。1975—1980 年，美国对外汇款投资总增加额为 276. 02 亿美元，仅占该其间美国对外直接投资增加额的 28%。进入 80 年代以来，美国对外汇款投资连续几年出现负数，1982—1985 年间，总计为-237. 13 亿美元，这意味着在此期间，美国跨国公司不仅没有增加对国外的汇款投资，而且从国外抽调了数量可观的资金汇回国内，但在 1986—1989 年，美国又逐年增加对外汇款投资，四年总计增加汇款投资 296. 06 亿美元，占该期间美国对外直接投资增加额的 21. 4%。

2. 跨国公司对外股权投资在直接投资增加额中所占比重大大下降，有些年份则出现负数

1973 年，美国跨国公司对外股权投资额为 19. 82 亿美元，占当年美国对外直接投资增加额的 15. 8%。到 1976 年，该比重降至 8. 9%，1986 年该比重继续降至 1. 4%，1982—1989 年，美国对外股权投资仅为 7. 24 亿美元，仅占同期美国对外直接投资增加额的 0. 4%。其中，1988 年和 1989 年，美国不仅没向外进行股权投资，而

且分别从国外子公司抽回股权投资 54.69 亿和 48.6 亿美元。

3. 美国跨国公司体系内部资金流动净额在 80 年代出现重大变化。前半期海外子公司的资金大量回流国内母公司，后半期又由母公司流向海外子公司，且增长趋势较为稳定

在 70 年代，美国跨国公司体系内部资金流动净额为正数，并构成其对外汇款投资的主要部分，据统计，1973—1976 年间，美国跨国公司对外汇款投资额为 202.89 亿美元，其中跨国公司体系内部资金流动净额为 139.67 亿美元，占 68.8%，但自 80 年代以来，美国跨国公司体系内部资金流动净额连续几年出现负数，且数额庞大。自 1985 年始，跨国公司体系内部资金流动净额出现正数，且增长趋势较为稳定，并再次成为美国汇款投资的主要组成部分。

4. 海外子公司的利润再投资日益成为美国对外直接投资的主要资金来源，在资金来源中的比重越来越高

1972 年，美国跨国公司海外子公司利润再投资额为 45.21 亿美元，超过汇款投资额而居主导地位，1973 年和 1980 年，美国海外子公司利润再投资占美国对外直接投资资金来源中的比重分别提高到 68.8%和 91.8%。据统计，1982—1989 年，美国海外子公司的利润再投资额高达 1392.43 亿美元，占同期美国对外直接投资增加额(1621.2 亿美元)的 85.9%。这表明，美国跨国公司海外子公司的利润再投资已成为美国海外直接投资的主体。

(二)形成 80 年代美国对外投资资金构成特点的原因

形成 80 年代美国对外直接投资资金来源结构特点的主要因素有：

第一，美国对外直接投资以海外子公司利润再投资为主，反映了美国作为一个老牌的、成熟的对外直接投资大国的典型特征。长期以来，美国在对外直接投资中，获得了丰厚的利润，仅 1980—1989 年间，美国在对外直接投资中赚得的利润额高达 3 623.1 亿美元，大量利润的获得为美国跨国公司积累了巨额资本，并为海外子公司的利润再投资奠定了基础。

第二，80 年代里根政府推行的一系列经济政策，如用高利率吸引外资，弥补财政赤字和贸易赤字，推行税制改革使海外投资课税偏

重影响海外投资利润的汇回等，都促进了 80 年代美国海外子公司的利润再投资。

第三，80 年代上半期美国对外股权投资急剧减少，海外子公司资金倒流回国，是由 80 年代前半期美国国内与国外投资环境的巨大差异所决定的。80 年代初美国经济危机过后，经济复苏快，增长势头强，使得美国资本向海外输出的动力减弱，同时，在政府巨额财政赤字和货币紧缩政策双重作用下，国内资金市场供不应求，利息率长期居高不下，民用投资资金严重不足，这就使资本输出的物质基础——过剩资本的形成和发展受到很大限制，使美国不可能以 70 年代经济滞胀时期的速度和规模向海外输出过剩资本。另外，80 年代上半期海外投资场所经济状况不佳，盈利前景暗淡，也是美国对外资本输出的阻碍因素。80 年代上半期，美国海外直接投资的主要场所欧洲、加拿大和拉丁美洲地区，经济增长缓慢，市场相对萎缩。欧洲、加拿大等过剩资本严重，市场游资充斥，投资利润率低，而拉美地区债务负担沉重，无力吸收新的外资。在这些条件下，美国跨国公司对其海外投资战略作了相应调整，其具体表现是：美国跨国公司不仅减少了对外股权投资，而且通过海外子公司从国外利润率低的地区筹集资金汇回国内。据统计，仅 1982—1984 年间，美国跨国公司在加拿大抽回股权投资 29. 36 亿美元，在拉丁美洲通过公司内部的资金流动向美国倒流资金 256. 2 亿美元，从而使 80 年代前半期母公司与子公司之间的资金流动净额出现巨大的负数。

第四，80 年代后半期，随着欧洲、日本、加拿大等投资场所环境的改善，投资利润率的提高，区域经济集团化的加速发展以及美国争夺国外投资市场的需要，美国又加快了对外直接投资的步伐，增加了公司体系内部资金的流出，但利润再投资作为美国跨国公司对外直接投资资金来源的主体则没有改变，这一趋势将继续下去。

七、战后以来美国虽然始终保持着世界上第一对外直接投资大国的地位。但自 60 年代以来，在国际直接投资中所占比重大大下降

根据英国国际投资理论专家邓宁的估计，在第一次世界大战前

夕，美国对外直接投资约占世界直接投资总额的60%左右。在两次世界大战之间，美国的对外直接投资在国际直接投资总额中的比重保持在50%~55%之间，战后以来，尤其是60年代以来，美国在国际直接投资中所占比重不断下降(详见表1-12)。

表1-12　主要资本主义国家在世界直接投资累计额中所占比重的变化(%)

国别 年代	美国	英国	日本	联德	瑞士	荷兰	加拿大	法国	意大利
1960年	47.1	18.3	0.7	1.2	3.4	10.3	3.7	6.1	1.6
1975年	44.0	13.1	5.7	6.5	8.0	7.1	3.7	3.8	1.2
1980年	40.0	14.8	6.6	7.8	7.0	7.6	3.9	3.8	1.3
1985年	35.1	14.7	11.7	8.4	6.4	6.1	5.1	3.0	1.7

资料来源：联合国跨国公司中心编：《世界发展中的跨国公司：趋势与展望》，1988年纽约英文版，第24页。

由表1-12可见，在1960—1985年间，美国对外直接投资占国际直接投资总额的比重由47.1%降至35.1%，降幅达12个百分点。导致美国在国际直接投资中所占比重的下降是由下列因素决定的。

(一)美国在国际投资领域的优势已相对削弱

战后初期，由于德、意、日的战败和英法力量的严重削弱，美国确立了它在资本主义世界经济中的霸主地位，一方面，在国际投资市场上，没有能够与美国匹敌的竞争对手，另一方面，西欧和日本为了在战争的废墟上重建经济，需要得到大量的资金，因而为美国的资本输出大开绿灯，使美国获得了广阔的国际投资场所。美国正是利用这种有利的国际环境，凭借其拥有的经济技术优势，一手举起帮助欧洲复兴经济的大旗，加紧实施马歇尔计划，向欧洲大举扩张；一手打着对落后地区进行技术援助的旗号，推行杜鲁门的“第四点计划”，渗透到许多亚、非、拉国家，获得了在这些国家投资的权利。美国在这两条战线上同时扩张的结果就使得美国资本向世界许多地区大举渗透，直到50年代末，在国际直接投资中，一半以上是美国资本，其他国家投资规模较小。进入60年代以后，美国对外直接投资中优势地位逐步削弱，尤其是进入80年代后，美国私人对外直接投资出现停滞的局面。1982—1985年徘徊不前，据统计，1980—1985年美国对外直接投资年平均增长率仅有1.5%。

(二)资本主义经济发展不平衡的作用日益突出

战后以来，日本、联邦德国经济发展速度大大快于美国和英国，经济的迅速发展使得这两个国家的对外直接投资急剧扩大。1960年，日本和联邦德国的对外直接投资累计额分别只有5亿美元和8亿美元，占国际直接投资的0.7%和1.2%，大大低于英国、荷兰和法国的比重。自60年代始，日本、联邦德国奋起直追，其对外直接投资增长速度不断加快，投资规模不断扩大，所占比重节节上升。1960—1985年，日本对外直接投资额年均增长速度高达22.7%，联邦德国为18.9%，大大高于同期美国(8.6%)和英国(8.9%)的年均增长速度。到1985年，日本和联邦德国的对外直接投资累计额分别增至836亿美元和600亿美元，所以比重分别为11.7%和8.4%①。成为世界上第三、四位对外直接投资大国，并与美国和英国的差距不断缩小。尤其是80年代下半期，日本的对外直接投资增长迅猛，到1989年底，其海外直接投资总额高达2 538.3亿美元，相当于同年美国对外直接投资额的68.0%，② 大大超过联邦德国而与英国并驾齐驱。

(三)生产国际化和国际投资主体多元化

当资本主义从自由竞争阶段发展到垄断阶段以后，在主要资本主义国家出现了大量的"过剩"资本。由于国内的垄断给新的投资造成了困难，因此为追求高额利润，资本便向落后国家输出，这便是国际投资的早期模式。这种早期模式的最基本的特征是，资本由先进国家向落后国家单向流动，投资主体为少数帝国主义国家。第二次世界大

① 联合国跨国公司中心：《世界发展中的跨国公司：趋势和展望》，1988年纽约英文版，第24页。

② 根据日本大藏省公布的统计数字和美国商务部公布的统计数字计算。

战以来，尤其是60年代以来，随着生产国际化的迅猛发展，国际分工和专业化生产的日益加强，参与国际直接投资的国家和地区越来越多，规模愈来愈大。国际投资模式发生了重大变化：即资本由单向流动发展为双向流动，且资本主要流向发达国家；投资主体由少数发达国家发展为多元化。除发达国家相互进行对外直接投资外，一些发展中国家和地区打破了传统国际资本垂直型、单向型的流动状态，开展了发展中国家之间，发展中国家与发达国家之间的相互投资，尤其是一些高收入的石油输出国组织成员国和一些新兴的工业化国家和地区(亚洲"四小龙"、巴西、东南亚国家等)纷纷涉足和跻身海外直接投资市场。据联合国跨国公司中心统计：1960年，国际直接投资累计额677亿美元，其中发达国家投资670亿美元，占99.0%，发展中国家投资7亿美元，仅占1.0%；到1985年，国际直接投资累计额增至7 135亿美元，是1960年投资额的10.5倍。其中：发达国家投资额6 933亿美元，占97.2%；发展中国家投资额192亿美元，占2.7%；社会主义国家投资额10亿美元，占0.1%。这表明当代国际直接投资的主体日益走向多元化。

八、80年代以来，美国由世界上最大的直接投资净输出国变为直接投资净输入国

长期以来，美国一直是世界上最大的直接投资净输出国。早在一战前夕，美国对外直接投资为外国对美直接投资的2倍。两次世界大战之间，美国对外直接投资增长快于外国对美直接投资增长速度，因而两者之间的差距日益拉大。到1940年，美国对外国直接投资累计额为外国对美直接投资额的2.4倍。第二次世界大战后的50—60年代，美国利用其经济、政治、军事诸方面的强大优势，大肆向外进行经济扩张，从而使得美国对外直接投资与外国对美直接投资之间的差距越来越大。1950年，美国对外直接投资累计额是外国对美直接投资的3.47倍，1960年上升到4.62倍，1970年继续升至5.88倍，1972年达最高峰，为6.33倍。自1973年经济危机以后，美国对外直接投资与外国对美直接投资的倍数差距逐渐缩小，而投资额差距仍

在拉大。1975 年，美国对外直接投资为外国对美直接投资的 4.48 倍，美国对外直接投资累计额高出外国对美国直接投资累计额 965 亿美元；到 1980 年，倍数差距下降到 3.26 倍，而投资额差距继续拉大到 1 480 亿美元。自 1981 年开始，美国对外直接投资与外国对美直接投资的倍数差距和投资额差距均急剧缩小（详情见表 1-13）。

表 1-13　80 年代美国对外直接投资和外国对美直接投资比较

单位：亿美元

项目＼年代	1980 年	1981 年	1983 年	1985 年	1987 年	1988 年	1989 年
① 美国对外直接投资累计额	2 134.68	2 283.48	2 261.17	2 297.48	3 079.83	3 269.00	3 734.36
② 外国对美直接投资累计额	654.83	1075.90	1253.13	1846.15	2717.88	3288.50	4008.17
③ ①/②(倍)	3.26	2.12	1.67	1.24	1.13	0.99	0.93
④ ①-②	1479.85	1207.85	908.04	451.33	361.95	—19.50	-273.81
⑤ 美国对外直接投资年增加额	267.09	148.80	46.06	-36.64	480.93	189.17	465.36
⑥ 外国对美直接投资年增加额	110.21	421.07	117.23	250.44	624.59	570.62	719.67
⑦ ⑤-⑥	156.88	-272.27	-71.17	-287.08	-143.66	-381.45	-254.31

资源来源：美国商务部：《现代商业概览》有关各期。

从表 1-13 可见，80 年代美国对外直接投资年增加额除两年大于外国对美直接投资年增加额外，其余 8 年均小于外国对美直接投资年增加额。据统计，1980—1989 年，美国对外直接投资累计额年均增长速度为 7.2%，而外国对美直接投资增长速度则高达 22.1%。到 1988 年底，外国对美直接投资累计额首次超过美国对外直接投资累计额 19.5 亿美元。到 1989 年底，这一差额急剧增加到 273.81 亿美元。这标志着美国的国际直接投资地位发生重大转折。①

80年代，美国由世界上最大的直接投资净输出国转变为直接投资净输入国，这是战后美国国际资本流动的一个重大变化。这一变化是与美国的经济发展和世界经济发展不平衡相联系的：

(一)美国、日本、西欧经济发展的不平衡

80年代初经济危机过后，美国经济迅速复苏和走向高涨，并在长达7年多的时间里持续增长，其经济增长率高于日本以外的所有西方主要发达国家。据统计，1980—1987年，美国国内生产总值平均增长率为3.1%，同期日本、加拿大、英国、意大利、联邦德国、法国分别为3.8%、2.9%、2.6%、2.1%、1.6%和1.6%。② 在西欧、加拿大等地区经济发展不景气，经济增长率低，市场相对饱和，盈利前景暗淡的情况下，这些国家的“过剩”资本形成和积累得更快，它们在美国市场景气，盈利率高的吸引下，纷纷涌向美国进行直接投资。根据联合国跨国公司中心的统计，1975年，美国引进外国直接投资占世界直接投资额的11.2%，到1985年，该比重上升至29.0%。③ 80年代中期以后，美国引进外国直接投资的规模急剧扩大。1985—1989年，美国引进外国直接投资额高达2 412.46亿美元，超过了美国1950—1984年间引进外国直接投资额(1 617亿美元)的49.2%。在美国的直接投资引进中，主要来自其他发达资本主义国家。截至1989年底，在美国的外国直接投资累计额中，英国居第一，投资额1 191.37亿美元；日本居第二，投资额696.99亿美元；荷兰居第三，投资额604.83亿美元；加拿大居第四，投资额315.38亿美元；联邦德国居第五，投资额282.23亿美元。上述五国占美国引进

① 1990年，美国对外直接投资累计额又重新超过了外国对美直接投资累计额。

② 世界银行：《1989年世界发展报告》，中国财政经济出版社1989年版，第167页。

③ 联合国跨国公司中心：《世界发展中的跨国公司：趋势和展望》，纽约1988年英文版，第25页。

外国直接投资额的77.1%。①

(二)国际贸易与收支严重失衡

80年代以来，主要资本主义国家的贸易收支严重失衡。1980—1989年，美国对外贸易逆差总额为9 320亿美元，经常项目收支逆差为8 000亿美元，美国成为世界上最大的外贸逆差和经常项目收支逆差国。与此同时，日本、联邦德国的贸易顺差不断增加，同期日本的贸易顺差为5 205亿美元，经常项目收支顺差为4 153亿美元。② 这种国际收支的严重失衡，一方面造成了日本和联邦德国等国收支盈余的不断增长，使它们持有的“过剩”资本日益膨胀，并难以在国内找到有利可图的投资机会；另一方面，巨额贸易逆差和经常项目收支逆差与庞大的财政赤字(1981—1989年财政赤字累计13 753亿美元)相结合，加剧了美国国内资金的短缺。为了缓解国内资金供应困难，维持投资和消费的增长，美国开始大规模引进其他西方国家的投资。这样外国投资和外国商品在80年代的特定条件下形成了对美国经济发展的联动效应，即外国资本大量在美国投资，以促进美国的投资与消费，增加美国对外购买力，导致进口急剧增加；而进口的大量增加，导致美国贸易逆差的不断扩大和资金大量流向国外，从而加剧了美国国内资金短缺和外国资本的严重过剩。这种国际资本供求不平衡的矛盾又通过外国在美国进行大量投资的途径得到暂时的平抑，但随后又将出现新的一轮循环。外国投资与外国商品之间这种互相加强的“联动机制”，使美国面临国际资本和国际商品竞争的严峻挑战。

(三)80年代美国政府的经济贸易政策客观上诱导了外国直接投资的大量涌入

1. 松财政、紧货币政策

80年代以来，美国里根政府奉行供给学派和货币主义相结合的政策思想，在财政政策方面通过减税促进投资和储蓄，增强美国经济的活力；在货币政策方面通过严格控制货币供应量，制止通货膨胀，

① 美国商务部:《现代商业概览》1990年第8期，第46页。

② 根据《日本统计月报》有关资料计算。

并以高利率吸引外国资金、弥补财政赤字。结果美国经济在摆脱了80年代初期的危机和滞胀以后，有了强劲的回升势头，国内市场需求旺盛，投资前景好，能容纳巨额投资，而较低的税率和通货膨胀率，又为企业降低生产成本，增强盈利提供了重要条件，这就吸引了大量外国直接投资进入美国。

2. 外资政策

美国政府为了积极吸收外资，促进国内经济增长，制定和实施了一系列引进外资的政策与措施，如1983年9月9日，美国政府公布了其国际投资政策。主要内容是：(1)除有损于美国国家安全保障的情况外，美国欢迎外国对美国的直接投资，在根据美国法律给予公正无差别待遇的同时，在美国国内将努力创造完善的投资环境；(2)给予外国直接投资者享受美国国民同等待遇；(3)美国政府反对最低出口限额、出资比例限制和财政金融上的优惠措施等阻碍市场机制的政府限制直接投资的倾向，并通过双边或多边会谈努力消除这种介入：(1)在多国间的会谈中，美国将充分利用经合组织，在双边协议中，美国则积极缔结投资协定，以促进相互间的直接投资。由于美国对外资持欢迎态度，且投资的软硬环境不断改善，因而80年代美国成了“投资者的乐园”。

3. 贸易保护政策

80年代在美国贸易逆差居高难下的情况下，美国的贸易保护主义重新抬头，美国政府广泛地发展多种形式的贸易壁垒，阻碍外国商品进入美国市场。据统计，1981年美国制成品中大约有20%的产品种类受到了美国政府设立的非关税壁垒的保护；而到了1984年，这个比例就上升到了35%。① 针对这一情况，西方其他发达国家和一些新兴工业化国家和地区力图通过在一些贸易保护主义压力较大的产业进行直接投资，就地生产，就地销售，以绕过贸易壁垒，缓和贸易摩擦，抢占美国市场。

4. 美元汇率政策

① ［美］《哈佛商业评论》1986年3—4月号。

80年代中期以来，美元汇率在美国的倡议下，在西方主要发达国家的联合干预下，急剧下调。据统计，美元对日元的汇价由1984年的1∶251下降至1988年的1∶126；对联邦德国马克的汇价由1985年的1∶2.94跌至1988年的1∶1.76。美元贬值，日元和联邦德国马克等货币升值，一方面使得西欧、日本等国产品价格相对提高，造成出口困难，这迫使日本、西欧国家改对美贸易出口为对美直接投资，以作为对其币值大幅上升影响出口的应变措施；另一方面，美元大幅贬值，使外国厂商在美国购买的原料、劳动力远较以前便宜，也使外国收购兼并美国企业股票较以前便宜得多，这加剧了外国厂商兼并美国企业的浪潮。据统计，1980—1987年，其他发达资本主义国家垄断资本兼并美国企业成交数总共2 637起，兼并成交累计额达1069亿美元，兼并成交额占外国直接投资额的比重由1980年的36.5%上升到1987年的58.2%①。

(四)美国拥有良好的投资环境，对外国资本具有较强的吸引力

这具体表现在：美国市场广阔、潜力巨大，基础设施发达，自然资源丰富，政局比较稳定，劳动力素质高，技术先进等，所有这些都构成了对外国资本的较强的吸引力。

尤其值得指出的是；外国跨国公司对美直接投资将会引起一系列连锁反应。战后以来，在发达资本主义国家中，垄断资本的统治日益加强，在各行业均已形成若干家大企业垄断的局面。它们之间旗鼓相当，势均力敌，互相制约，有着一定的均势关系。因此各自对其他几家对手的活动十分敏感，反应迅速。如果一家企业对某一国进行直接投资，同一行业的其他大企业也会立即做出反应，可能以相应的规模对该国进行直接投资。如果其他企业不作出反应，那就会让那个先行企业捷足先登，从而使自己失去增长的机会，丧失原有市场份额以至寡头企业的地位，这样，原有的寡头均势将被破坏。显然，那些企业是决不愿自己处于这种劣境的。例如，1984年初，日本丰田汽车公司刚刚宣布与美国通用汽车公司办合资企业；5月初，日产汽车公司

① 《世界经济》1990年第11期，第23页。

就宣布了在美国生产小型汽车的计划；日产计划刚刚发表3天，马自达汽车公司又宣布了在美国设厂的计划。在其他国家的对美直接投资中，类似的情况也不少。

在外资大量涌入美国的情况下，美国的整个国际投资地位发生重大变化。据美国商务部公布的数据，截止1989年底，外国在美国的总资产为20 760亿美元，而美国在国外的总资产则为14 120亿美元。美国的外债高达6 640亿美元，① 约占当年美国国民生产总值的12%。

80年代美国对外直接投资规模和外国对美直接投资规模的急剧扩大，是与美国扩大与其他资本主义国家的经济联系分不开的。它表现出美国经济国际化的迅速发展，表明美国与资本主义世界其他中心在经济上的相互依赖进一步加强。这种加强一方面成为美国80年代经济增长的重要动力，另一方面也使美国资本面临国际资本的严峻挑战。

① 《人民日报》1990年7月6日。

第二章　战后促成美国对外直接投资空前发展的原因分析

正如前章所述，美国对外直接投资已有一百多年历史。从19世纪80年代到第二次世界大战，它的发展是相对有限的。第二次世界大战以后，才以前所未有的规模和速度迅速发展。40多年来，美国对外直接投资一直执国际直接投资之牛耳，无论就它的发展速度、投资规模、地区配置、部门结构，还是就它的投资方式、资金来源以及在国际直接投资中的地位和作用均与战前具有一些显著不同的特点。

为什么美国对外直接投资在第二次世界大战以后获得了空前的大发展呢？它是由哪些因素促成和推动的？本章拟从不同角度就这一问题在理论上作一定的探讨。

第一节　科技革命的蓬勃发展、国际分工的日益深化为美国对外直接投资的迅速发展提供了可能性和重要的条件

二战后蓬勃兴起的第三次世界性科学技术革命，在世界经济发展史上具有重大意义，其规模之大，涉及领域之广，影响之深，都是前所未有的。随着科技革命的蓬勃展开和迅速发展，一系列新兴工业部门在世界上许多国家相继兴起。科技革命的发展，使生产的国际化进一步发展，国际分工日益深化，跨国公司迅猛发展；同时，新的科技革命带来的交通通信的现代化，管理的计算机化，以及运输成本的下

降有利于企业进行海外直接投资。所有这些都为跨国公司大规模开展海外直接投资提供了可能性和重要条件。

一、科技革命促进了国际分工的深化，为生产的进一步国际化奠定了基础

战后第三次科技革命形成了众多的新技术、新工艺、新产品和新产业部门，使国际分工在广度和深度上都有了很大的发展。19 世纪所形成的传统的国际分工，是以制成品生产国与原料、食品生产国之间的分工为主导的国际分工，是一种工业国与农业国、矿业国的传统国际分工。战后科学技术的发展，使国际分工的形成发生了巨大变化。这种变化的发展趋势就是，国际分工日益转向以工业部门内部的分工为主导形式。其主要表现是传统的以自然资源为基础的分工逐步发展为以现代工艺、技术为基础的分工；各产业部门间的分工发展到各个产业部门内部的分工，进而发展到以产品专业化为基础的分工；沿着产品界限进行的分工发展到沿着生产要素界限所进行的分工；由市场自发力量决定的分工，越来越向由跨国公司和国家所组织的分工方面发展。

在国际分工日益朝纵深发展的趋势下，各国之间出现了一些新的部门之间的分工。就制造业而论，目前世界制造业按不同生产要素的密集度划分，存在着以下五个部门：(1)劳动密集型产业，如纺织业、服装业、钟表业等轻纺工业部门；(2)资本和能源密集型产业，如钢铁、有色金属冶炼、水泥、化纤、塑料和石化等工业部门；(3)一般资本和技术密集型产业，如一般机械制造、金属加工制品、造船、普通运输设备和耐用消费品制造等工业部门；(4)高级资本和技术密集型产业，如精密机械、光学仪器、宇宙航天设备、尖端通信设备、核能及放射性设备、电子计算机、自动化仪器设备制造等部门；(5)知识和科学密集型产业，即各种经营无形商品的部门。世界各国之间、发达国家和发展中国家之间、各类国家之间不仅存在着这些部门之间的分工，而且各国之间的国际分工已经不再局限于部门之间的

分工，而发展到部门内部的分工，这是国际分工深化的重要标志。这种部门内部的国际分工存在着三种情况：

(1)不同型号产品的专业分工，即产品专业化。所谓产品专业化就是指同类但品种(规格)不同的产品的生产专业化。通常由某个(或某几个)国家分工专门生产某些品种(或规格)的产品。在战后科学技术革命的推动下，技术发明不断涌现，新产品纷纷问世，以致同一种类但规格品种不同的产品，在各个国家相同部门内的分工迅速发展起来。如美国的拖拉机制造业专门生产较大马力的轮式和履带式拖拉机，英国专门生产中型的轮式拖拉机，联邦德国专门生产小马力的拖拉机等。

(2)零部件专业化。是指各个国家分工生产某种成品的一部分配件、部件或零件。在目前科学技术迅速发展的条件下，现代工业产品的结构越来越复杂，许多产品的元件成千上万，同一产品需要许多工厂协同生产。这种专业化协作在机器制造业、电器制造业、汽车制造业、飞机制造业以及电子工业中，表现得尤其突出。如美国波音B747巨型客机的试制与生产，是由1 500家大企业和1.5万家中小企业协作生产的，这些企业分布在美国、英国等七国。又如美国福特公司的“上护牌”汽车，零件生产分散在西班牙、意大利、英国、日本、巴西等国家，在美国、英国和联邦德国装配。

(3)工艺专业化。是指为国外企业制造锻件、铸件、模压件、毛坯等中间产品的专业化。这种专业化，往往是把生产工艺流程的各个工序根据各个国家的资源条件及技术水平的差异，分别配置在有关国家的协作厂，每个协作厂专门生产某一工序的中间产品。

国际分工的发展，大大加强了各国之间的互相依赖和协作，这为战后美国积极参与国际分工，大规模开展对外直接投资提供了可能。

战后以来，美国正是利用它在科学技术方面的领先地位和雄厚的经济实力，广泛地参与国际分工。一方面，美国与其他发达资本主义国家形成了一种经济发展水平大体相似的“水平型”分工。这种水平型分工的特点就是各个发达国家根据本国的特点和优势进行国际性生产专业化分工协作。通过有限品种的大批量生产，节约设备，节约劳动力和管理费用，从而使生产成本下降。同时，使用专用设备进行大批量生产，会大大提高劳动生产率，进而节约社会劳动，以提高产品竞争力。另一方面，美国与亚非拉发展中国家形成了一种垂直型的国际分工，这是一种经济发展水平不同的国家间的分工。战后以来，美国利用对先进科学技术的垄断地位，同发展中国家之间形成了所谓“技术知识密集型”与“劳动密集型”的工业部门分工，美国自己生产那些技术水平高，耗用原料和能源少，产值高，利润大，公害轻的所谓“高、精、尖”的成品和部件，而把那些技术水平低、费动力、费原料、产值低、利润小、公害重的成品和部件，通过跨国公司在亚非拉发展中国家设厂生产，然后再运回国内。例如，美国把污染严重的石油化工半成品放在近东、牙买加、波多黎各等地设厂生产，然后再进口。它还把金属材料、纺织品、鞋类、日用电器等，在亚非拉发展中国家和地区加工后运回国内，代替国内生产，以牟取高额利润。总之，国际分工的深化使各国的生产通过国际专业化分工和国际协作而紧密地联结在一起，各个国家的生产越来越成为世界生产过程的一部分。这为美国大规模地展开海外直接投资提供了可能。

二、科技革命推动了生产和资本的国际化，促进了美国跨国公司的大发展

生产和投资国际化是经济国际化的基础。从历史上看，随着资本主义的自由竞争为垄断所代替，资本输出代替商品输出成为垄断资本主义的典型特征，在世界范围就真正展开生产和投资国际化的进程。正如列宁指出：“大约在19世纪与20世纪之交，交换就造成了经济关系的国际化和资本的国际化。”①不过，当时生产和投资的国际化的规模还不大，具有国际化生产投资的企业也为数不多，其范围也不广。战后新的科学技术革命使生产和投资的国际化达到了这样的规

① 《列宁全集》第22卷，人民出版社，第94页。

模，即某项生产和投资，不仅以一国或几国为目标，而且还以全球为目标；不仅在一国范围内组织生产和投资，而且在世界范围内组织生产和投资。目前，跨国公司已成为影响当前世界经济发展的巨大力量。据估计，目前世界国民生产总值的 1/5，国际贸易的 1/3，国际投资的 2/3，技术贸易的绝大部分都为跨国公司所掌握。

美国跨国公司是美国垄断资本主义高度发展的产物。第二次世界大战后。随着科技革命的发展，生产和资本国际化的发展，以及各国间贸易、金融领域矛盾的加剧，美国的跨国公司获得了空前大发展。60 年代末，美国已有 3 400 家公司(不包括银行业)在国外开办了 23 000 家企业，其中从事生产的企业有 8 000 家。1980 年，美国跨国公司在国外的子公司发展到 33 647 家，其中拉丁美洲 7 216 家，非洲 765 家，东南亚 3 375 家，西亚 308 家，发达国家 21 959 家①。70 年代以来，在资本主义世界的几百家大跨国公司中，美国垄断资本控制了它们年销售额的 2/3 左右。1975 年，世界上销售额在 100 亿美元以上的跨国公司有 16 家，其中 11 家是美国公司。如，通用汽车公司在美国及国外年产汽车约 700 万辆，它在 20 多个国家设有生产、装配汽车的企业，在 100 多个国家推销产品。埃克森石油公司在 25 个国家设有分公司，其营业额和利润的一半来自国外。国际商业机器公司在 80 个国家设有 100 多个子公司或工厂，分别制造电子计算机的不同部件，然后集中装配、销售，仅这家公司就控制了整个资本主义世界电子计算机市场的 80%。ITT 公司(原名国际电话电报公司，1983 年改现名)70 年代后期拥有 200 多家分公司，国外部分占其资产总额的 44%。1982 年，在其总销售额和利润中，国外部分分别占到 52. 8%和 57. 6%。该公司的海外子公司分布于 60 多个国家，其销售网遍布 100 多个国家和地区。1977 年，美国跨国公司生产总值达到 6 517 亿美元(相当于当年国民生产总值的 1/3)，其中母公司总产值

① 联合国跨国公司中心编：《三论世界发展中的跨国公司》，纽约 1983 年版，第 322-326 页。

为4 905亿美元，即占75%，国外子公司总产值为1 611亿美元，占25%。这意味着，1977年美国国民生产总值的1/3是由美国跨国公司生产的，而其中的1/4则是在海外子公司生产的。

战后美国跨国公司的迅猛发展，美国生产资本的国际化，是美国参与国际经济活动的一种更高级、更深刻的形式。这是因为：第一，国际商品交换只能体现各国在某一商品的诸种生产要素上占有的综合比较优势，而资本的国际流动和与之相随的生产国际化则可以使各国在个别生产要素上特有的比较优势得到最充分的发挥和结合，从而达到最佳的整体经济效果。第二，国际贸易联系只是一种时效较短的关系，很容易中断或受到贸易障碍的限制；而直接投资却植根于投资国而又渗透进东道国的经济之中，使双方的经济生活和商业利益有机地联系起来，双方关系因而更加牢固和持久。世界范围内的经济生活国际化由此进入了一个更高层次。

三、科技革命的发展为美国跨国公司不断扩大国外直接投资，进行全球国际化经营提供了必要的物质条件

战后以来，美国跨国公司之所以成为美国参与国际生产、国际投资乃至经济国际化的主要形式，一是因为资本的急剧膨胀，一是因为科学技术进步提供了国际化经营的物质手段。

50—60年代，在新的科学技术革命的推动下，国际海运和通讯方面的技术发生了革命性变化，1958年第一架商用喷气式飞机投入使用，更是一个大发展，直通电话、电传电视、电子计算机信息系统也使通讯技术有了突变。据统计，在1950—1978年间，主要发达国家民航旅客运送量增加了20—30倍，运输和通讯技术的大发展，大大缩短了世界空间的距离，它不仅使跨国公司可以运送大量物资，加快运送速度，大幅度降低运输成本，从而可有效地在全球范围内组织生产经营活动，保证公司体系内国际分工的实现，而且由于有了高度发达的通讯系统，又可使跨国公司把各地子公司和附属机构紧密联结起来，构成一个整体，保证母公司总部对本体系内各部门活动实行有

效的指挥和管理，以实现全球性的经营战略和目标。

第二节 相对过剩资本的存在是美国对外直接投资的物质基础和必要前提

一、在垄断基础上形成的大量资本过剩是美国海外直接投资的必要前提

早在自由竞争的资本主义时期，马克思在分析资本主义基本矛盾，阐述资本主义积累一般规律时，提出了资本过剩的原理，并论述了资本过剩形成的相对性和绝对性。马克思指出：资本过剩和相对人口过剩的产生一样，是资本主义积累的一般规律作用的必然结果。相对人口过剩之所以成为资本主义制度的经常伴侣，是因为在资本主义积累规律的作用下，一方面是生产和资本积累的规模不断扩大，另一方面是人民有支付能力的需要相对狭小，这就必然造成生产过剩，爆发经济危机。在大量商品卖不出去的情况下，一部分积累起来的资本，会由于找不到有利可图的投资场所而成为过剩资本，这种过剩资本必然要在国外寻找出路。马克思说："如果资本输往国外，那么这种情况之所以发生，并不是因为它在国内已经绝对不能使用。这种情况之所以发生，是因为它在国外能够按更高的利润率来使用。但是，这种资本对就业的工人人口和这整个国家来说，都是绝对的过剩资本，它是作为绝对的过剩资本和相对的过剩人口并存的，这是两者同时并存和互为条件的一个例子"。① 马克思的论述明确指出了过剩资本的存在是一个国家对外资本输出的物质基础和必要前提，而资本输出则是过剩资本的一条重要出路。

19 世纪末 20 世纪初，资本主义由自由竞争阶段发展到垄断阶段，即帝国主义阶段。列宁研究和总结了资本主义进入帝国主义阶段以后出现的新情况、新问题，发展了马克思关于过剩资本形成和资本

① 《马克思恩格斯全集》第 25 卷，人民出版社 1972 年版，第 285 页。

输出的理论。列宁指出，过剩资本的形成，主要是由于两个原因："第一，所有资本主义发达的国家都有了资本家的垄断同盟；第二，少数积累了大量资本的最富国家已经处于垄断地位。在先进的国家里出现了大量过剩资本。"①

从国内看，由于垄断统治的形成，垄断组织一方面通过各种盘剥和掠夺的手段加强对无产阶级和一切劳动人民的残酷剥削，加速对中小资本的排挤和吞并，获得了巨额垄断利润，迅速扩大了资本的集中和积累；而银行的垄断，又将社会上一切闲置资本和货币收入都囊括到大银行手里，使货币资本迅速膨胀。另一方面，由于垄断力图排除竞争，阻止别的资本家投资，使国家新企业的开办难以实现。同时，垄断统治又使无产阶级和劳动人民更加贫困化，购买力进一步相对降低，国内市场相对狭窄，国内投资受到很大限制，从而形成了大量过剩资本。

从国际上看，20世纪初，少数几个资本主义强国凭借自己的先进技术、廉价商品、发达的交通运输，在世界上处于垄断地位，成为全世界的剥削者，从而大大加速了这些国家的资本积累，使已经"过剩"的资本更加"过剩"。

当然，这种过剩资本并不是绝对过剩，而是相对过剩。列宁指出："假如资本主义能发展现在到处都远远落后于工业的农业，假如资本主义能提高在今天这种技术惊人进步的情况下仍然到处是半饥半饱、乞丐一般的人民大众的生活水平，那当然不会有什么过剩资本了"。"但是这样一来，资本主义就不成其为资本主义了，因为发展的不平衡和民众的半饥半饱的生活水平，是这种生产方式的根本的必然的条件和前提。"②这就进一步从理论上阐明了过剩资本的相对性和它必然向外实现经济扩张的必然性。

---

① 列宁：《帝国主义是资本主义的最高阶段》，人民出版社1974年版，第55页。

② 列宁：《帝国主义是资本主义的最高阶段》，人民出版社1974年版，第55-56页。

二、战后美国过剩资本的规模及其形成途径

美国是垄断资本主义的典型国度。第二次世界大战以后，在科技进步和经济危机频繁发生等条件下，随着竞争和兼并活动的日益加剧，投资的增加以及国家垄断资本主义的发展，美国的生产和资本的集中更加加强，那些大垄断企业所积聚的资本数额远比第一次世界大战前大得多。美国生产和资本的集中不少是通过大规模的企业合并来实现的。据统计，在美国制造业和采矿业中，1954—1974 年，企业合并数共达 21 328 宗，平均每年 1 015 宗。在最大的 30 宗企业合并中，通用电气公司就先后兼并了犹塔国际公司(购价 21.7 亿美元)和考克斯广播公司(购价 4.7 亿美元)；飞马石油公司和西方石油公司分别兼并了马考尔公司和米德木材公司(购价各为 10 亿美元)；加利福尼亚美孚石油公司兼并了亚梅克斯金属公司(购价 15 亿美元)等等。

在企业大规模合并的基础上，美国的大公司获得了急剧发展。1960 年，美国资产超过 100 亿美元的特大公司只有 6 家，1970 年增加到 15 家，1984 年进一步增加到 32 家，1990 年美国最大的公司通用汽车公司资产额为 1 802.36 亿美元，销售额达到 1 251.26 亿美元。据统计，1983 年，在美国 30 多万家工业公司中，最大的 500 家公司的销售总额相当于国民生产总值的 53.2%，而其中资产超过 10 亿美元的有 256 家，即不到工业公司总数的 0.1%，它们的销售额却占到全部工业产值的 60.2%。

正是这些集中了大量生产和资本的企业，才可能有大规模的对外直接投资，以便在国际市场上争得更大的活动场所。根据斯托普福特等编写的《世界跨国公司指南》(1982—1983 年版)资料，世界上最大的 500 家跨国公司的对外直接投资，占世界对外直接投资累计总额的 80%以上。根据联合国跨国公司中心估计，美国 250～300 家大厂商占了该国对外直接投资总额的 70%。

值得指出的是，美国跨国公司向外进行大量直接投资，不仅是因为它们手头上有大量生产资本，而且是因为国内有利可图的投资场所

受到限制(这里所说的“有利的投资场所”是指能够为资本的正常运转和发展提供所必需的利润率的投资场所)，从而使资本过剩更形严重，不得不向外寻找出路。根据美国总统经济委员会的估计，由于美国“失业过多”和“资本闲置”，1958—1965 年，“潜在”的国民生产总值同“实际的”国民生产总值之差为 2 600 亿美元，① 平均每年为 325 亿美元，而 1974—1978 年两者之差总计为 3 028 亿美元(1972 年固定价格)②，平均每年为 605.6 亿美元。这确凿地说明，战后以来美国确实存在着大量的生产过剩和资本过剩。

那么，是哪些因素导致了美国战后资本的严重过剩呢?

(1)垄断资本统治的不断加强，使美国的剩余价值量和剩余价值率迅速提高，从而成为资本积累迅速扩大的基础，也成为过剩资本形成的基础(详见表 2-1)。

表 2-1　1849—1965 年期间美国加工工业剩余价值总量和剩余价值率近似值①

单位：亿美元

年代	通过加工取得的附加价值	工资	剩余价值的近似量	剩余价值率(近似值)%
1849 年	464	237	227	96
1899 年	4 647	1 893	2 754	145
1909 年	8 160	3 205	4 955	155
1939 年	24 487	8 723	15 759	180
1955 年	135 023	39 778	95 245	239
1965 年	225 366	55 099	170 267	309

注释：①确切地确定剩余价值量是不可能的，因为一部分利润被作为折旧基金掩盖起来了。

资料来源：[罗]格·普·阿波斯托尔主编：《当代资本主义》，三联书店 1979 年版，第 55 页。

① [美]《总统经济报告》，1967 年 1 月，第 42 页。

② [美]《总统经济报告》，1979 年 1 月，第 75 页。

由表 2-1 可见，美国加工工业的剩余价值率在 1909—1965 年间提高了 1 倍。

(2)战后美国金融资本统治的加强，加速了美国过剩资本的形成。列宁指出："帝国主义的特点，恰好不是工业资本而是金融资本。"①战后以来，在生产高度集中和垄断的基础上，美国的金融资本日益发展，其规模空前增长。同美国工业垄断组织密切结合在一起的金融垄断组织的资产在 1950—1984 年间由 3 460 亿美元增加到 57 795 亿美元，即增长了 15. 7 倍，其中，商业银行的总资产由 1 500 亿美元增加到 18 219 亿美元，非银行金融组织资产由 1 430 亿美元增加到 39 576 亿美元。随着银行的集中和垄断程度的提高，美国银行的分支机构日益扩大。据统计，美国商业银行的分支行总数在 1945—1984 年，由 4 168 家增加到 40 380 家，增长了 8. 7 倍。如美国最大的商业银行美洲银行，70 年代初在美国拥有上千家分支行，在国外还有近百家支行。高度发达的金融资本的银行密网，能够迅速而有效地将社会上种种闲置资本及居民私人储蓄集中起来，一部分可以用于国内投资和银行贷款，另一部分则作为过剩资本输往国外。

(3)美国垄断资本主义和国家垄断资本主义的高度发展，造成了大量的闲置资本，其中一部分闲置资本转化为过剩资本。这是由于：垄断统治的加强，资本在部门间的自由流动受到限制，使部分资本闲置；科技革命的蓬勃发展和垄断竞争的加剧，使企业最低经营成本的限额不断提高，许多积累起来的中小资本，要么与别人合股，要么变为闲置资本；尤其是国家垄断资本主义的各种减免税收的政策，加速折旧政策，年金政策等，都加速了垄断组织的资本积累和集中，增加了垄断组织的利润，其中一部分也会转化为过剩资本。

(4)美国资本主义基本矛盾的不断激化，经济危机的频繁爆发，以及 70 年代起经济陷入滞胀，从而使得美国经济中的失业问题、生产开工不足和生产设备得不到充分利用的情况，不仅一直存在，而且

---

① 列宁：《帝国主义是资本主义的最高阶段》，人民出版社 1974 年版，第 82 页。

自70年代以来还有加重的趋势。这里仅举美国官方公布的失业率(不包括部分失业)和设备利用率的数字，就可见其一斑(见表2-2)。

表2-2　1948—1988年期间美国失业率

	失业率(%)		失业率(%)		失业率(%)		失业率(%)
1948年	3.8	1972年	5.6	1979年	5.8	1986年	7.0
1950年	5.3	1973年	4.9	1980年	7.1	1987年	6.2
1955年	4.4	1974年	5.6	1981年	7.6	1988年	5.5
1960年	5.5	1975年	8.5	1982年	9.7	1989年	5.3
1965年	4.5	1976年	7.7	1983年	9.6	1990年	5.5
1970年	4.9	1977年	7.1	1984年	7.5		
1971年	5.9	1978年	6.1	1985年	7.2		

资料来源：《美国总统经济报告》1991年，第330页。

表2-3　1950—1989年间美国制造业设备利用率

	设备利用率(%)		设备利用率(%)		设备利用率(%)
1950年	82.8	1974年	83.8	1982年	72.8
1955年	87.0	1975年	73.2	1983年	74.9
1960年	80.1	1976年	78.5	1984年	80.4
1965年	89.5	1977年	82.2	1985年	79.5
1970年	79.7	1978年	85.1	1986年	79.0
1971年	78.2	1979年	85.4	1987年	81.4
1972年	83.7	1980年	80.2	1988年	83.9
1973年	83.1	1981年	78.8	1989年	83.9

资料来源：《美国总统经济报告》1991年，第343页。

从表 2-2 和表 2-3 可见，在垄断占统治地位的美国，失业率高和设备利用率较低长期存在。这种经常性的失业和企业开工不足是与生产相对过剩和人口相对过剩并存的。这种过剩导致了大量的生产资本过剩。它限制了资本在一些部门继续扩大投资，迫使新的投资不得不到国外寻找出路。加之科技革命的迅速发展，机器设备的无形损耗加快，不仅有许多设备因它们的再生产效率提高而加速贬值，而且有不少新机器，因为效率更高、性能更良好的新型机器的出现而不得不提前更新。这些因更新换代而淘汰下来的设备，在国内已被闲置或废弃；但是，如果输出国外，尤其是输往发展中国家，则可重返青春，再现活力。所以美国将那些已经过时或即将过时，而物质形态仍然完好的机器设备输往国外，在国外投资设厂，以利用生产力发展水平的地区间差异，来延长机器设备、生产技术和产品的有效生命期，以获得高额利润。

第三节　追逐高额垄断利润是美国进行对外直接投资的根本动力

一、对外直接投资利润率大大高于国内投资利润率，从而刺激了美国私人对外直接投资的迅速增长

战后以来，美国大规模地在国外进行直接投资，正是为了寻求有利可图的场所，争得丰厚的利润。据美国联邦政府委员会的一份报告，在 1950 年以前，美国国内投资利润率为 15.4%，而对外投资平均利润率为 15.7%，进入 50 年代特别是 60 年代除了因侵越战争等因素使个别年份国内利润率有所上升外，大多数年份对外投资的利润率均比国内高。1960—1962 年，美国国内投资利润率为 9.3%，而国外投资利润率为 10.1%。1969—1970 年，这两种利润率分别为 9.4%和 13.6%。进入 70 年代以后，情况更是如此。根据美国《现代商业概览》的统计资料，1970—1979 年美国对外直接投资利润率为 14.3%，而 1970—1973 年和 1974—1977 年美国国内制造业纳税后利润率分别

为 10.6%和 13.7%。① 美国非金融公司 1970—1978 年税后利润率仅有 5.7%。② 尤其是美国对发展中国家的对外直接投资利润率 80 年代以前大大高于国内制造业的利润率。据统计，1976 年和 1979 年，美国对发展中国家直接投资利润率分别为 24.0%和 26.6%，其中对石油业直接投资利润率分别为 110.4%和 85.4%。正是这种高利润率，刺激了美国资本投向这些地区。

二、美国垄断企业为使过剩资本在海外榨取尽可能多而稳定的垄断利润量，导致了美国对发达资本主义国家的直接投资额迅速增加并占据主导地位

战后以来，美国在发展中国家对外直接投资利润率大大高于在发达国家的对外直接投资利润率(1985—1988 年除外)。可是，美国战后并没有把它的大部分直接投资投在发展中国家，而是投到了其他发达资本主义国家。这又如何解释呢？这里首先应该指出，美国对发展中国家投资利润率高，主要是由于发展中国家的劳动力、原料、地价都比较低廉，这有利于降低成本，增加利润。同时，美国对发展中国家投资，一般是与粗放经营相结合，资本的有机构成比较低，同样的剩余价值率可以获得较高的利润率。而美国对其他发达国家的投资利润率低于在发展中国家的投资利润率，主要原因在于美国在其他发达国家投资的资本有机构成比较高，从根本上限制了投资的利润率水平。那么，美国为什么把 3/4 的直接投资投向发达国家呢？我认为，这是由下列因素决定的：

(一)是为获取巨额垄断利润

尽管美国在发展中国家的直接投资利润率在绝大多数年份高于在发达国家直接投资利润率，但是，由于发展中国家经济发展水平的限制，不仅在量上无法容纳美国数以千亿计的资本，而且在质上也接受

① ［美］《总统经济报告》，1979 年 1 月，第 280 页。

② ［美］赫尔曼雷勃林著：《美国公司的利润率和资本形成》，伯格蒙出版社(纽约)1978 年版，第 4 页。

不了美国的生产和消费结构；而发达资本主义国家之间则由于经济发展水平、生产、消费和市场结构大体相似，能容纳美国的大量投资。所以美国垄断资本在向外进行直接投资时，不仅要考虑海外投资市场能够提供多高的利润率，更要考虑这个投资市场能够吸收多大的投资量，能从这个投资市场获取多大的利润量。正如马克思所指出："资本的积累，将比例于资本已有的量而不是比例于利润率的高度而滚滚向前"①。"超过了一定的界限，利润率低的大资本比利润率高的小资本积累得更迅速。"②战后以来，由于美国对发达国家直接投资额的急剧增加，尽管美国在发展中国家的直接投资利润率高，但美国从发达资本主义国家获得的利润量则大大超过了从发展中国家得到的利润量。

（二）资本在利润和风险的综合权衡中选择投资对象国

美国垄断资本在对外进行直接投资时，不但要求尽可能高的利润，而且希望获得这种高额利润的风险尽可能小，这样就产生了投资环境差异问题。发展中国家的低工资、资源禀赋虽然是高额利润率的重要来源，但从投资环境的综合条件看不一定同时也是有利的。这个投资环境，一方面是经济的，如基础设施，职工素质等；另一方面是行政和政治的，如行政效率、税收外汇制度、政府对外资的政策以及社会政治的安定等。在这些综合因素下，优越的投资环境（通常所说的跨国公司对外直接投资的区位优势）常常在发达国家而不是在发展中国家，这就在很大程度上决定了资本的流向。发展中国家基础设施水平的高低，劳动力的熟练程度，政治环境的相对稳定与否，国有化可能性的大小及其政策等，常常是发展中国家能否吸引美国直接投资的重要因素。

（三）其他发达国家现代技术工业和制造业的高度发展吸引了美国垄断资本的投资

国际直接投资的早期模式是先进国家的资本向落后国家输出，采

---

① 《马克思恩格斯全集》第25卷，人民出版社1972年版，第274页。

② 《马克思恩格斯全集》第25卷，人民出版社1972年版，第279页。

掘业曾经是先进国家向落后国家投资的主要领域。战后以来，由于现代技术和现代工业的高速发展，这些产业首先需要的是大量资本，而对非熟练劳动力和资源的要求次要一些。这些现代产业的资本密集度在发达国家比在发展中国家更高，因而导致了发达国家可以吸引更多的资本，这决定了美国的直接投资的主要流向。

（四）相互依赖、彼此渗透与垄断竞争

战后以来，发达资本主义国家之间的经济竞争加速了相互资本渗透。从理论上分析，直接投资的原因之一是占领市场，从而使发达国家间为争夺市场的竞争转化成为直接投资的竞争。美国对外直接投资的资本通常是与一定的技术、产品及其销售渠道联系在一起的。美国跨国公司可以充分利用它自己拥有的知识资产优势和内部化优势，把资本投向自己所熟悉的产业和产品上。同时，在战后科学技术革命的作用下，发达资本主义国家之间的经济发展呈现出严重不平衡，即使在一国内部，也呈现出千差万别。有的地区、部门、企业相对落后、衰落；有的地区、部门和企业兴盛发展，产生新的开发地区、新兴部门和新兴企业。正是由于存在落后与先进，弱点与强点，美国具有垄断优势的跨国公司就会利用自己的优势，向对方比较薄弱的部门和领域进行直接投资，并与之展开激烈竞争，以期击败对手，夺取市场，获取高额利润。1988 年，美国自发达国家获得的直接投资利润为 371.83 亿美元，是自发展中国家获得的直接投资利润额的 3.44 倍①。

第四节　美国跨国公司对国际生产和销售市场实行控制和争夺成为美国进行对外直接投资的重要推动力量

列宁指出：“帝国主义最深厚的经济基础就是垄断。”②但“从自

① 美国商务部：《现代商业概览》1989 年第 8 期，第 64 页。

② 列宁：《帝国主义是资本主义的最高阶段》，人民出版社 1974 年版，第 90 页。

由竞争中成长起来的垄断并不消除竞争，而是凌驾于竞争之上，与之并存，因而产生许多特别尖锐特别剧烈的矛盾、摩擦和冲突。”①

战后以来，随着美国私人垄断和国家垄断资本主义的高度发展，国际垄断的主要形式也发生了巨大变化。第二次世界大战以前在国际流通领域起调节作用的国际垄断的主要形式——卡特尔，已让位给战后以对生产领域实行直接控制为主要特点的跨国垄断组织——跨国公司。这些跨国公司，在国内控制了国家的主要经济命脉，在国外垄断了美国对外直接投资的绝大部分。是哪些因素推动了美国跨国公司战后不断扩大对海外的直接投资呢？我们认为，主要有以下几点：

一、控制某些原料和燃料的生产与供应的需要

列宁指出：“最新资本主义基本特点是最大企业家的垄断同盟的统治，当所有原料来源都被霸占起来的时候，这种垄断组织就巩固无比了”。“资本主义愈发达，原料愈缺乏，竞争和追逐全世界原料来源的斗争愈尖锐，那么占据殖民地的斗争也就愈激烈。”②在帝国主义时代，美国跨国公司为了自身的安全保障而对其原料资源和市场的控制变得愈益重要了。“在面临强敌的世界中，为了确保安全和控制权，第一个最明显的必要条件，就是对原料资源取得尽可能多的控制权——不管这些原料在什么地方，而且包括潜在的新资源在内。”③在垄断与竞争并存的情况下，控制原料资源既是对付竞争者的压力的保护性措施，同时又是迫使尚欠完备的竞争者就范的进攻性武器。对原料供应的占有和控制，也是美国跨国公司为了能够限制新的竞争和操纵制成品的生产和价格所必须具备的主要先决条件。由于垄断的高度发展，一方面导致了美国跨国公司为了支配全世界的生产和价格以便

① 列宁：《帝国主义是资本主义的最高阶段》，人民出版社 1974 年版，第 80 页。

② 列宁：《帝国主义是资本主义的最高阶段》，人民出版社 1974 年版，第 74 页。

③ [美]哈里·马格多夫著：《帝国主义时代——美国对外政策的经济学》，商务印书馆 1975 年版，第 31 页。

获取更大利润而力图取得对原料的控制权的欲望变得愈益迫切；另一方面，导致了美国从一个原料“富有”国家变成一个原料不足的国家，使其占有和控制国外资源的要求变得更为迫切。本世纪 20 年代以前，美国是各种矿产品净出口国。自 20 年代以后，变为净进口国。到 1961 年，各种矿产品的净进口额占国内消耗总量的 14.0%。① 其中石油的进口占国内消费的一半左右。

这种对国外资源的控制和争夺大大推动了美国对海外自然资源开发型投资。尽管战后以来美国跨国公司对海外自然资源开发型投资额占美国对外直接投资总额中的比重不断下降，但投资累计额却在不断增长。仅以石油业为例，1950 年，美国在国外石油业的直接投资只有 33.9 亿美元，其中 12.33 亿美元投在拉美各国。到 1987 年底，美国在国外石油业的直接投资累计额增加到 663.81 亿美元，其中，欧洲 257.85 亿美元，加拿大 119.31 亿美元，拉美 57.71 亿美元，中东 28.12 亿美元，亚太 61.88 亿美元，非洲 42.37 亿美元。② 尤其是在某种自然资源丰富的发展中国家，采掘业仍然是美国对外直接投资的重要行业，并占举足轻重的地位。1987 年，美国对埃及、利比亚、尼日利亚、沙特阿拉伯、阿拉伯联合酋长国、印度尼西亚、马来西亚的对外直接投资累计额分别为 19.85 亿、16.63 亿、12.67 亿、23.85 亿、7.62 亿、39.39 亿、11.11 亿美元，其中，对石油业的直接投资所占比重分别为 84.1%、84.2%、88.2%、45.2%、78.1%、82.7%和 63.4%③。

这就意味着，美国通过直接投资，力图控制世界原料和燃料的生产和贸易。它们不仅要控制矿产的采掘与开发，而且要控制冶炼、加工和销售。据统计，第二次世界大战前，美国控制的中东石油租让地只占蕴藏量的 9.8%，到 1967 年该比重上升到 58.6%。④ 美国的这种

---

① ［美］哈里·马格多夫著：《帝国主义时代——美国对外政策的经济学》，商务印书馆 1975 年版，第 45 页。

② 美国商务部：《现代商业概览》1988 年第 8 期，第 49 页。

③ 根据美国商务部编：《现代商业概览》1988 年第 8 期第 49 页资料计算。

④ ［美］哈里·马格多夫著：《帝国主义时代——美国对外政策的经济学》，商务印书馆 1975 年版，第 41 页。

自然资源开发型投资，一般可以分为两种，一种是不以本国的需求为基础，就地开采，就地销售或者就地开采运往第三国进行加工，然后向世界各国出口，以牟取高额垄断利润。如美国的一些大垄断石油公司，在中东开采石油，然后运往欧洲国家提炼、加工、出口。第二种是以满足本国的需求为基础。尽管美国拥有较丰富的自然资源，但有些原材料特别是许多战略原料严重依赖国外的供给。据统计，在50年代，美国有62种原料依赖国外供应，其中，38种原料的进口量占国内供应量的80%~100%，6种占60%~79%，8种占40%~59%，3种占20%~39%，7种占不到20%。① 为了保证资源供应的稳定，美国跨国公司通过在海外子公司对这些原料行业进行投资和开采，然后把矿产原料的相当部分运回美国冶炼或加工供本国生产之用。

美国跨国公司通过直接投资力图控制海外资源供应，以增强本身实力，削弱竞争对手实力的战略使跨国公司彼此之间对向国外进行直接投资都十分敏感。这是由于国内垄断的高度发展，使美国出现了由几家大公司控制的寡头性行业。在这些行业中，少数几家大企业往往旗鼓相当，势均力敌，它们相互制约，有着一定的均势关系。因此，各自对其他几家对手的活动十分敏感，反应迅速，只要其中有一家企业到国外建立新的子公司，其他企业就会作出反应。这种反应可能有两种：一种是跟随先行企业行动，一种是不跟进，维持原状不动。如果它们采取第一种策略，即跟进投资策略，那么，凡是先行企业得到的一切利益，包括增加生产、占领市场、降低成本、获取利润和使企业得到发展增长等，跟进企业均能分享。退一步说，这些投资并不成功，没有获利甚至亏损，跟进企业最多也遭受像先行企业那样的损失，而不是比先行企业更坏。如果其他寡头企业采用第二种策略，那么就会让先行企业抢先行动，独占利益，那么，对未跟进的企业来说，就意味着放弃获得新市场、新产品等其他生产要素、新利润和企业增长的机会。而且，由于先行企业的得手能使其市场权力、经济规模得到提高和改善，这就会反过来影响寡头企业原有的国内外生产和

① 柏西·比德威尔：《原料》，纽约哈珀兄弟书局1958年版，第12页。

销售地位的势态。这样，那些没有跟进的企业很可能被削弱，甚至被排挤出寡头企业行列。权衡利弊，其他寡头企业无疑会而且不得不采用跟进投资策略。所以某家寡头企业一到国外开厂设店，同行业的几家寡头企业就会蜂拥而至，高峰群生。尼克博克在对美国 12 个部门 187 家跨国公司在 23 个国家分设子公司的调查中发现，这些子公司其中有一半是三年高峰群生的(即某一企业在国外首先建立子公司，同行业的其他企业也随之采取同样行动)。如果按 7 年为期，那么高峰群生的比例高达 3/4。

这种寡头均势与跟进投资战略在美国对西欧的直接投资中反映得特别明显。在三个最大的欧洲市场(联邦德国、英国、法国)上，美国的直接投资有 40%属于三个大公司——新泽西美孚石油公司、通用汽车公司和福特汽车公司。在整个西欧，20 家美国大公司占有美国对西欧投资总额的 2/3。在 1961 年美国 1 000 家大公司中，有 460 家在欧洲设有子公司和分公司，到 1965 年，这个数字已上升到 1 000 家中有 700 家了。①

二、垄断、控制和争夺海外制成品市场，排除外部竞争者的需要

列宁指出：“国内交换尤其是国际交换的发展，是资本主义的具有代表性的特征。在资本主义制度下，各个企业、各个工业部门和各个国家的发展必然是不平衡的，跳跃式的。”②战后资本主义经济政治发展的不平衡加剧，使国际贸易市场上的竞争不断激化。

战后初期，美国凭借在经济、技术等方面的绝对优势地位，利用西欧、日本在战争中遭受严重破坏，经济力量严重削弱，正大力发展和恢复国民经济之机，大量廉价商品涌入西欧和日本。50 年代中期以后，随着西欧国家经济的恢复和日本经济进入高速增长阶段，资本

---

①　[美]哈里·马格多夫著：《帝国主义时代——美国对外政策的经济学》，商务印书馆 1975 年版，第 61-62 页。

②　列宁：《帝国主义是资本主义的最高阶段》，人民出版社 1974 年版，第 55 页。

主义发展的不平衡性进一步加剧，帝国主义各国之间的矛盾和争夺市场的斗争，有了新的发展。经济实力增强起来的日本和西欧，力图在对外经济领域尤其是贸易领域夺回已失去的阵地，而且力图把商品和资本输入美国和其他发达国家，同美国垄断资本加紧争夺市场。尤其是西欧共同体在 70 年代初扩大到九国，日本实现了国民经济现代化，资本主义世界三足鼎立基本形成以后，在战后第一次严重的资本主义世界经济危机的沉重打击下，各国贸易保护主义日益抬头，美国与西欧、日本的经济贸易战此起彼伏，并不断升级。在这种情况下，美国跨国公司对外直接投资的重要目标之一，就是通过就地设厂投资，就地销售，以尽可能多地占领和控制世界市场，维护自己的垄断地位。正如美国一家重要的化学和制药跨国公司菲泽尔制药公司的董事长兼总经理吉·鲍尔斯所指出的："为了使任何一个广阔市场的绝大部分处于自己的支配之下，需要进行直接投资以建立商业办事处、商品仓库以及如果不是全部完整的生产企业，至少也是装配企业，单纯的出口商在 20 世纪的下半叶内不能在市场上起主导作用。"①

美国跨国公司专家维农提出产品生命周期理论，论证了产品生命周期的发展规律，说明了企业需要为占领国外市场而在国外进行直接投资。维农指出，产品在其生命周期的各个阶段各有其特点。在产品的创新阶段，创新国本国占有优势，如果这个创新国国内市场大，那么最有利的是安排国内生产，也可出口满足国外需要。因为新产品的需求价格弹性很低，生产成本的差异对公司生产区位的选择影响不大。当产品进入成熟阶段以后，这时的主要特征是产品稳定，国外市场日益扩大；消费的价格弹性加大，迫切需要降低成本；边际生产成本加边际运输成本逐渐超过了产品在国外生产的平均成本，如果还存在国外劳动力价格的差异，那么在国外生产就更为有利；与此同时，国外也出现了竞争者，并开始仿制这种产品，所以创新国的技术优势

① ［苏］丘根德赫特：《国际垄断组织》，转引自［苏］伊·普·法明斯基：《科学技术革命对资本主义世界经济的影响》，北京出版社 1979 年版，第 132 页。

出现了丧失的危险。这时，为了维持市场，阻止海外竞争者，就需要到海外去建立分、子公司及附属机构。这时的投资往往是在与母公司需求相似的国家，也就是那些收入水平和技术水平与母国相似的地区（主要是其他发达资本主义国家）。产品最后进入标准化阶段，这时生产已规范化，公司的技术优势完全丧失，产品的价格成为竞争的基础。为了降低成本，公司将产品的生产转移到工资低的劳动密集型地区，即主要向发展中国家进行直接投资。

由此可见，跨国公司的国际投资是一种"防御性"活动，即维护其在世界市场中的地位和份额，以阻止别人去投资。特别是对于技术知识容易迅速扩散的产品，更需要保护自己研究与开发投资的收益，产品生命周期的缩短也使国际投资加速发展。产品生命周期理论着重指出了跨国公司在产品发展的各个阶段上，如何使各种生产要素有机结合，以便生产出物美价廉的商品，在世界市场上战胜竞争者，在国外谋取最大化利润。这一理论也强调了跨国公司如何在世界范围内争取最有利的生产条件，使跨国公司的所有权优势与区位优势相结合，使跨国公司的对外贸易和对外直接投资结合起来，从而说明了美国跨国公司为什么和什么时候和到哪儿去投资的问题。但是，产品生命周期理论只是说明从最发达的发明国家向二等发达国家和发展中国家投资，只是从新技术、新产品行业向海外投资，因而不能解释二等发达国家和发展中国家也向外投资，以及不是新技术、新产品行业的企业向外投资。同时，该理论只是从"技术垄断"的侧面说明企业对外扩张和相互争夺市场，但并没有揭示美国跨国公司的垄断实质和它们对外扩张的本质。

从战后美国对外直接投资大量涌入西欧、加拿大和日本等发达资本主义国家，在那里建立各种各样的生产和销售分支机构来看，其主要目的就是为了控制当地市场和抢占其他市场。这种市场导向型投资一般可分为两种：一是为了开辟新的海外市场，占领海外据点，以图今后保持其产品长期稳定的出口；一是为了占领和扩大投资所在地的商品市场，就是加工组装，就地销售，以投资代替出口。据统计，1950 年，美国对欧洲加拿大制造业直接投资累计额为 28.29 亿美元，到 1989 年这一数额迅猛增加到 1 101.8 亿美元。通过直接投资，美国跨国公司在一定程度上控制了东道国的生产与销售。如 1967 年，加拿大石油和天然气工业的 82%，汽车工业的 90%，橡胶工业的 83%，化学工业的 59%，均为美资企业所控制。1963 年，美国厂商占法国缝纫机销售额的 70%，会计用机器的 75%，电子和统计机器的 43%，电讯电话设备的 42%，电冰箱的 25%，计算机的 75%；占英国小汽车的 50%以上，计算机的 40%以上，炼制石油产品的 40%以上，电冰箱的 33% ~ 50%；占联邦德国石油的 38%，计算机的 84%。①

三、降低生产成本，提高生产效率，增强产品在世界市场的竞争能力的需要

利用投资所在国生产的低成本，把生产专业化分工扩大到国外，是美国跨国公司进行对外投资的又一战略动机。美国跨国公司在那些拥有一种或多种廉价生产要素的发展中国家投资生产，以便降低生产成本、提高生产效率，增强产品的国际竞争能力，以求在国际市场上继续生存。60 年代以来，随着科技革命的迅速发展，美国劳动力的价格不断上升，从而使美国的劳动密集型工业处于劣势。统计资料显示，1982 年美国制造业平均工资水平比加拿大和联邦德国高出 17%，比法国和意大利高出 56%左右，比英国高 72%，比日本高 1 倍还多。② 同发展中国家相比，差距更为惊人。这就使得美国单位产出劳动力成本大大高于其他国家。1982 年，如以美国水平为 100，则日本只有 49，意大利和法国为 62，联邦德国为 78，加拿大和英国分别为 95 和 96。在这种情况下，美国的劳动密集型的工业被迫向发展中国家和地区大量转移。这样美国制造业跨国公司把每小时支付的工资及

① [美]哈里·马格多夫：《帝国主义时代——美国对外政策的经济学》，商务印书馆 1975 年版，第 60-61 页。

② 美国商务部：《1983 年美国贸易状况及展望》，华盛顿 1984 年版，第 87 页。

福利费用从美国国内的8.76美元降至发展中国家子公司的1.74美元，大大压低了劳动成本，提高了产品的国际竞争力。

必须指出的是，美国自60年代开始在向发展中国家进行直接投资的过程中，海外生产已发生了一些重大变化。第一，与传统的投资模式不同，美国向发展中国家投资已经不再局限于传统工业，尤其是初级产品行业，而是把范围扩大到相当一部分高技术产业，如电子电器行业；第二，美国转移到国外的已不一定是某种产品的整条生产线，而往往只是其中的一部分工序(多为劳动密集工序)。这类生产主要已不是为当地市场服务，而是用于返销本国市场或转销第三国市场，或者只是为本国生产提供加工协作。这些变化引起了许多美国海外子公司的职能性质发生了重要改变：它们已不再是国内母公司的生产和销售活动在国外的简单翻版，而是变成了整个公司生产体系的一个环节。这种专业化程度更高，分工更细的国际生产协作使美国的生产过程同外国的生产要素有机地融为一体，从而把美国的生产国际化大大向前推进了一步。

对美国跨国公司来说，在生产日益国际化的趋势下，把那些不需要熟练技术的劳动密集工序(如装配)转移到拥有大量非熟练劳动力的低工资地区，而把技术密集的工序留在拥有丰富的熟练劳动力和科技资源的本土，这对提高美国新产品的国际竞争能力是至关重要的。用美国经济学家的话来说，就是“把生产过程分解为若干阶段，每个阶段都在能以最低的费用取得资源的地方进行生产”，从而获得最高的经济效益。

正是出于这种考虑，60年代美国跨国公司通过直接投资建立大批海外子公司以利用美国元器件进行加工、装配，然后返销美国。

美国跨国公司在国外完成加工装配工序而重新进口的产品主要有11种：即汽车及部体、半导体及元件、电视机及零件、办公室设备及附件、无线电设备及零件、纺织品、电路开关及接线设备、电线、电动机及发电机、内燃机及部件以及游戏机和配件。目前美国806/807进口中的80%以上是由这11种商品构成的，其中几乎所有的汽车及部件的再进口都来自发达资本主义国家，几乎所有其他产品的再进品都来自发展中国家或地区。

在所有再进口产品中，半导体及元件具有特别重要的地位。美国跨国公司在国外大规模组装美国产品再返销国内市场就是从半导体工业开始的。1961 年美国的费尔柴尔德公司在香港建立了第一家半导体分厂后，其他厂商群起效之，纷纷在韩国(1964 年)、台湾省(1965 年)、墨西哥(1967 年)、新加坡(1968 年)、马来西亚(1972 年)、印尼、泰国和菲律宾(均在 70 年代中期至后期)设立装配线。1969 年半导体工业已经成为美国最重要的海外生产行业。1983 年，经过国外加工组装再运返美国的半导体及元件产品价值达 33.8 亿美元，占美国当年半导体及元件进口总额的 69%。70 年代末 80 年代初，以半导体器件和元件的数量计算，美国半导体工业的全部产品中约有一半是经过海外加工组装的，其中集成电路的比例尤高，达到 80%以上。

美国半导体工业中海外产值的比重如此之高，首先是由于它的组装工序的劳动密集度很高，而且由于技术更新特别快，采用自动化机械取代手工操作的做法在经济上并不可取；其次，半导体元器件的体积小、重量轻、运输成本低而附加价值很高，适宜于对部分工序进行远距离转移。当然，科学技术的发展，技术上允许把生产流程中的各道工序，特别是组装工序分解开来在不同地点加以完成也是必需的前提。最后，其他国家如日本的激烈竞争也是驱使美国跨国公司把劳动密集的生产环节迁往工资水平更低的亚太发展中国家和地区的主要动力。

第五节　跨国公司拥有的各种垄断优势是美国实行对外直接投资的经济基础

美国跨国公司不论是在国内投资还是在国外投资，其根本目的和动机都是相同的，这就是谋取高额垄断利润。

一般来说，美国跨国公司在国外投资建立子公司与在美国国内企业相比，会遇到很多的不利条件和困难。例如，美国跨国公司在国外的子公司往往要承担一系列当地企业所没有的额外成本，其中包括子公司和母公司总部之间的通讯、增加额外管理费用、企业需要雇佣一批工资比当地企业雇员高的经理和技术人员等；又如，子公司会遇到当地企业所不存在的困难，其中包括人地生疏、信息不灵，由此很可能造成市场销售决策失误和其他经营上的判断错误。同时，许多东道国政府还对外国投资者设置一些障碍甚至实行歧视政策等。那么美国跨国公司明知在国外进行直接投资会存在这些困难和不利条件，为什么仍然决定对外进行直接投资呢？我们认为，这一方面是由于垄断资本内在的冲动(剩余资本要追求剩余价值)和外在的压力(垄断与竞争并存，在竞争中求生存、求发展)，使垄断资本向外经济扩张有其必要；另一方面是由于这些跨国公司拥有各种不同的垄断优势，这些优势使美国跨国公司对外直接投资成为可能。

一、所有权优势

企业拥有的所有权优势主要是指企业拥有的无形财产方面的优势，它是跨国公司为什么能在国外建立子公司投资生产的先决条件和主要因素。这种优势主要表现在三个方面：

(1)企业在从事海外直接投资以前所固有的竞争优势。它们拥有专门技术、专利和商标；拥有完善的生产管理体系、组织体系和销售体系；拥有相当的研究与开发能力和相当的人力资本量，拥有或者能够按照优惠条件获得独占的投入物。例如，劳动力、自然资源、资金和信息；拥有有利可图的产品市场等。

(2)企业通过海外直接投资而产生的竞争优势。它们包括：使跨国经营以前拥有的竞争优势得到进一步的加强，更接近和了解各种信息，掌握原料和产品市场，充分利用各种要素禀赋、市场和政府干预等方面的国际差异，分散企业经营风险，获得规模经济效益等。

(3)企业通过现有的分支机构挖掘出来的潜在的竞争优势。它们包括：子公司能够按照优惠价格利用母公司的研究与开发、管理与销售方面的成果；子公司之间通过联合生产、购销合作和相互融资等途径取得的综合经济效益等。

由于当地企业很难达到投资企业所具有的特殊知识资产的优势，

或者要达到则必将花费很大的成本，这样就使投资者可以凭借自己的垄断优势获取垄断利润。由于美国企业扩展到海外生产达到最适度规模，可以最大限度降低生产成本，产生竞争优势，战后以来，美国跨国公司正是利用了它们科技发达、研究与开发资金雄厚、规模巨大，尤其是在石油、化工、汽车、医药、电子电器和办公机器等方面的垄断优势，不断扩大对海外的直接投资和生产，使得美国的海外直接投资战后以来成倍增长。

二、内部化优势

内部化优势是指跨国公司为了避免市场失败而将其所有权资产的使用内部化；在跨国公司的国际经营活动中就是指企业通过海外直接投资来利用自己的所有权资产，以此取得竞争优势。

企业创造内部市场的目的在于克服外部市场的不完全性和不确定性，通过建立公司内部的资源配置和转移机制，充分开发和实现技术、知识等无形资产的价值，取得内部化的经济效益。内部化优势理论说明企业在国外进行直接投资怎样使经济效益更大。

在进行海外直接投资中，企业可能拥有的内部化优势主要包括：能够减少交易和谈判的成本；减少所购买的投入要素(包括技术)的质量和价值的不确定，避免外部市场上的价值歧视；维护本公司产品的质量与信誉，取得企业内部联合经营的经济效益；有利于开发未来的市场；有利于避免或利用政府的干预活动，例如配额限制、关税壁垒、价格控制、税收差异等，有利于控制投入要素的供应条件和销售条件；有利于控制国外市场上的销售渠道，其中包括竞争对手可能使用的渠道；有利于运用多种竞争手段，例如各种补贴、转移价格等，进行竞争和反竞争等。

三、区位优势

区位优势是指国内外生产区位的相对禀赋对海外直接投资的吸引与推动力量。这种力量既可能对投资国有利，也可能对东道国有利。当东道国经济中的有利因素吸引着外国投资者前去投资时，这种吸引力量就称为直接区位优势；当母国经济中的不利因素迫使企业去国外进行直接投资时，这种推动力量称为间接区位优势。区位优势理论说明了企业到哪里投资最为适宜并取得高额利润的原因。

区位优势是由投资国和资本输入国的多种因素决定的，它们主要包括：

(1)投入要素和市场的地理位置。市场位置相距遥远的国家，商品贸易往往运输费用很大，通讯信息不畅，不利于开展贸易活动；但却能吸引海外直接投资活动。这时，出口厂商会考虑在对方市场投资生产适销产品。

(2)投入要素的价格、质量和生产能力。例如，东道国廉价而丰富的劳动力会吸引劳动密集型的投资，自然资源丰富而缺乏开采能力和技术的东道国将会吸引自然资源开发型投资等。

(3)政府政策及其干预程度。母国和东道国的政策既可能鼓励直接投资，也可能限制直接投资。例如，某国严格的进口替代政策往往会诱使国外投资者前往该国从事生产性投资；而东道国的投资优惠政策则能增强跨国企业的区位优势。

(4)东道国的基础设施状况。包括商业、法律和运输等方面。一般来说，一国基础设施越完备，跨国企业在该国投资的区位优势就越大。

(5)文化差距。包括母国与东道国市场之间的语言差距、教育水平差距、风俗习惯差距、法律和商业制度等方面的差距。显然，这种差距越小，企业海外投资的区位优势就越大。

邓宁教授认为，一个企业只有同时拥有上述三种优势时，它才能进行对外直接投资。这就是说，一个跨国公司只有当他拥有的所有权优势比当地企业大，它们通过内部化所得到的利益比市场交易大，它们在国外利用生产要素比国内利用越有利时，才进行海外直接投资。所以，一个跨国公司对外直接投资从事国际生产的能力，取决于该企业拥有的各种垄断优势的程度和结构，取决于企业是否具有内部化机制，取决于它们在国外使用投入的效益。

由于跨国公司拥有三方面优势的内容、形式、特点、侧重点以及它们的结合不同，这就决定了跨国公司在国际生产中进行投资的行业类型明显不同(详见表2-4)。

表2-4　国际生产类型：决策时的主要因素

国际生产类型	企业拥有的优势(为什么能出去投资)	区位优势(到哪儿去投资)	内部化优势(怎样进行)	适合哪些行业
1. 资源开发	资本、技术和接近市场	拥有资源	保证以适宜价格并稳定地得到原材料供应，控制市场	石油、铜、锡、锌、铝、香蕉、菠萝、可可、茶叶
2. 进口替代制造业	资本、技术、管理和组织技能、剩余的科研开发及其他能力、规模经济和牌号	原料和劳动成本市场、政府政策(限制进口、投资鼓励等)	希望利用技术优势，转让和信息成本高，购买的不确定性	计算机、医药、汽车、卷烟
3. 合理化专业化制造业	资本、技术、管理和组织技能、剩余的科研开发及其他能力、规模经济和牌号接近市场	产品专业化、集中化的经济性；劳动成本低，东道国政府鼓励当地生产	希望利用技术优势，转让和信息成本高，购买的不确定性，分工协作的效益，垂直结合的经济性	汽车、电气设备、农机、家用电子设备、纺织、服装、照相机
4. 贸易与分配	产品分配	当地市场、需要接近消费者，售后服务	保障销售出路，保护公司牌号声誉	多种商品、特别是需要同消费者密切接近的商品
5. 附属性服务	接近市场(外国投资者的市场)	市场	像2~4那样广泛	保险、银行和咨询服务

续表

国际生产类型	企业拥有的优势(为什么能出去投资)	区位优势(到哪儿去投资)	内部化优势(怎样进行)	适合哪些行业
6. 其他	多样化——包括地理多样化(航空和旅馆)	市场	多种多样	种类繁多、如证券投资资产、需要空间联系的行业(航空及旅馆)

资料来源：邓宁：《跨国企业和经济活动位置与贸易》,《国际经营杂志》1980年春夏季号，转引自邓宁：《国际生产和跨国企业》，1981年，伦敦，第48页。

邓宁创立的国际生产综合理论，意在说明跨国公司对外直接投资的几个主要因素，它有助于我们分析美国跨国公司战后对外直接投资的地区流向和部门结构。但是该理论并不能解释混合结构的跨国公司的投资决策和行为，尤其是它并没有超出厂商理论的框架，因而未涉及社会经济关系和战后国际政治经济形势环境的重大变化，不能揭示美国跨国公司进行直接投资的本质及其发展的社会历史条件，这不能不说是其理论的根本缺陷。

综上所述，在战后第三次新的科学技术革命的推动下，国际分工日益深化，新技术、新工艺、新部门不断涌现，世界各国之间的相互经济依赖大为加强，世界范围内生产和资本的国际化获得了巨大发展，这为美国展开大规模的直接投资提供了物质技术条件和可能。战后美国垄断资本统治的不断加强和国家垄断资本主义的高度发展，一方面使得美国跨国公司急剧增长并成为美国对外直接投资的主要承担者；另一方面又使国内相对过剩资本规模不断扩大。在资本主义竞争规律的作用和垄断资本追求高额垄断利润的内在动力的驱使下，美国跨国公司凭借其拥有的种种垄断优势(所有权优势、内部化优势和区位优势）大力向外进行直接投资，以确保原料产地和资源供应，有利于降低产品生产成本，增强国际竞争能力，从而有利于控制和争夺国际市场，为美国的扩大再生产创造有利的实现条件。这样，就使得战后发达资本主义国家之间的经济竞争由原来以流通领域为主转向生产领域为主，由商品竞争转向直接投资的竞争。所有这些因素的相互作用极大地推动了美国对外直接投资的迅速发展和美国资本与生产的国际化。

第三章　美国政府对海外直接投资的立法、鼓励政策与措施

如前所述，第一次世界大战以来，资本输出在美国对外经济扩张中日益占有重要地位和起着不可忽视的作用。美国的资本输出不仅在规模上愈来愈大，其范围也越来越广；而且资本输出形式也在不断发展变化。1914—1945 年，美国资本输出总额由 50 亿美元增加至 369 亿美元，其中政府输出的资本由 15 亿美元增至 222 亿美元，私人资本输出由 35 亿美元增至 147 亿美元，私人对外直接投资由 27 亿美元增至 84 亿美元。① 1946—1988 年，美国资本输出总额由 394 亿美元增至 12 537 亿美元，其中政府资本输出由 259 亿美元增至 1 333 亿美元，私人资本输出由 135 亿美元增至 11 204 亿美元，私人直接投资由 72 亿美元增至 3 269 亿美元。②

第二次世界大战后美国资本输出的迅速增加，尤其是私人对外直接投资的急剧增长并占主导地位，以及资本输出形式上的变化，是同美国政府在促进资本输出方面的作用加强分不开的。“在金融资本时代，私人垄断和国家垄断是交错在一起的。”③在战后美国国家垄断资本主义持续高度发展的情况下，国家作为总资本家，不仅直接参与输出资本，为私人资本输出铺平道路，而且更重要的是采取各种立法、政策和措施为私人资本输出提供支持和保证。因为私人海外直接投资

---

① 《美国历史统计》(从殖民地时期到 1970 年)，纽约出版公司英文版，第 869 页。

② 《美国总统经济报告》，1990 年英文版，第 409 页。

③ 《列宁选集》第 2 卷，人民出版社 1977 年版，第 793 页。

与国内投资明显不同，利益既大，风险也多。美国政府如何鼓励私人海外直接投资，并保证其投资的安全与利益，关系到美国国家的海外利润和市场问题。这就要求美国政府加强对海外投资领域里的干预，有必要采取一系列的政策、措施和法律保护手段，为美国的私人海外直接投资提供保险、支持和援助。

第一节　美国海外直接投资保证制度的建立与发展

一、美国私人海外投资保证制度的建立、发展与演变

(一)什么是海外投资保证制度

海外投资保证制度(Investment Guaranty Program)一般又称海外投资保险制度(Investment Insurance Scheme)，是国际投资保护的重要法制之一，也是资本输出国保护与鼓励本国私人海外投资的国内法制度。

私人海外直接投资比国内投资要遭受更多的风险。这种风险大致可分为两类：一类是政治风险，即与东道国政治、社会、法律有关的人为风险，而非投资者所制止者。如东道国(资本输入国)基于国家及社会公共利益的需要，对外国投资企业实行征用、没收或国有化；或因国际收支陷入困难，实行外汇管制，禁止或限制外国投资者原本、利润及其他合法权益汇回本国；或因东道国发生革命、战争、内乱等，使外国投资企业或资产遭受重大损失，以致不能继续经营等。二是自然灾害或一般商业风险(Ordinary Business Risks)，如货币贬值，或经营不善、估计错误等导致商业上的损失等。

第二次世界大战以来，随着美国垄断资本对外经济扩张步伐的加快以及与西欧、日本垄断资本在国际投资市场上竞争的加剧，美国垄断组织愈来愈需要借助国家的权力直接干预经济生活，以保证攫取最大限度的垄断利润。美国政府针对上述风险，运用国内法制实行投资保险和保证，就是为了维护和创造有利的投资环境，鼓励并保护美国私人海外投资。美国政府的这种保证制度，实质上正是垄断组织与国

家政权相结合的具体表现。

（二）美国海外投资保证制度的演变

美国海外投资保证制度始于1948年实施的马歇尔计划（Marshal Plan）中所实行的投资保证方案，以后随同美国外援体制的演进和对外援助的不断扩大而发展起来的。自1948年以来，美国对外援助法多次修订，外援机构几经更替，援助地区也从欧洲发达国家向发展中国家和地区推移。不过在其整个发展过程中，奖励、促进和保护私人海外投资的安全与利益，是美国政府始终一贯的基本政策态度。

1948年4月3日，美国根据《对外援助法》（Foreing Assistance Act）制定了《经济合作法》（Economic Coorperation Act），实施马歇尔计划，并设立"经济合作署"（Economic Coorperation Agency），管理援外事务和海外投资，开始创设投资保险制度。当时投资保险适用地区只限于欧洲发达国家，保险范围也只限于"当地货币不能自由兑换为外汇的风险"。从1948年到1950年，经济合作署已缔结投资保险契约38件，保险总额为3 400万美元。

1951年10月，美国国会通过了《共同安全法》（Nutual Security Act），于1952年1月设立"共同安全署"（Nutual Security Agency），取代经济合作署，管理投资保证业务。在共同安全署管理的两年内，保险总额达到4 240万美元。1952年，保险范围已扩大到征用、没收等风险，适用地区已开始转向欧洲发达国家以外的少数发展中国家和地区（如菲律宾等）。

1953年，共同安全署改组为"海外事务管理局"（Foreign Operation Adiministration），接管投资保险业务。到1955年底，海外事务管理局已缔结保证契约98件，保证总额达9 500万美元，保证地区继续向发展中国家扩大，包括中南美6个国家、中近东4个国家。

1955年，设立直属国务院的"国际合作署"（International Coorperation Adiministration），主管投资保证业务。根据1955年《共同安全法》修订案，保证范围再次扩大到包括战争、革命、内乱等风险在内，至此，美国已形成一个完整的投资保证体系。保证地区迅速向发展中国家和地区扩展，自1960年起，除希腊、葡萄牙、南斯拉夫外，美国的投资保证一般不适用于西欧发达国家，保证金额到 1960 年 9 月增至 54 500 万美元，申请保证金额相应增加至 12 亿美元。

1961 年 8 月，美国国会通过新的《对外援助法》修订案，同年 11 月，设立“国际开发署”(Agency for International Development)，取代国际合作署，接管投资保证业务。从 1961 年起，美国政府规定投资保证制度仅适用于发展中国家和地区。到 1964 年底，已认可的海外投资保证总额增至 15 亿美元，到 1967 年 5 月 10 日止，同美国签订投资保证协定的国家增至 79 个。

1969 年，适应国际投资市场的新变化，美国再次修订《对外援助法》，设立“海外私人投资公司”(Overseas Private Investment Corporation)，直属国务院领导，承担国际开发署对外投资活动的大部分业务，现已成为主管美国私人海外投资保证和保险的专门机构。海外私人投资公司与过去的投资保险机构的主要区别在于，虽然它仍然是在美国国务院政策指导下的一个机构，但却是一个独立的法人，完全按照公司的体制和章程进行管理。到 1983 年，该公司处在有效期内的投资保证金额高达 95 亿美元。到目前为止，美国已同 100 多个发展中国家和地区签订了双边投资保证协定，由海外私人投资公司承担政治风险的保证。

二、美国海外投资保证制度的基本内容

美国的海外投资保证制度，根据美国 1969 年《对外援助法》第 221—224 条规定，海外投资保证有三种制度：第一，政治风险的保证；第二，扩大风险保证(Extended Risks Guaranties)或全风险保证(All Risks Guaranties)，其保证范围包括政治风险和商业风险，主要是对海外投资企业长期贷款发生的损失(政治的及商业的)，负责赔偿其 75%，其余 25%，依投资者的选择，可另投政治风险的保证；第三，中南美住宅投资保证(Housing Investment Guaranties)，主要是对中南美各国实行中、下层住宅建设计划进行长期贷款的保证，对有关住宅建设计划中的一切损失，保证补偿到 100%。美国的海外投资保证制度以政治风险为主体。其基本内容有：

(一)投资保证的范围

根据1975年美国《对外援助法》第234条(a)(Ⅰ)规定：保险(保证)的范围限于三种政治风险，即

(1)外汇险。又称不能自由兑换的风险(Inconvertability)。指当地政府因外汇不足，限制和停止汇兑，或因战争等其他事故无法进行外汇交易，使投资者的原本、利润及其他正当收益，不能兑换成外币自由汇回本国者。

(2)征用险(Expropriation)。指东道国对外资企业的财产，进行征用、没收(confiscation)、或国有化(nationalization)使其投资的财产的全部或一部分归于丧失的风险。

(3)战争险。战争险包括革命、战争、内乱及暴动等所致投资财产的损失。

以上三种风险，可同时一并付保，也可分险别单独付保。根据“经济合作与开发组织”的“开发援助委员会”关于成员国向发展中国家投资所承保风险的统计，1974年底美国承保各项投资风险金额：外汇险29.591亿美元，征用险33.04亿美元，战争险29.018亿美元。①

(二)保险人——美国海外私人投资公司

承担保险责任者，现为海外私人投资公司。该公司是直属国务院领导下的独立的政府公司，1971年正式开业。其经营方向有二：一是为在发展中国家的美国私人投资提供特定的政治风险的保险保障。目前该公司为美国在100多个国家的私人投资承保某些政治风险。二是资助美国投资者在这些国家从事项目调查和开发。1987年，该公司承诺的为发展中国家项目融资的直接贷款和贷款担保达2.23亿美元，1988年达2.3868亿美元②。该公司具有法人资格，可以用自己

① ［日］樱井雅夫：《国际经济法研究——以海外投资为中心》，第164页，第7表2所引开发援助委员会统计资料。

② 联合国大会跨国公司委员会第十六届会议文件，1990年4月2日至11日，第12页。

的名义起诉和被诉，在法律上或仲裁程序中代表自己。公司的主要职责是协助实施联邦政府对外投资政策，特别是主管美国私人海外投资保险及保证业务，并资助美国企业在发展中国家和地区开辟新的投资市场，尤其是鼓励及资助中小企业向发展中国家进行投资。1974—1976 年，该公司已在 55 个国家参加了 425 个投资项目的保险。1977 年 7 月至 1978 年 9 月，该公司在世界各国承保了 86 个追加项目。1981 年 9 月 30 日，国会授权公司承担 75 亿美元的新保险，7.5 亿美元的债务保证，并有权支配 4 000 万美元的直接贷款基金。①

（三）被保险人

被保险人亦称合格的投资者（Eligible Investor）。根据《对外援助法》的有关规定，合格投资者包括下列三种情况之一：

（1）美国公民，即具有美国国籍的个人。

（2）依美国法律所设立的团体（法人或其他团体），其资产至少有 51%为美国公民所有者。

（3）依外国法律所设立的法人或团体，其资产至少有 95%为美国公民或法人所有。至于被保证投资所参与的项目，则不要求其全部或绝大部分须为上述投资者所有或为他们所控制。②

（四）保险对象的投资合格性

所谓投资的合格性（Eligibility）是指可作为保险对象的合格投资（Eligible Investment）。其基本前提有四个：

（1）限于新投资项目；

（2）只限于经美国总统同意实行保险、再保险，保证在不发达国家和地区的投资，并经公司认可的项目；

（3）必须是经过外国政府批准的项目；

（4）只限于在同美国订有投资保证协定的国家和地区的投资项目。

合格的投资包括两方面：一是合格的投资项目，其标准除要符合

① 威尔逊：《国际商业交往》，1981 年版，第 265-286 页。

② 《美国商业》1978 年 10 月 18 日，第 4 页。

上述四个基本条件外，还必须考虑该项投资项目最终是否有利于美国经济，包括对美国就业的效果，国际收支的平衡和美国经济发展目标等；二是合格投资的内容，主要包括有形资产和无形资产，即现金投资、现物投资和基于契约安排(contractual arrangment)的权益投资。

(五)投资保险的申请及其程序

投资者向公司申请保险或保证时，应按公司规定的格式，用书面提出"政治风险投资保险申请书"及必要资料。公司收到申请书及必要资料后，除非关于投资者或其项目的合格性存在问题，有理由否定投资者的申请，否则，公司申请部(Application Staff)应立即发出登记函。最初发出的第一函件在6个月内有效。在此期间内，公司可要求投资者补交有关该项目的情况报告和承担一些规定的义务。

(六)保险期

保险期限根据投资种类、性质及承保险别的不同而具体确定。一般说来，股份投资保险法定最高期限，自承保之日起，不得超过20年。

(七)保险费

投资者有义务缴纳一定的保险费。保险费的数额由公司决定，依承保行业、险别及范围不同而异。一般保险费年率，中小型企业外汇险为承保金额的0.3%，征用险为0.4%~0.8%，战争险为0.6%，三者同时付保，合计年率为1.3%~1.7%。至于特别的保险费年率，则可低于或高于此比率，如有吸引力的大型综合保险，其保险费年率可高达3%。

(八)保险金

即指保险事故发生后，保险人应向被保险人实际支付的补偿金额。公司承保的保险金额不得超过投资当时公司批准项目中被保险投资美元票面价值加保险契约所定限度内该投资实际上应得的利息、利润或其他收益。但公司可限制其承保的直接保险及再保险金额，自己只按投资总额的90%承担责任，被保险人至少应按投资总额的10%分担风险责任。所以，事实上保险金额等于最初投资的90%，直到包括相当于上述数额两倍的该被保险投资自然增值的应得利益，即最高保险金额可达到最初投资额的270%。

（九）共同保险与风险分担

在发展中国家和地区的大多数外国私人直接投资中，很多是包括以美国私人投资为主的有多国参与的企业投资。海外私人投资公司可同外国政府（包括其代表机构或下属机关）或多国组织及团体，进行协商约定共同分担对该投资项目的风险，实行共同保险。但公司分担责任的最高额，不得超过合格投资者在整个投资项目资金中的比例参加额，至于公司同其他保险公司、多国组织或其他机构之间的分担比例，依承保险别及保险契约的年别而另行约定。

（十）投资保险（保证）的争议

依海外私人投资公司所定条款，并根据当事人双方协议，对于保险、再保险及保证契约的索赔要求及因此产生的争议，用仲裁方法解决。

据统计，自1966年6月"国际开发署"办理保险索赔案件以来，直到1978年9月30日为止，"国际开发署"和海外私人投资公司先后办理了70件保险索赔案件，合计已支付的补偿及已约定应予补偿的金额，已超过3.5亿元。在所有索赔案件中，65件索赔要求已得到解决，拒绝支付者只有4件。① 如1971年智利政府征用美资企业阿拉康达（Anaconda）铜矿公司。阿拉康达公司要求海外私人投资公司赔偿1.54亿美元，公司拒绝其索赔，其理由是该征用实际上发生于1969年，当时阿拉康达公司已与智利弗雷（Frei）政府达成协议，出卖其所有资产的51%与智利政府。此时阿拉康达公司的保险契约已经失效，故无权索赔。但仲裁法院则否认公司的主张，认为应负赔偿责任。又如1973年5月，因智利政府征用美国国际电报电话公司（ITT）子公司，该公司向海外私人投资公司索赔9 500万美元，公司拒绝美国国际电报电话公司的要求，其理由是：该公司没有履行基于协议条款所定的义务，提供有关索赔的资料。特别是智利的征用是由于该公司干预智利内政所导致的后果，故不应该补偿其征用所产生的损失。

① 威尔逊：《国际商业交往》（1981年），第265-266页。

但仲裁协会仍肯定国际电报电话公司未违反书面协议的义务，主张公司应赔偿保险金。

三、美国海外投资保证制度的特点

美国的海外投资保证制度，一般具有两个明显的特点：一是以美国同东道国订立双边投资保证协定为国内法上投资保证制度适用的法定前提，即美国私人海外投资者只有在同美国订有保证协定的国家投资，才能在美国国内申请投资保证和保险，美国的保险公司才能与投保人签订海外投资保险合同，办理此类保险业务。二是美国的投资保证，自始即属于美国援外体制的一个组成部分，规定在历次对外援助法中，借以利用援外手段，贯彻投资保证制度的实施。

美国与其他国家签订的双边投资保证协定，包括诸多内容。其中主要有：

(1)外国投资者的待遇。协定规定，美国公民在东道国的投资享受国民待遇，即与东道国公民享受平等的权利。东道国对此应予以保护。

(2)协定规定的投资项目。一般仅限于同时经两国政府批准的项目，而且是两国政府签订双边投资保证协定以后所投资的项目，在此之前的投资不在保护之列。

(3)投资保险的范围。仅限于特别政治风险，即以上提到的三种险别：外汇险，征用、没收、国有化险，战争、革命、内乱险。

(4)代位求偿权。美国公民或法人在东道国的投资由于特别政治风险而遭受损失时，美国负责给予赔偿，同时取得代位求偿权，即美国有权代表投资者向东道国政府提出补偿损失的要求。

(5)东道国补偿办法。协定一般规定东道国用其本国货币予以补偿，补偿金额限于原投资者在东道国的投资额及应得权益。对于补偿金额，美国有权自由支配，可用以支付它在东道国的各项开支。

(6)争议的解决。双方在对协定的解释以及施用上发生争议时，首先通过协商解决。如协商失败，则提交仲裁机构进行仲裁。仲裁时通常由双方指定仲裁人。

根据双边投资保证协定，美国海外私人投资公司享有代位求偿权。当各种政治风险一旦产生，就出现了两方面的问题：一方面是投保人(即被保险人)依照国内保险合同向海外私人投资公司索赔；另一方面是海外私人投资公司依照双边保证协定向东道国提出索赔。这样，美国海外私人投资公司就具有了双重身份，它与国内在海外的投资者是债权债务关系，投资者是债权人，而它是债务人；而根据双边保证协定的规定，由于它取得了代位求偿权，因此它与东道国政府也构成了债权债务关系。这时，它成了债权人，而东道国政府成了债务人。海外私人投资公司的这种双重身份集中体现了美国结合国内法和国际法保护私人海外投资的明显特点。

四、美国海外投资保证制度的积极作用

美国海外投资保证制度的设立和海外私人投资公司的建立对其海外投资者起了积极的保护作用。它促进了美国海外投资的扩张，使美国在战后以来一直成为世界上最大的海外直接投资国。该项制度受到美国私人投资者和投资东道国的欢迎。

这种投资保证制度在争议的处理上，一般分为四步：

第一步，它尽力使投资者(即“受害的投保人”)站在争讼的第一线，而海外私人投资公司做幕后人，寻求当地的各种救济办法。

第二步，海外私人投资公司出面做“调解人”，在投资国与东道国之间干旋。例如，被称为该公司解决征用争讼的“最佳案例”之一的“1974 年圭亚那对美资雷诺德斯矿业公司国有化”一案，由于海外私人投资公司的调停，它不仅满足了该公司 1 000 万美元的索赔，而且赚得了圭亚那政府的厚息。

第三步，海外私人投资公司取得代位求偿权，直接作为当事人与东道国政府交涉，它作为独立法人与另一国政府讼争，可以避免政府与政府之间的直接对抗，防止国际关系恶化。

第四步，因海外私人投资公司是在美国与他国政府间签订的投资保护协定下进行保险活动，在事态恶劣的条件下，政府亦可直接出面强调“条约必须信守”这一国际法基本原则，进行外交干涉。

美国海外私人投资公司作为一个双重机构，它具有政府和私人两种身份。从它作为政府机构来看：作为美国政府国际合作开发总署的一个下属机构，美国海外私人投资公司在制定方针、计划上得到美国政府的直接指导，而且署长兼任海外私人投资公司的董事长，该公司的11名董事和总经理也由总统直接任命，并须经由参议院批准认可。由于它是作为一个政府机构，因此，经营资金由国会拨付专款，而且总统也可以随时补充拨款，这样就使公司有足够的保险储备金，从政府的角度保证了公司的财源的信用。由于美国政府充当其经济后盾和政治靠山，加上该公司提供的保险期可长达20年之久，收取的保险费又远较私营保险公司为低，三项险既可以单项投保，也可以同时综合投保，甚受海外投资者的欢迎。

同时，美国海外私人投资公司作为法人，它可以自己的名义起诉和控诉，公司实行独立核算，并以自己的收入和利润归还联邦政府贷款。由海外私人投资公司出面解决纠纷，既可以不和东道国的国家主权发生冲突，又回避了政府间关于征用和国有化的赔偿标准的争议；既规避了东道国的司法管辖，便利于它向东道国政府提出索赔，又通过扩大投保人的范围，避开了大量的美国海外公司在国际法律诉讼中不适格的问题。

因此，美国海外投资保证制度实施以来，许多美国跨国公司都乐于向海外私人投资公司投保。据统计，到目前为止，已有100多个发展中国家和地区同美国签订了协议，允许美国海外私人投资公司经营涉及当地美资的保险和融资业务。

第二节　美国政府对私人海外投资的鼓励政策与措施

第二次世界大战后，美国成为世界上最大的资本输出国。美国垄断资本凭借它的雄厚的经济实力和技术垄断优势，并以美国在世界上的军事、政治霸权为后盾，在世界范围内不断扩大投资，建立起了遍布全球的生产经营网，促进了美国跨国公司的迅速发展。美国跨国公司的崛起开辟了资本输出的新局面。为了支持和扶持美国私人资本的对外扩张，美国政府除建立和完善海外投资保证制度外，还采取了一系列鼓励政策与措施。

一、外交支持与保护

美国政府对本国私人海外直接投资的外交支持与保护，主要表现在通过与其他国家签订双边或多边条约以及利用国际经济组织来进行的。战后以来，美国凭借它在世界经济中所拥有的霸权地位，在开展对外援助、出口贸易、提供信贷资金以及所参与的国际经济组织机构活动中，制定了许多旨在保护美国私人对外直接投资利益的法律，其中最重要的有：

（一）美英贸易和金融协定

该协定 1945 年 12 月签订。根据协定，美国向英国贷款 37.5 亿美元。其条件是：第一，英国必须批准世界银行和国际货币基金组织的协定，必须支持美国建立国际贸易组织的建议；第二，英国必须按照美国公司规定的价格用这笔贷款购买美国货；第三，美国答应清算它与英镑集团国家以及其他国家的来往账目，在一定时期之内对美元采用自由兑换率①。这些规定为美国跨国公司向英国大量出口商品和进行直接投资开辟了道路。据统计，1943—1959 年间，美国对英国的直接投资累计额由 4.74 亿美元增至 24.75 亿美元②。

（二）经济合作法

美国国会 1948 年 4 月通过。该法案明确提出，美国在向西欧国家提供援助时，受援国必须保障美国私人投资和开发的权利，并给美国资本提供“完全自由和平等的待遇”。

（三）对外援助法

美国对外援助法战后以来经过多次修订，但支持和扶持美国私人

① ［苏］A. 基尔萨诺夫著：《美国与西欧——第二次世界大战以后的关系》，商务印书馆 1978 年版，第 27-28 页。

② ［美］《美国企业在外国的投资》，阿尔诺出版社 1976 年版，第 92 页。

海外投资的目的未变。历次法案明确规定，美国向发展中国家提供援助和贷款时，要求受援国与美国签订《友好通商与航海条约》或双边《投资保证协议》，从而为跨国公司在发展中国家的投资"创造良好的投资气候"，要求发展中国家给美国子公司以"国民待遇"，取消或放宽投资限制，允许美资企业自由汇出资本和利润，免税进口投资用的机器和设备，保证在实行国有化等措施时给予"及时"、足够的赔偿"等。

(四)肯希卢泊修正案(1962年)

该法案规定，对没收、征用美国公司资产而又不给予合理补偿的国家立即停止提供任何形式的援助。这个规定主要是对付60年代初以后，对美国公司实行国有化的发展中国家。60年代以来，美国私人海外投资源源不断涌进发展中国家和地区。而发展中国家在大量引进外资的同时，特别警惕外国资本的渗透和控制。为了维护国家主权及民族经济的发展，它们对美资企业不断采取征用、国有化等强制措施。据统计，1960—1976年，发展中国家和地区接管美资企业342家。① 肯希卢泊修正案的通过和实施，无疑给美国在发展中国家直接投资的跨国公司以大力支持。

(五)冈扎勒斯修正案(1972年)

该法案规定，美国派驻多边金融机构的代表必须投票反对向下述国家提供赠与援助和贷款，即对美国公司财产实行国有化而不给予补偿的；违反合同义务，片面中止履行合同的；对美国投资者"歧视"或向美国人征收"不合理"税金的。由于美国长期以来在国际金融机构中拥有很大的决策权，因此，此项法案成了美国利用国际金融机构为美国资本肆意扩张服务的重要工具。

(六)1974年贸易法中的限制条款

该法案虽然规定向发展中国家提供贸易"普惠制"优待。但是，又同时限定"普惠制"优待不适用于对美国的资产实行国有化或没收

① 联合国跨国公司中心：《再论世界发展中的跨国公司》，商务印书馆1982年版，第285页。

而不给予合理补偿的国家。

此外，美国还广泛利用它所发起和参与的国际组织为本国私人对外直接投资活动服务。如“世界银行”、“国际货币基金组织”、“经济合作与发展组织”等，它们都以“推动私人对外投资”、“提倡自由投资”为其目标之一。其中尤其是国际货币基金组织的成立，以美元为中心的双挂钩(美元与黄金挂钩，各国货币与美元挂钩)体制的建立，为美国对外经济扩张带来了一系列的好处：第一，由于美元等同于黄金，美元作为国际流通手段、支付手段和储备货币，使美国在对外经济扩张中拥有更多的主动权；第二，由于人为地抬高了美元的币值，美国垄断资本集团可以廉价吞并他国企业和购置原料及其他生产资料，这为他们向海外的大规模的资本扩张提供了条件；第三，由于美国在国际货币基金组织中拥有 1/5 以上的投票权，因而掌握了对重要事务的否决权(决议需 80%的投票才能通过)，美国利用这种决策权，把基金组织的很多活动都纳入了建立美国经济霸权和促进美国资本对外扩张的轨道。因此，美元霸权成为促进美国跨国公司大规模对外投资扩张的重要因素。

美国正是利用上述法律和国际性经济组织为美国私人对外投资的扩张提供外交支持和保护的。

二、资金扶持与援助

利用各种渠道和机构对私人海外直接投资提供资金扶持和援助是美国政府的一贯政策。美国私人对外直接投资的资金来源虽然主要靠公司自有资金积累和从银行或其他金融机构的借贷，但政府所提供的廉价借贷资本也起着重要的补充作用。其中美国进出口银行和海外私人投资公司在这方面扮演着极其重要的角色。

(一)美国进出口银行

美国进出口银行的前身是 1934 年成立的华盛顿进出口银行。当时作为首都华盛顿哥伦比亚特区的一个银行企业而成立。1945 年经过改组成为美国政府的一个独立机构，并增加了资本总额，扩大了贷款权限。1968 年改用现名。该行的宗旨主要是促进美国产品在海外的销售，为外国大规模经济开发项目购买美国设备、原料和劳务提供买方信贷和卖方信贷。在对外贷款业务中，有两项贷款是专门支持跨国公司向外直接投资的：一项是开发资源贷款，用于开发某个国家的资源，特别是战略物资的资源；一项是对外私人直接投资贷款，即对国外的跨国公司给予贷款，帮助它们扩展业务，提高在国外的竞争能力。据统计，1945—1982 年，该行提供的信贷款达 403.6 亿美元，由于贷款系按成交额的 45%提供，所以实际推动出口额约 847 亿美元①。这些贷款使美国跨国公司得到了大量来自海外的订货单。据报道，与美国跨国公司有关的商品出口额在美国商品出口总额中所占比重为：1966 年占 66%，1977 年占 84%，1983 年占 77%。②

(二)美国海外私人投资公司

该公司依据 1969 年美国国会第 8 次修订的《对外援助法》而设立，1971 年 1 月正式营业。1979 年 10 月，美国建立"国际开发合作总署"，统一主管美国与发展中国家经济关系方面的各项事务，海外私人投资公司是该总署所辖三个单位之一(另两个单位为"国际开发署"和"贸易与发展计划署")。然而，在法律地位上该公司又是一个独立的法人，其业务经营范围除以投资保险为主外，还按公司规定的条件对私人投资者提供资助。尤其是鼓励美国中小企业在发展中国家进行海外直接投资，以开发正在成长的市场潜力。其具体做法是：第一，对不包括在"幸福"杂志上的 1 000 家大公司名单中的中小企业在海外投资，给予直接贷款(长期或中期)，直接贷款项目可高达 400 万美元。第二，公司本身也可参与由其贷款所资助的美国中、小型企业创设的海外投资项目，该公司承担的贷款保证项目可达 5 000 万美元。据统计，仅 1981 年财政年度，海外私人投资公司用于辅助美国跨国公司的款项就达 19 亿美元。第三，给予跨国公司在海外投资以各种补助，如降低中小企业保险登记费，代小公司垫付保险经纪人代

① 《美国商业》1982 年 5 月 31 日，第 69 页。

② 《现代商业概览》1986 年第 5 期，第 56 页，其中，1966 年的数字只包括在国外拥有多数股权附属机构的公司。

办费，对投资项目进行调查旅差费的补助，并承担为建立和执行投资项目所需的法律顾问及其他咨询费用等。

近些年来，海外私人投资公司所提供的服务不断增多，大大超出了提供资金支持的范围。如分担海外投资公司部分市场开拓和投资试验的费用，向参加投资的私人公司(特别是中小公司)提供情报咨询和进行可行性分析等服务。从目前发展趋势看，该公司正在向为私人海外投资提供综合支持服务的方向发展。可见，海外私人投资公司是美国政府用来开辟海外投资市场，扩大商品、资金、技术、劳务等出口的有力工具。如美国在印度尼西亚、利比里亚、卢旺达、塞拉利昂、马来西亚、博茨瓦纳等国所进行的私人直接投资，举办各种联合企业等，主要是由海外私人投资公司资助并参与经营的。

(三)政府以援助为先导，为美国私人资本输出大量涌入受援国打开通道

利用对外援助推动私人资本输出是美国政府的一贯方针。几十年来，美国政府所采用的主要方式有：

第一，把美国提供援助与受援国向美国私人资本投资提供方便直接联系起来，迫使受援国按照美国的条件签订“双边投资协定”，或作出有利于美国资本扩张的某些许诺。通过援助，美国加强了对发展中国家投资市场的开拓，促进了美国公司在发展中国家的直接投资。80年代以来，美国政府一直大力加强与东盟、亚洲“四小龙”、埃及以及加勒比地区的经济联系。为了在近邻开辟和扩大投资市场，里根政府宣布了“加勒比盆地发展援助计划”；为了维护美国公司和银行在拉美的利益，美国政府积极参与解救拉丁美洲的债务危机等。

第二，利用“方案援助”，为美国公司参与项目建设、扩大投资提供有利条件。战后以来，美国援助的重点对象大都是美国私人资本投资较多的国家或地区。以埃及为例，自1975年埃及与苏联的关系破裂后，美国乘虚而入，迅速恢复和加强了与埃及的关系。自此以后，美国对埃及的援助逐年增加。美国以大量援助换取埃及向美国私人资本开放市场，对美国跨国公司提供安全保障的许多承诺。仅1973—1977年，美国公司就与埃及达成了17项石油开发协定，价值

达4亿美元。美国大通曼哈顿银行、芝加哥银行、纽约银行等相继在那里设立了分行。到1989年底，美国在埃及的直接投资累计余额18.02亿美元，其中，石油业为14.47亿美元，占80.3%。①

三、税收优惠与鼓励

税收政策作为财政政策的重要组成部分，历来是政府调节和干预经济的一个重要杠杆。提供纳税优惠，鼓励和支持跨国公司在海外进行直接投资是美国政府实行的一贯政策。为了鼓励私人资本对外投资，美国政府早在20世纪初就开始对私人对外直接投资实行纳税优待。第二次世界大战后，原有的纳税优待政策虽经多次修改，但仍是政府支持和鼓励美国公司向国外扩大投资的重要工具。美国政府在鼓励跨国公司对外直接投资所实行的纳税优待政策大致可以分为两大类：

（一）所得税方面的优惠

主要有下列几种：（1）税收减免和税收抵免（tax credit）。税收减免即政府对跨国公司的国外投资收入征税时，容许在应税收入中先减去在国外已纳的税金。该法自1913年开始实行，但由于这种减免仍存在着部分的双重征税问题，因而在实行了五年之后（1918年）就进行了修改。不过，税收减免的范围以后扩大到许多国外业务开支，如部分科研与试制费、广告费、旅差费、业务活动费、租金以及固定维修费等。

税收抵免是在纳税减免的基础上修改而成的，并于1918年开始实行。按照规定，在公司的应纳税金中应先扣除在国外已交的税金，因而，也称之为国外纳税抵销。如1970年12月31日美国《岁人法》规定，允许纳税人从其在美国应纳税款中扣除外国对该海外企业收入已征收的税额。② 显然，纳税扣除向公司所提供的优惠较之纳税减免大得多，有利于减轻公司的负担，增加它们的实际收

① ［美］《现代商业概览》1990年第8期，第64页。

② 格林沃尔德：《现代经济辞典》1981年中译本，第436页。

入。据估计，美国公司国外投资收入的税率一般要比国内投资收入税率低 15%~20%①。

（2）税收延付（tax deferral）。即在公司的国外投资收入汇回国以前不予征税。这样，在国外投资的公司实际上等于从政府那里取得了一部分无息贷款。延期征税，一方面减轻了公司的纳税负担；另一方面也为公司逃税打开了缺口。1962 年，政府虽然限制了适合享受延期纳税的范围，明确规定设在发达国家的拥有多数股权控制的国外子公司不再享有延期纳税优待，但由于公司的逃税手段很多，实际的约束力并不太大。

（3）赋税亏损退算（tax-loss carryback）。指一种用退税来补偿企业经营亏损的法律规定。其具体作法是，当企业在一个年度出现正常的经营亏损时，便可将亏损抵销前几年（一般为三年）的利润。这样，按前几年利润收入而缴纳的赋税便可依抵销数额大小退还给企业。这种退算赋税办法，减少了企业在海外直接投资的经营风险，保障了企业的正常收入，有利于企业的发展。

（4）赋税亏损结转（tax-loss carryformard）指一种用结转亏损来抵销未来几年（一般为 7 年）收入的办法实现减免税收的法律规定。根据这种规定，企业可把某一年投资和经营的正常亏损额，向以后几年结转，抵销以后几年的收入。这样企业的亏损可以从以后几年由抵销收入而减少的赋税得到补偿，从而减少了企业海外投资和经营的风险，保障了企业的收入，有利于促进企业的海外投资，使美国跨国公司在与日本、西欧等国家的跨国公司的激烈竞争中处于更有利的地位。

（二）在关税方面的优惠

美国政府在关税方面对跨国公司海外投资实行优惠，主要是通过实施“附加价值征税制”而实现的。美国海关税则规定：凡飞机部件、内燃机部件、办公用机器、无线电装备及零件和照相器材等，如果是

① 参见［苏］美国加拿大研究所编：《美国对外经济战略》，三联书店 1982 年版，第 252 页。

用美国产品运往国外加工制造或装配的，在重新进口时可享受减免关税的待遇。目前的一般作法是，只按照这些产品在国外增加的价值计征进口税，即只征产品增值税。其目的是鼓励美国跨国公司出口某些原材料或零部件，利用发展中国家廉价的劳动力进行加工制造或组装，再部分向美国返销。由于发展中国家的人工成本低廉，产品增加值在产品总值中所占的比例通常很小，这就大大减少了美国跨国公司的子公司向母公司返销产品时的实际纳税额。美国跨国公司最初利用这一优惠措施在墨西哥自由投资区建立了大批工厂，随后又在加勒比地区、南美的巴西、亚洲的“四小龙”等地建立了不少这类生产或装配厂，不断扩大对这些地区的直接投资。到 1989 年底，美国对墨西哥、巴拿马和巴西的直接投资分别为 70.79 亿美元、79.06 亿美元和 146.87 美元；对我国的台湾、香港地区及新加坡和韩国的直接投资分别为 19.49 亿美元、58.53 亿美元、22.13 亿美元和 18.89 亿美元①。

四、投资情报与促进

在国际政治经济形势瞬息万变，国际竞争日益激化的条件下，对外投资的前景经常变幻不定。为了确保自己对外投资的利益，对跨国公司来说，它既要关心对外投资所能获取的利润率和利润量，又要关心投资的安全保证。正确选择投资地区和投资项目，合理地确定投资规模，是美国跨国公司实现其经济利益的必要前提。为此，需要建立发达的情报信息系统，专门研究各投资对象国的经济政治情况，及时收集投资的技术财务前景的预测资料，分析比较各种投资方案的根据。但是，这些工作只靠跨国公司本身的力量是难以办到的。因此，这些任务就由国家设立的情报机构和国际情报机构来承担。这些机构及时地向跨国公司提供各种经济技术情报，供它们对外投资时参考，使跨国公司避免投资失误，提高对外直接投资的经济效率。

美国政府对跨国公司对外投资提供情报的基础服务，是通过国家

① 《现代商业概览》1990 年第 8 期，第 64 页。

行政机关或国内特别机关驻外使领馆所设的经济、商业情报中心，联合国开发计划署和海外私人投资公司等进行的。

自50年代后，为收集及提供经济、商业情报的联合国开发计划署(Onited Nations Oevelopment Program)成立以来，该署已成为向世界上低收入国家提供多边技术援助和投资援助的最大渠道，其任务是在于为确定低收入国家的自然资源的可用性和经济价值，如估计增加物资和劳务的产出及更广泛分配的其他潜力，进行调查和作可行性研究，对全面发展规划和其他政府活动提供咨询业务和培训等工作。

此后，美国又成立提供服务的机关，尤其是提供发展中国家的投资机关，并对与投资计划有关的暂定的技术或资金资料所进行的可行性研究或"投资前调查"所需资金予以资助。如海外私人投资公司，除承担海外投资保险以外，还通过公司的定期发刊的新闻通讯"专题报导"，提供投资情报；报导投资机会及动向，交流海外投资经验；协助投资家进行投资前分析并负责咨询；协助并组织美国投资者代表团到发展中国家调查，同当地企业界、银行界及政府官员进行接触，研究联合投资项目等工作①。美国这些机关的活动无疑促进了美国跨国公司对外直接投资的迅速发展。

① 《美国商业》1978年2月18日，第3-6页。

第四章　美国对发达资本主义国家的直接投资

第一节　美国对发达资本主义国家直接投资的发展与变迁

美国对发达资本主义国家的直接投资战后以来获得了前所未有的大发展。从50年代初开始，发达资本主义国家就成为美国对外直接投资的主要地区，目前已占美国对外直接投资累计额的3/4左右。40多年来，美国对发达资本主义国家直接投资的发展呈现出许多与战前不同的新特点和新趋势。

一、美国对发达资本主义国家直接投资的增长速度、规模和地位

(一)增长速度大大快于战前，且呈现出明显的阶段性特征

战前的1914—1940年，美国对发达资本主义国家直接投资的年平均增长速度为4.3%，而战后的1951—1989年则为10.5%，战后速度高于战前的一倍以上(见表4-1)。从本世纪美国对发达资本主义国家直接投资发展的历程来看，呈现出几次投资高潮和明显的阶段性特征。1914—1929年，由于美国在第一次世界大战中饱发战争横财，积累了巨额过剩资本，并充分利用其他发达资本主义国家在战争中遭受严重创伤和削弱之机，向其他发达资本主义国家进行资本扩张。加之第一次世界大战后西欧国家经济的恢复和20年代资本主义经济发展的相对稳定，从而为美国大肆进行资本输出铺平了道路。这一时期

是美国对发达资本主义国家直接投资迅速发展的时期，年均增长率高达 7.2%。1929 年爆发的长达 5 年之久的震撼资本主义世界的经济大危机，使美国经济遭受到沉重的打击，从而导致了美国对外直接投资的急剧减少，加之国际经济环境的急剧恶化：美国对发达资本主义国家的直接投资停滞不前，发展缓慢，1929—1940 年的平均增长率仅为 0.4%。第二次世界大战的爆发，为美国经济的急剧膨胀提供了良机。战后，美国利用它在经济、政治、军事上的绝对优势地位，建立了在资本主义世界的霸主地位。同时，美国充分利用欧洲各国和日本恢复经济，急需资本和技术的机会，加速扩大了对其他发达资本主义国家的直接投资。1951—1980 年，美国对发达资本主义国家的直接投资额以年平均 11.7%的速度递增。进入 80 年代以来，随着资本主义经济政治发展的不平衡和美国、西欧、日本三足鼎立局面的形成，美国的国际经济地位相对削弱，加之 80 年代初西欧、加拿大等国经济环境的恶化，美国对发达资本主义国家的直接投资一度有所缩减。但随着美国经济 1984 年出现相对较快增长，自 1985 年开始，美国对发达资本主义国家的直接投资又出现高潮。1985—1989 年，年平均增长率高达 12.1%，其中 1986 年和 1987 年分别比上年增长了 13.3% 和 19.8%①。

表 4-1 美国对发达资本主义国家直接投资年均增长率(累计余额)

年代	1914—1929 年	1929—1940 年	1951—1960 年	1961—1970 年
增长率(%)	7.2	0.4	13.0	10.4
年代	1971—1980 年	1981—1989 年	1914—1940 年	1951—1989 年
增长率(%)	11.8	6.5	4.3	10.5

资料来源：美国商务部：《现代商业概览》等。

(二)投资规模急剧扩大并呈现出倍增趋势

美国对发达资本主义国家的直接投资规模战后以来急剧扩大，目

① 美国商务部：《现代商业概览》1988 年第 8 期、1989 年第 8 期。

前已突破 2800 亿美元(详见表 4-2)。

表 4-2　美国对发达资本主义国家直接投资规模

(累计余额)

单位：亿美元

年代	规模	年代	规模	年代	规模
1914 年	11. 91	1960 年	193. 20	1980 年	1 582. 10
1929 年	33. 63	1965 年	323. 10	1985 年	1 727. 50
1940 年	35. 23	1970 年	518. 20	1988 年	2 455. 00
1950 年	57. 00	1975 年	907. 00	1989 年	2 793. 10

资料来源：美国商务部：《现代商业概览》有关各期。

从投资流量看，1914—1940 年，美国对发达资本主义国家直接投资累计额仅增加了 1. 96 倍，每年平均增加额仅有 8 969 万美元。第二次世界大战后，随着科技革命的发展，各国之间的相互联系加强，美国利用自己的各种优势，急剧扩大了对其他发达资本主义国家的直接投资。据统计，1950—1989 年，美国对发达资本主义国家直接投资累计额增长了 2 736. 1 亿美元，每年平均增加投资 70. 1 亿美元。其中，1950—1960 年的增加额为 136. 2 亿美元，每年平均 13. 6 亿美元；1960—1970 年的增加额为 325 亿美元，每年为 32. 5 亿美元；1970—1980 年的增加额为 1 063. 9 亿美元，每年平均为 106 亿美元；1980—1989 年的增加额为 1 211 亿美元，每年平均为 121 亿美元。尤其是 1985 年以来，美国对发达资本主义国家直接投资规模急剧扩大，1986—1989 年每年平均增加 266. 4 亿美元。

(三)发达资本主义国家在美国对外直接投资中的地位显著提高并日益占据主导地位

与其他发达资本主义国家对外直接投资的地区流向相比，美国有着自己独自的特色。在第一次世界大战前夕的 1914 年，西欧发达资本主义国家的对外直接投资主要投向了殖民地半殖民地落后国家，而美国对外直接投资的45%左右投向了欧洲、日本等发达国家以及加拿大①。到1929年美国投向发达资本主义国家的对外直接投资额占美国投资总额的48.5%。1940年该比重进一步上升至50.3%，超过了对发展中国家的直接投资额②。尽管40年代末50年代初的某些年份美国对发达国家直接投资所占比重略低于对发展中国家的投资比重，但自50年代中期开始超过对发展中国家的投资比重，以后稳步上升。50年代该比重保持在50%—57%之间，60年代节节上升，由1960年的60.6%提高到1969年的68.5%；进入70年代后，该比重一度升至75.4%，以后一直在75%左右。这意味着，在美国的对外直接投资中，3/4左右投向了其他发达资本主义国家。

美国这种投资地区流向的显著特点是与战后整个国际资本跨国流向的变化相联系的。第二次世界大战后，资本跨国流动的单向性特征越来越为交叉性所代替。所谓交叉性，一是指一国既是资本输出国，又是资本输入国；二是指世界各国之间的资本对流加强，尤其是发达资本主义国家之间的资本对流趋势加强。据统计，60年代中期至80年代初，国际直接投资的约3/4流向了发达资本主义国家③。而在这个发展趋势中，构成主流的是发达国家间相互交叉投资的发展，其具体表现为美国与其他发达国家相互直接投资的发展。1985年，美国对其他发达国家直接投资占美国对外直接投资的74.3%，而其他发达国家对美国的直接投资占美国引进外国直接投资的87.3%。这表明战后国际直接投资模式发生了根本变化。在这一变化过程中，美国既是世界上最大的对外直接投资国，又是世界上最大的外国直接投资输入国。1989年，美国对发达资本主义国家直接投资2 793.1亿美元，占美国对外直接投资的74.8%，其他发达国家对美

① 为了便于与战后的发展比较，把战前的加拿大归类于发达国家。——作者注

② 为了便于分析比较，将战前的落后国家归类为发展中国家。——作者注

③ 世界银行：《1985年世界发展报告》，第126页。

国直接投资累计额 3 697.8 亿美元，占美国引进外国直接投资的 92.3%。

二、美国对发达资本主义国家直接投资的地区流向和部门结构

(一)美国对发达资本主义国家直接投资的地区分布由战后 50—60 年代的以加拿大为主转向 70 年代以来的以西欧国家为主

本世纪以来，美国对发达资本主义国家的直接投资在地区配置上发生了显著的变化(参见表 4-3)。其发展特点和趋势是：

表 4-3　美国对发达资本主义国家直接投资的地区分布(%)

年代	总额	欧洲	加拿大	日本	澳、新、南非
1914 年	100	48.1	51.9	N	N
1929 年	100	40.2	59.8	N	N
1940 年	100	40.3	59.7	N	N
1950 年	100	30.4	62.8	0.3	N
1960 年	100	34.6	57.9	1.3	N
1970 年	100	47.3	44.0	2.9	8.4
1980 年	100	60.5	28.2	4.0	6.6
1985 年	100	1.0	27.3	5.4	5.9
1986 年	100	63.4	25.8	5.8	5.2
1987 年	100	64.0	24.4	6.3	5.8
1988 年	100	62.0	24.9	6.9	6.2
1989 年	100	63.3	23.9	6.9	5.9

注释：N 为缺资料。

资料来源：美国商务部：《现代商业概览》有关各期等。

(1)欧洲在美国对发达资本主义国家对外直接投资中的地位经历了一个U形变化，且日益占据举足轻重的地位。第一次世界大战前夕，美国对欧洲的直接投资约占美国对发达资本主义国家的一半；到1950年该比重降至30.4%；以后该比重稳步上升，到1987年升至64.0%。

(2)加拿大在美国对发达资本主义国家直接投资中的地位变化显著，呈现出先升后降的趋势。1914年，美国对发达资本主义国家的直接投资额，一半以上投向了加拿大。这是与美国的直接投资处于初期发展阶段，采取近邻投资战略相联系的。直到50年代初，加拿大在美国对发达国家直接投资的地位不断上升。50年代中期以后，加拿大所占地位不断下降；到70年代初，该比重降至2/5；到80年代则进一步降至1/4。

(3)日本在美国对发达资本主义国家直接投资中的比重急剧上升。1950年，美国对日本的直接投资数额很小，所占比重微不足道。以后随着日本经济的恢复和高速增长，投资环境的不断完善，美国对日本的投资不断增加，所占比重逐步提高，1990年已上升到6.9%，居于加拿大(23.9%)、英国(21.8%)、原联邦德国(8.3%)、瑞士(7.1%)之后，为第五位①。

(4)新西兰、澳大利亚、南非②在战后美国对发达资本主义国家直接投资中的地位变化不大。80年代以来所占比重一般保持在5.2%~6.6%之间。

可见，美国对发达资本主义国家直接投资的地区配置由战前以加拿大为主演变为战后以欧洲为主，加拿大次之，日本和新西兰、澳大利亚、南非大体相当的格局。

(二)美国对发达资本主义国家直接投资的部门结构特点

美国对发达资本主义国家直接投资的部门结构战后以来表现出一些新的特点和趋势(详见表4-4)。

---

① 美国商务部:《现代商业概览》1990年第8期，第64页。

② 在美国的统计资料中，将南非列为发达资本主义国家。——作者注。

表 4-4　美国对发达资本主义国家直接投资的部门结构(%)

年代	总额	矿业石油业	制造业	服务业	其他
1914 年	100	27.5	35.3	9.4	27.8
1940 年	100	18.9	44.9	10.1	26.1
1950 年	100	21.2	49.6	7.5	21.7
1960 年	100	30.6	44.7	7.1	17.6
1970 年	100	29.7	51.7	N	18.6
1980 年	100	24.4	45.1	25.9	3.8
1985 年	100	21.3	43.9	29.4	4.8
1989 年	100	14.3	45.3	36.3	4.0

注释：N 为缺资料。

资料来源：美国商务部：《现代商业概览》有关各期等。

由表 4-4 可见，美国直接投资的产业布局的特点是：

(1)制造业始终居于首位，所占比重均超过了 40%，某些年份曾高达 50%以上(如 1970 年)，80 年代以来保持在 45%左右。在美国对发达国家制造业的投资中，投资额最多的是化工部门，其次才是机械、交通运输设备、食品加工、电子电器等部门。据美国商务部的统计，1989 年，美国对发达资本主义国家制造业投资累计额 1 264.68 亿美元，其中，化工占 23.1%，机械占 18.6%，交通运输设备占 15.8%，食品加工占 10.1%，电子电器占 6.1%，其他占 21.6%①。

(2)服务业成为美国对发达资本主义国家直接投资的第二大部门，所占比重急剧上升。第二次世界大战前，服务业(主要是贸易业)在美国对发达资本主义国家直接投资中的比重较低，一般占 10%左右。战后 50 年代至 60 年代初，比重有所下降。自 70 年代开始，

① 美国商务部：《现代商业概览》1990 年第 8 期，第 64 页。

随着新技术革命的广泛发展，新兴部门的不断涌现，服务业在各国国民经济中的地位不断提高，美国对国外服务业的直接投资急剧扩大，所占比重迅速提高，目前已占36%以上。在美国对发达资本主义国家的服务业直接投资中，金融(不包括银行业)、保险和不动产业居首位，其次是批发贸易业、银行业、劳务业。据美国商务部的统计，1989年美国对发达资本主义国家服务业的直接投资累计额1 017.65亿元；其中，金融、保险和不动产业占53.1%，批发贸易业占30.2%，银行业占9.9%，劳务业占6.9%。美国对发达国家服务业部门直接投资的迅速增长，是与美国跨国公司在国外活动的主要领域随着时间的推移变迁分不开的。60年代以前，美国跨国公司多活动在采掘业各部门，据统计，1960年美国对外国矿业石油业的直接投资占美国整个对外直接投资的43.3%，居第一位；60—70年代，制造业各部门成为跨国公司的主要活动领域，制造业成为美国在外国直接投资的最大部门。70年代后半期以来，美国对外直接投资的部门结构发生了渐进式的巨变，各种非银行的服务业跨国公司崭露头角，它们与60年代成长起来的跨国银行一道，使服务业成为跨国公司最主要的活动领域，从而导致了服务业在美国对外直接投资中地位的显著提高。

(3)美国对发达资本主义国家矿业石油业的直接投资额尽管不断增加，但所占地位却逐步下降。在1914—1940年间，矿业石油业在美国对发达资本主义国家直接投资中的比重不断下降。战后50—60年代，美国曾大幅度增加对外国的矿业和石油业的直接投资，使得这一行业所占的比重一度高达30.6%；但自70年代以来，其地位不断下降，到1989年，仅占14.3%。

三、美国对发达资本主义国家直接投资的资金来源特点

美国对发达资本主义国家的直接投资，在资金来源上的显著特点是：70年代以前汇款投资为主，70年代以后以利润再投资为主(详见表4-5)。

表 4-5　美国对发达资本主义国家直接投资的资金来源结构(%)

年代	投资增加额		汇款投资		利润再投资		价值调整	
	亿美元	百分比	亿美元	百分比	亿美元	百分比	亿美元	百分比
1960 年	14. 28	100	10. 03	70. 2	4. 25	29. 8	—	—
1970 年	52. 59	100	32. 38	61. 6	20. 75	38. 4	—	—
1975 年	78. 98	100	28. 98	36. 7	49. 00	62. 0	1. 01	1. 3
1980 年	184. 16	100	50. 55	30. 0	124. 81	67. 8	8. 80	4. 8
1985 年	147. 46	100	-26. 92	—	160. 58	108. 9	13. 8	9. 4
1989 年	265. 53	100	24. 98	9. 4	167. 66	63. 1	72. 89	27. 5

资料来源：美国商务部：《现代商业概览》有关各期。

从表 4-5 可见，70 年代以前美国对发达国家直接投资的资金来源中，汇款投资占 60%以上；70 年代以后，汇款投资所占比重不断下降，到 1985 年则形成美国从发达国家抽回汇款投资 26. 9 亿美元的局面。尽管最近几年美国对发达国家的汇款投资有所增长，但所占比重很低，1988 年仅占 3. 5%，1989 年也只占 9. 4%。与此相对应，美国对发达资本主义国家的利润再投资则急剧增加，1960 年仅为 4. 25 亿美元，到 1989 年高达 167. 66 亿美元，所占比重由 1960 年的 29. 8%上升至 1989 年的 63. 1%。

第二节　美国对欧洲发达国家的直接投资

美国对欧洲的直接投资自 1914 年以来，经历了一个曲折的发展过程，欧洲在美国的对外直接投资中，其地位发生了巨大的变化。

一、美国对欧洲直接投资的增长速度与投资规模

(一) 美国对欧洲直接投资增长速度的特点及原因

美国对欧洲的直接投资自 1914 年以来，大致经历了四个阶段：

第一阶段(1914—1929 年)，美国对欧洲直接投资较快增长阶段；第二阶段(1929—1950 年)，美国对欧洲直接投资停滞和缓慢增长阶段；第三阶段(1950—1980 年)，美国对欧洲直接投资高速增长阶段；第四阶段(80 年代)，美国对欧洲直接投资停滞和迅速回升阶段(详见表 4-6)。

表 4-6　美国对欧洲直接投资累计余额年均增长速度(%)

年代	增长率	年代	增长率	年代	增长率
1914—1929 年	5.9	1950—1960 年	14.5	1981—1989 年	7.1
1929—1940 年	0.4	1960—1970 年	13.9	1914—1940 年	3.6
1940—1950 年	2.0	1970—1980 年	14.6	1951—1989 年	12.6

资料来源：①[美]刘易斯：《美国在国际投资中的股本》，威斯康星 1938 年版，第 575-606 页。

②美国商务部：《现代商业概览》有关各期等。

从表 4-6 中可见，在第二次世界大战以前，美国对欧洲的直接投资增长速度并不快，究其原因主要在于美国对外直接投资集中于近邻加拿大和后院拉丁美洲。第二次世界大战期间和战后初期，美国对外直接投资的地区格局基本未变，因而对欧洲的直接投资发展缓慢。自 50 年代开始，尤其是 1958 年欧洲经济共同体建立以来，美国迅速加快了对欧洲的直接投资。据统计，1951—1980 年，美国以每年递增 14%的速度增加对欧洲的直接投资。导致战后 50—70 年代美国对欧洲直接投资迅速增加的主要原因有：

(1)美苏争霸的需要。在战后美苏冷战时代，欧洲尤其是西欧成为美国的战略前哨和美苏争夺的战略重点。战后初期，美国一方面通过“马歇尔计划”等援助在战争中失败或大大削弱了的西欧各国的垄断资本；另一方面又通过建立北大西洋公约组织，把西欧国家置于美国的军事控制之下。50 年代以来，美国正是通过加强在西欧的直接投资，力图从经济上控制西欧进而达到在政治上控制西欧的目的，以巩固美国在西方世界的地位。①

(2)美国争夺欧洲市场的需要。西欧是世界资本主义的发源地，是发达资本主义国家最集中的地区。西欧市场是世界上最大的市场。1958年欧洲共同体建立以后，美国急剧增加对西欧国家尤其是欧共体的直接投资，就地生产，就地销售，谋求绕过共同体筑起的关税壁垒，以加强在这些国家和这些国家控制下的其他市场的竞争能力。如美国加强在英国的直接投资，其重要目的之一就是为了突破"帝国特惠制"，从而占领英国和英联邦国家市场。

(3)获取高额垄断利润的需要。西欧劳动力的技术素质比发展中国家要高得多，而且战后相当长一段时间内，西欧的劳动力与美国相比又低廉得多。据统计，1970年美国制造业职工平均每小时工资3.36美元，为瑞典的1.43倍，联邦德国的1.98倍，英国的2.25倍，法国的3.14倍，意大利的3.33倍，希腊的6.22倍。同时，在西欧就地生产、就地销售，减少了货物的转运和保险费用，减少了销售环节。因此，美国在西欧直接投资的利润率是比较高的，即使西欧经济处于滞胀阶段也是如此。例如，从1973—1979年底，美国在西欧直接投资的平均利润率高达14.1%②，这是美国国内投资难以比拟的。这也是美国70年代以年递增14.6%的速度向西欧直接投资的根本原因所在。

(4)美国在西欧直接投资的风险小。美国和西欧都是发达的资本主义国家，既是资本输出国，又是资本输入国，对外资一般采取开放政策；加上西欧国家基础设施发达，投资环境安定，法律制度完备，经济发展水平与美国相近，这为美国跨国公司提供了直接投资的区位优势，吸引了美国跨国公司纷纷到西欧投资设厂。

(5)西欧各国经济发展的需要。战后相当长一段时间里，西欧经

---

① 详情参见拙著:《第二次世界大战后美国苏联争夺世界霸权的斗争》，武汉大学出版社1988年版，第334-339页。

② 根据[美]《现代商业概览》1977年第8期第42、43页；1982年第8期第20页资料计算。

济的发展是迅速的，尤其是在70年代初期以前更是如此。据统计，1973年联邦德国的国民生产总值比1950年实际增长3.06倍，年均递增6.3%；同期意大利国内生产总值实际增长2.6倍，年平均递增5.7%；法国国内生产总值实际增长2.32倍，年平均递增5.4%；英国国内生产总值实际增长0.97倍，年平均递增3.0%①。在当今经济日益国际化的趋势下，经济越发展，吸收外国资本的容量和潜力就越大。随着美国资本的大量流入，西欧国家从美国引进了大批的先进技术。例如，1963年联邦德国进口的专利与技术许可证中，来自美国的占38.3%；60年代末期以来占一半以上，其中电子电器工业引进的专利与技术许可证基本上来自于美国。

尤其值得指出的是，美国对西欧的直接投资在经历了30年(1950—1980年)的高速增长以后，80年代前半期处于停滞状态。究其原因在于欧洲投资环境的恶化和美国国内的高利率政策所致。据统计，1981—1984年美国在欧洲经济共同体直接投资平均利润率降为8.7%。② 但自80年代中期以来，随着美国经济出现强劲复苏和西欧国家投资环境的改善，美国又以前所未有的速度扩大了对西欧的直接投资。1985—1989年平均递增14.0%。造成最近几年美国对西欧直接投资的迅速发展的主要促进因素是：

(1)世界经济一体化的加速发展。欧洲经济共同体是当前世界上最大的区域贸易经济集团，是经济一体化卓有成效的地区。30年来，欧共体建立了关税同盟，实施了共同农业政策，组建了欧洲货币体系；经济一体化水平不断提高。1987年，欧共体成员国的对外贸易总额9 548亿美元，这是世界上任何一个地区都不能比拟的。特别是在经过长期的酝酿准备之后，1985年3月欧洲共同体理事会在布鲁塞尔举行的会议上，同意年初欧共体执委会提出的在1992年建成共同体统一大市场的设想，1986年12月，欧共体各国代表

① 根据国际货币基金组织：《国际金融统计年鉴》1987年的资料计算。

② 根据[美]《现代商业概览》1983年第8期第29、30页；1988年第8期第65页的资料计算。

正式签订了《单一欧洲文件》，这标志着欧共体在经济一体化道路上又迈出了具有里程碑意义的第一步。为了在欧共体能够站住脚并有所作为，为了顺利地应付欧洲统一大市场的建立可能出现的各种情况，美国自1985年开始又大幅度地扩大了对欧洲经济共同体成员国的直接投资。

(2)西欧各国投资环境的改善，美国对西欧直接投资有利可图。据美国商务部的统计，1985—1989年，美国自西欧的直接投资中获取利润额1 241.21亿美元，年度直接投资利润率分别为20.2%、19.4%、24.7%、17.5%和16.2%，大大高于美国国内的投资利润率，这也是吸引美国加速对西欧国家直接投资的重要因素。

(二)美国对欧洲直接投资的规模和欧洲在美国对外直接投资中的地位特点

第一次世界大战至第二次世界大战后初期，美国对外直接投资的重点一直高度集中于美洲的加拿大和其“后院”拉美国家。1946年，美国对外直接投资累计余额为72.27亿美元，其中拉美为30.45亿美元，占美国对外投资的42.1%，加拿大24.72亿美元，占34.2%；而西欧仅为10.41亿美元，只占14.4%，居美国对外直接投资的第三位。到1958年，加拿大上升为第一位，达93.38亿美元，占美国对外直接投资总额的34.3%，对拉美直接投资为77.51亿美元，占28.4%，降为第二位；对西欧的直接投资增加到45.73亿美元，所占比重上升到16.8%，但仍居第三位。1958年与1946年相比，美国在西欧直接投资累计额增加了3.39倍，所占比重提高了2.4个百分点。但是这一时期，美国对西欧直接投资总额未突破50亿美元，其所占比重一直在14%～17%之间作平缓摇摆。在美国的对外投资中，西欧仍处在相对次要的地位。

1958年欧洲经济共同体的成立，尤其是欧洲共同体关税同盟的建成(1968年)，美国逐步将对外直接投资的重点转向西欧，西欧在美国对外直接投资中所占比重急剧上升，规模不断扩大。1962年，美国对西欧直接投资额为89.30亿美元，占投资总额的24%，超过拉美(占22.6%)居第二位，仅次于加拿大(32.6%)。到西欧经济共同体关税同盟建成后的第一年(1969 年)，西欧在美国对外直接投资中跃居首位(占 30. 5%)，高出居第二位的加拿大(29. 7%)近一个百分点，投资规模达 216. 5 亿美元。自此以后，西欧一直成为美国最主要的对外直接投资场所。到 1980 年，美国对西欧直接投资累计余额增至 965. 39 亿美元，占美国对外直接投资总额的 44. 8%，遥遥领先于其他地区和国家。在 1958—1980 年间，美国对西欧直接投资累计额增长了 20. 1 倍，所占比重提高了 28 个百分点。进入 80 年代以后，欧洲作为美国对外直接投资的主要场所这一地位未变，但经历了一个停滞、徘徊到急剧回升的过程。1984 年美国对欧洲的直接投资累计额与 1980 年相比，减少了 49. 41 亿美元，所占比重下降了 1. 5 个百分点。自 80 年代中期以来，这种停滞和徘徊趋势发生逆转，美国对欧洲的直接投资出现强劲回升，到 1989 年底，美国对欧洲的直接投资累计余额达 1 767. 36 亿美元，占美国对外直接投资总额的 47. 3%，投资累计额比 1984 年增加了 851. 38 亿美元，所占比重提高了 4 个百分点。

二、美国对欧洲地区直接投资的国家分布与部门结构

(一)美国对欧洲地区直接投资的国家分布及其特点(详情见表 4-7)

表 4-7　美国对欧洲地区的直接投资(国家分布)(%)

年代	1950 年	1960 年	1972 年	1980 年	1985 年	1989 年
总额	100. 0	100. 0	100. 0	100. 0	100. 0	100. 0
欧共体 12 国	90. 4	89. 9	86. 3	83. 5	79. 7	84. 9
比利时	4. 0①	3. 5①	6. 9①	6. 5	5. 1	4. 7
法国	12. 5	11. 2	11. 2	9. 8	7. 5	8. 3
联邦德国	11. 8	15. 1	20. 4	16. 1	15. 9	13. 0
意大利	3. 6	5. 8	6. 4	5. 6	5. 4	6. 0

续表

年代	1950 年	1960 年	1972 年	1980 年	1985 年	1989 年
荷兰	4.8	4.3	6.3	8.3	6.9	9.7
英国	48.9	48.1	31.0	29.4	31.1	34.4
其他国家	9.6	10.1	13.7	16.5	20.3	15.1
瑞士	1.4	3.8	6.2	11.8	15.0	11.3
其他	8.2	6.3	7.5	4.7	5.3	3.8

注释：①包括卢森堡。

资料来源：美国商务部《现代商业概览》有关各期。

由表 4-7 可见，美国对欧洲直接投资的国家分布呈现出以下几个明显的特点：

(1)在西欧两大经济集团中，美国的直接投资主要是投向了欧洲经济共同体 12 国，所占比重一般在 80%~90%之间。如 1989 年美国对欧共体直接投资累计额 1 499.71 亿美元，所占比重高达 84.9%；而投向欧洲自由贸易联盟的直接投资则不多。1989 年，美国对欧洲自由贸易联盟中的奥地利、芬兰、挪威、瑞典、瑞士五国的直接投资累计额为 258.66 亿美元，所占比重仅为 14.6%。

(2)在美国对欧洲单个国家的直接投资中，美国的直接投资相当集中地投向了几个经济发达的国家。

英国　英国是美国对欧洲直接投资最多的国家，战后初期至 60 年代初期，美国对欧洲直接投资的接近一半流向了英国。尽管以后所占比重有所下降，但一直占 1/3 左右，始终居于首位。美国之所以将英国作为在西欧直接投资的重点国家，其原因有：第一，争夺英联邦市场的需要。长期以来英国通过对英联邦国家提供有保证的原料和农产品市场，来换取英联邦国家对英国工业制成品削减关税的待遇。但美国并不需要进口英联邦成员国的粮食；相反，美国的粮食有剩余，需要出口，在粮食市场上是一些英联邦国家的竞争对手。在这种情况下，美国同英联邦国家建立经济关系受到了制约。美国要进入英联邦国家的排它性市场只有一个办法，就是在英国建立子公司，以便向英联邦国家出口这些子公司的产品，争夺英联邦国家的商品市场。第二，战后相当长时间内，英国工人工资较美国工人为低，在英国设立子公司生产，其生产成本低于美国，有利于美国产品占领英国和其他国家市场。第三，英国政治稳定，投资风险小。战后初期，英国与其他西欧大陆国家相比，政治稳定，美国认为在英国投资比在欧洲大陆国家投资更为可靠。战后以来，英国一直成为吸引美国对欧洲私人投资的主要中心。

原联邦德国　美国对联邦德国的直接投资在欧共体成立以后获得了急剧增长。1950 年美国对联邦德国的直接投资累计总额为 2.04 亿美元，1960 年上升至 10.06 亿美元，1970 年增至 45.97 亿美元，1980 年继续增加到 153.93 亿美元，1989 年升至 230.59 亿美元。1960—1989 年间增长了 21.9 倍。原联邦德国在美国对欧洲国家直接投资中的比重一般保持在 14%～20%之间，仅次于英国而居第二位。

荷兰　美国对荷兰的直接投资 50 年代数额很小，1950 年仅 8 400 万美元，到 1960 年也只有 2.38 亿美元，自 60 年代以来速度加快，规模不断扩大，到 1970 年为 15.08 亿美元，1980 年和 1989 年分别上升至 79.48 亿美元和 171.68 亿美元。荷兰在美国对欧洲直接投资中的比重由 1960 年的 4.3%急剧升至 1989 年的 9.7%，仅次于英国、瑞士、联邦德国而居第四位。

法国　美国对法国的直接投资 1950 年为 2.17 亿美元，仅次于英国而居美国对欧洲直接投资的第二位。欧共体建立后获得了较迅速的发展，1970 年、1980 年和 1989 年依次增加到 25.90 亿美元、93.48 亿美元和 147.47 亿美元，法国在美国对欧洲直接投资中的比重由 1950 年的 12.5%降至 1989 年 8.3%，居第五位。

意大利　美国对意大利的直接投资 1950 年为 6 300 万美元，1960 年增至 3.84 亿美元，自 60 年代以来发展极迅速，到 1989 年高达 106.34 亿美元，与 1960 年相比，增长了 26.7 倍。意大利在美国对欧洲直接投资中的比重也由 1950 年的 3.6%升至 6.0%，居第六位。

美国对欧共体中原联邦德国、荷兰、法国、意大利直接投资迅速增长，其主要原因在于：从美国方面看，是美国企图防止在这些国家销售美国商品的情况恶化。正如前面所讲的一样，因为欧共体关税同盟的建立，对内削减乃至消除成员国之间的关税，实行商品自由流通，对外筑起的统一的关税壁垒。在这种情况下，美国垄断资本集团在欧共体国家建立工业企业和子公司，就可绕过欧共体的关税壁垒而争夺和抢占这些国家的市场。从欧共体方面看，欧共体从经济发展的总体需要出发，也欢迎引进美国的直接投资，欢迎美国来欧共体国家设立企业和子公司，因为这样可以使共同市场成员国加速应用美国的新技术，提高新产品的质量和产量，完善生产工艺，促进国际收支平衡，并减少失业人数。源源不断的美国资本加强了西欧的经济潜力和竞争能力。因此，几乎全部西欧国家，其中包括所有欧共体国家，都规定了给予外国投资者和本地资本家相同的权利，保证他们享有各种特权。特权之一就是汇出利润，从而使美国对西欧的投资不冒任何风险。

还值得指出的是，美国在对欧共体以外的西欧国家的直接投资中，瑞士所占地位极其重要。1950 年，瑞士在美国对欧洲国家直接投资中所占比重仅为 1.4%，占第十位。自 60 年代以来，美国对瑞士的投资急剧增加，到 1989 年美国对瑞士直接投资累计余额为 199.5 亿美元，所占比重为 11.3%，居美国对欧洲国家投资的第三位。导致美国对瑞士直接投资迅速增加的原因主要有三点：(1)瑞士长期是中立国家，投资的软硬环境好，投资安全系数高；(2)瑞士是联合国一系列下属机构的所在地，很多重要的国际会议和国际性谈判在瑞士举行，信息灵通，便于投资；(3)瑞士是高度发达的资本主义国家，第三产业发展快，尤其是银行业、金融保险业发达，有利于美国对瑞士进行银行、金融、保险等服务业的直接投资。

(二)美国对欧洲地区直接投资的部门结构及其特点

从动态方面考察，本世纪以来，美国对欧洲投资的部门结构发生了显著变化(详见表 4-8)。

表 4-8　1914—1989 年美国对欧洲直接投资的部门结构(%)

年代	总额	制造业	石油业	贸易业	其他
1914 年	100.0	34.9	24.1	14.8	26.2
1929 年	100.0	46.5	17.1	10.3	26.1
1940 年	100.0	45.0	21.5	17.3	16.2
1950 年	100.0	53.8	24.6	10.7	10.9
1960 年	100.0	55.0	27.8	11.5	5.7
1970 年	100.0	55.9	22.3	N	21.5
1980 年	100.0	47.5	20.8	14.8	16.9
1989 年	100.0	44.0	12.7	12.4	30.9

注释：N 为缺资料。

资料来源：美国商务部《现代商业概览》有关各期。

由表 4-8 可见，美国对欧洲制造业的直接投资始终居美国对欧洲直接投资的首位，所占比重高达 40%以上，尤其是在战后 50—70 年代，其比重长期超过 50%。80 年代以来所占比重逐渐下降，主要是由于美国急剧增加对欧洲服务业投资所造成的。石油业是美国对欧洲直接投资的第二大部门，长期以来所占比重在 20%左右，1960 年曾高达 27.8%，以后所占比重不断下降，目前仍占美国对欧洲直接投资的 1/8。贸易业长期以来是美国对欧洲直接投资的第三大部门，所占比重一般保持在 10%～18%之间。在美国对欧洲的直接投资中，对服务业的直接投资 80 年代以来尤其引人注目。1980 年，美国对欧洲服务业的直接投资累计额为 268.74 亿美元，所占比重为 28.1%，到 1989 年增加到 736.96 亿美元，所占比重 41.7%；其中，非银行业、金融、保险和不动产占 22.0%，贸易业占 12.4%，银行业占 4.4%。

从分布上考察，美国对某一部门的投资，常高度集中于几个国家。如美国对西欧制造业的直接投资高度集中于英国、原联邦德国、法国、意大利和荷兰五国，1988 年美国对上述五国制造业的直接投资累计额占美国对欧洲国家制造业直接投资的 79.1%。美国对欧洲服务业的直接投资高度集中于瑞士、英国、联邦德国、荷兰、意大利五国，1988 年美国对上述五国服务业直接投资占美国对欧洲国家服务业直接投资的 76.9%。美国对欧洲石油业的直接投资高度集中于英国、挪威、荷兰和联邦德国。1988 年这四国占美国对欧洲国家石油业直接投资的 79.1%。

在西欧各个不同的国家，美国直接投资部门结构差别甚大。如美国对挪威的直接投资高度集中于石油业，1988 年石油业所占比重高达 85.4%；美国对瑞士、奥地利、芬兰的直接投资高度集中于服务业，1988 年美国对瑞士银行业、非银行金融、保险和房地产业的直接投资占其对瑞士直接投资的 75.6%；对芬兰批发贸易业的直接投资所占比重高达 80.1%，对奥地利的批发贸易业、银行业、非银行金融、保险等服务业直接投资所占比重为 79.5%；在意大利、爱尔兰、联邦德国、法国、卢森堡、西班牙、瑞典、希腊和比利时，美国的直接投资则高度集中于制造业。1988 年，美国在上述国家制造业直接投资中所占比重分别为 72.3%、72.1%、65.5%、64.4%、60.3%、60.1%、57.8%、55.2%和 53.9%①。此外，美国对英国和荷兰的直接投资部门结构与美国对整个欧洲的直接投资部门结构相似。制造业和服务业各占 2/5 左右，石油业占 1/7。美国对欧洲的这种直接投资部门结构明显地反映出美国对欧洲的直接投资是以市场开拓型投资为主，通过就地生产，就地销售，并为生产和销售提供各种服务，以占领和开辟市场为其主要目的。这种投资所体现的国际分工是一种典型的“水平型”分工，即美国与欧洲各国根据本国的特点和优势进行国际性生产专业化分工协作，通过有限品种的大批量生产，节约设备，节约劳动力和管理费用，降低生产成本，提高产品的竞争能力。

① 参见拙文：《论战后美国对外直接投资的主要特点及发展趋势》，《美加经济研究》1990 年第 2 期，第 20 页。

三、美国对欧洲国家直接投资的方式和资金来源特点

(一)在企业所有权类型上，美国对西欧的直接投资一直以独资方式为主，合营企业方式为辅

1939 年美国 187 家跨国公司在西欧设立子公司 883 家，其中全部拥有的子公司 570 家，占 64. 6%，多数拥有和少数拥有的子公司分别为 154 家和 45 家，分别占 17. 4%和 5. 1%。1967 年，美国 187 家跨国公司在西欧的子公司数增加到 3401 家，其中，美国全部拥有的子公司 2 221 家，占 65. 3%，多数拥有和少数拥有的子公司分别为 651 家和 227 家，分别占 19. 1%和 6. 7%。在美国对欧洲经济共同体六国的直接投资中，所有权类型基本上与美国对整个西欧直接投资的所有权类型相同，1967 年，美国 187 家跨国公司在欧共体国家建立子公司 1 675 家，其中全部拥有的 1 025 家，多数拥有 351 家，少数拥有 137 家，分别占 61. 2%、21%和 8. 2%。① 70 年代以来美国对欧洲的直接投资方式尽管作了一些调整，适当提高了合营企业的比例，但独资方式仍居主导地位。

(二)在企业进入的方式上，美国对欧洲的直接投资方式经历了一个以新建企业方式为主转向以收购与兼并当地企业为主的过程

1946 年以前，美国对西欧的直接投资以新建方式为主，收购与兼并方式为辅。1946 年以前，美国 187 家跨国公司在西欧设立子公司 1 105 家，其中，采用收购与兼并方式建立的子公司只有 256 家，占 23. 2%。在 1946—1957 年间，设立子公司 693 家，其中收购与兼并 194 家，所占比重为 28. 0%。1958—1967 年间新增子公司 2 754 家，其中收购与兼并 1 193 家，所占比重提高到 43. 3%。② 80 年代以来，美国对西欧的直接投资愈来愈采取兼并的方式。据报道，仅

① 联合国秘书处经济社会事务部编:《世界发展中的多国公司》，商务印书馆 1975 年版，第 184 页。

② 联合国秘书处经济社会事务部编:《世界发展中的多国公司》，商务印书馆 1975 年版，第 216 页。

1989 年美国兼并西欧企业 185 起，成交额 138.03 亿欧洲货币单位，约合 157.5 亿美元。① 占当年美国对欧洲新增直接投资额的 79.5%，美国成为当年西欧企业最大的买主。

（三）美国对欧洲直接投资的资金来源特点

美国对欧洲国家直接投资的资金来源经历了一个以汇款投资为主转向以利润再投资为主的过程。70 年代中期以前，美国对西欧直接投资的资金来源一直以汇款投资为主，而利润再投资则处于相对次要的地位。1960 年，美国对西欧国家的汇款投资额为 16.94 亿美元，海外子公司利润再投资 12.66 亿美元，分别占当年投资增加额的 57.2%和 42.8%；到 1974 年这一比例略有变化，分别为 57.8%和 42.2%，依然是以汇款投资为主。70 年代中期以来，随着美国对外直接投资项目产生效益并取得丰厚利润，美国对欧洲直接投资的资金来源发生变化；汇款投资额增长缓慢，有些年份甚至出现负增长，所占比重不断下降，而海外子公司利润再投资增加迅速，所占比重节节上升（见表 4-9）。

表 4-9　美国对欧洲国家直接投资的资金来源结构（%）

年代	投资增加额	汇款投资	利润再投资	价值调整
1960 年	100.0	57.2	42.8	—
1974 年	100.0	57.8	42.2	—
1980 年	100.0	38.0	59.9	2.1
1985 年	100.0	0.1	99.4	0.5
1989 年	100.0	23.7	53.6	22.7

资料来源：美国商务部《现代商业概览》有关各期。

进入 80 年代以来，利润再投资逐渐取代汇款投资而成为美国对西欧直接投资的主要资金来源。到 1985 年，利润再投资占美国对欧

① ［英］《金融时报》1990 年 2 月 5 日。

洲国家直接投资增加额的99.4%，尽管1986年以后利润再投资所占比重有所下降，但仍占主导地位。

第三节　美国对加拿大的直接投资

加拿大是美国的近邻，也是吸收美国直接投资最多的国家。1989年底，美国在国外的直接投资累计额高达3734.36亿美元，是世界上最大的对外直接投资国。其中投在加拿大的就达668.56亿美元，比美国投在英国的直接投资多9.9%，比投在联邦德国的多1.9倍；比投在荷兰的多2.9倍；比投在法国的多3.5倍；比投在日本的多2.5倍；相当于美国在所有发展中国家直接投资总和的73.8%。① 本世纪以来，美国对加拿大的直接投资呈现出一些重要的特点和趋势。

一、美国对加拿大直接投资的增长速度及规模特点

(一)美国对加拿大直接投资增长的特点

美国对加拿大的直接投资，从增长速度看有以下几个明显的特点：

(1)第二次世界大战后美国对加拿大的直接投资增长速度大大快于战前。据统计，1914—1940年，美国对加拿大的直接投资累计余额年均增长率为4.8%，战后的1951—1989年年均递增7.8%。战后高于战前增长速度的三个百分点(详见表4-10)。

表4-10　美国对加拿大直接投资累计余额年均增长率(%)

年代	增长率	年代	增长率	年代	增长率
1914—1929年	8.2	1951—1960年	12.1	1981—1989年	4.6
1930—1940年	0.4	1961—1970年	7.4	1914—1940年	4.8
1941—1950年	5.5	1971—1980年	7.0	1951—1989年	7.8

资料来源：美国商务部：《现代商业概览》有关各期。

① 美国商务部：《现代商业概览》，1990年第8期，第64页。

(2)美国对加拿大的直接投资增长趋势不稳定，增长速度大起大落，尤其是进入 80 年代以来，增长速度大为放慢，其中 1982 年和 1984 年两次出现负增长。

(3)美国对加拿大的直接投资增长速度在 1950 年以前明显快于美国对欧洲的直接投资增长速度，但自 50 年代以来却大大低于美国对欧洲直接投资的增长速度。这种增长速度的差异反映出美国对外直接投资格局的变化。

(二)美国对加拿大直接投资的规模及其变化

美国对加拿大的直接投资规模在 1914—1989 年 75 年间扩大了 107.2 倍。1914 年，投资累计额为 6.18 亿美元，占美国对外直接投资额的 23.5%；经过第一次世界大战及战后 20 年代的快速发展，1929 年美国对加拿大直接投资累计额上升到 20.10 亿美元，所占比重上升至 26.7%；尤其是战后的 50 年代美国对加拿大的直接投资出现高潮，到 1960 年投资累计额为 111.79 亿美元，1970 年和 1980 年分别高达 227.9 亿美元和 446.4 亿美元。尽管 80 年代前半期停滞不前，但自 1986 年起美国对加拿大直接投资规模又不断扩大，1986—1989 年间，每年递增 49.4 亿美元。到 1989 年投资累计额为 668.56 亿美元，占美国对外直接投资总额的 17.9%。

(三)加拿大成为美国的第一大直接投资国的原因

加拿大成为美国的第一大直接投资国，这是由战后一系列内外因素所决定的：

1. 加拿大拥有美国跨国公司对外直接投资的各种区位优势

这些区位优势包括：

第一，加拿大拥有极丰富的自然资源。加拿大已经探明的许多矿产的蕴藏量，在资本主义世界都名列前茅。据统计，70 年代中期加拿大生产约 60 种矿产。按照 1977 年产值统计，主要矿产品依次如下：原油占其矿产总值的 27.1%，天然气占 19%，铁矿石占 7.5%，镍占 6.6%，铜占 6.6%，锌占 4.5%，煤占 3.7%，石棉占 3.1%，其他如黄金、白银、铂、钼、铀、石膏、硫磺等共占 21.9%。① 对此，

① 《1976—1977 年加拿大年鉴》，第 581 页。

美国无不垂涎三尺。因为廉价的原料不仅是保证高额垄断利润所必需，而且还是在残酷的国际竞争中确保自己击垮对手的至关重要的武器。正如列宁所说："当所有的原料来源都被霸占起来的时候，这种垄断组织就巩固无比了。"①

第二，加拿大南部与美国毗邻，地理上的接近，可使加拿大在战争期间成为美国最大的战略原料供应者，对美国具有十分重要的军事战略意义。战后美国继续实行国民经济军事化，发动了两次对外侵略战争(侵朝战争和侵越战争)，并进行大规模的战略物资囤储，从而增强了对加拿大资源开发型直接投资的必要性。

第三，工资的差异，电力供给价格的区别等条件，也是促进美国对加拿大直接投资规模不断扩大的重要原因。在历史上，加拿大工人的工资远低于美国，加拿大丰富的水电资源又使电力供应价格低廉，这些都直接影响了产品成本，预示着投资有着较高的利润。

第四，加拿大政府对外资实行的优惠政策。加拿大在相当长的时期中，认为本国资本积累不足，国内金融市场无力提供经济发展所需的庞大资金，而需要国外的补充来源。因此加拿大自 1867 年自治领成立之初起，为了吸引外资，就在税收等方面实施鼓励外资输入的政策与措施。这种政策，为外国资本输入大开了方便之门。第二次世界大战以后加拿大政府继续奉行这种"开门"政策，这对于美国跨国公司来说，更具有特殊重要的意义。战后以来，随着民族解放运动的蓬勃发展，亚非拉广大地区到处燃起了争取民族独立斗争的熊熊烈火，美国跨国公司在这些地区的投资安全面临着现实和潜在的巨大威胁。在这种情况下，从美国垄断资产阶级的观点看来，加拿大的"开放"政策对美国投资者所提供的"安全"保障，就更具有吸引力。正因为如此，长期以来，美国垄断资本把加拿大列为世界上少有的四个最优投资场所之一。②

---

①　《列宁选集》第 2 卷，人民出版社 1977 年版，第 802 页。

②　美国特拉华大学根据判断商业环境的 15 个指标，从 1971 年起每年编制"商业环境风险指数"，对各国按投资环境优劣进行分等。1977 年的指数，把加拿大划为最好的投资场所之一。(详见《加拿大金融时报》1977 年 3 月 28 日，第 11 页)

可见，由于在加拿大进行直接投资拥有上述各种区位优势，故战后美国资本比战前更加潮涌般流入加拿大，使投资规模不断扩大。

2. 美国跨国公司对加拿大市场的争夺和控制

加拿大按人口平均的国民生产总值和国民收入，在资本主义世界是较高的。目前加拿大是七个主要资本主义工业国之一。这表明加拿大是一个不小的商品销售市场。对加拿大市场的争夺，早在上个世纪下半叶就已经开始。加拿大本来是英国的殖民地，1867 年成为英国最早的自治领，但财政和经济仍依附英国，对外贸易也是面向英国的。英国则竭力保持在加拿大的影响，使其仍然作为既是自己的粮食和原料供应地，又是工业品的销售市场。由于资本主义政治经济发展不平衡规律的作用，上世纪末本世纪初经济实力得到迅速增强的美国，当然不甘心于英国对自己北方邻国市场的控制，所以千方百计地力图从加拿大市场上排挤英国，还不择手段打进英联邦各国市场，为此竭力向加拿大进行资本输出尤其是进行直接投资。

同时，加拿大自治领的关税保护制，也刺激了美国对加拿大的直接投资。加拿大自治领成立后不久，在“民族政策”的口号下，加拿大政府于 1879 年实行保护关税制，1897 年又开始实行对英帝国的优惠关税制。其目的，一方面是使加拿大资产阶级以英国资本为后盾，改善自己在国内外市场上同美国企业的竞争地位；另一方面是对美国施加压力，谋求在关税政策上获得美国的让步。这对美国实现贸易扩张计划无疑是一个障碍。为了突破这个障碍，美国跨国公司的重要办法之一就是对加拿大进行直接投资，收购当地企业，建立自己的分公司和子公司，就地生产，就地销售，以越过加拿大的关税壁垒，达到占领加拿大市场的目的。1870—1887 年在加拿大开业的 82 个美国公司中，大多数是在 1879 年后建立的，① 而 1930 年玻璃纸的进口税由 5%提高到 18%之后，英、美公司的子公司“加拿大工业公司”就在加

① 格雷：《外国在加拿大的直接投资》，1972 年版，第 37 页。

拿大建立了玻璃纸工厂，其原因都在于此。这种例子在美国到加拿大投资设厂史上是屡见不鲜的。美国三大汽车公司在加拿大投资设立子公司的情况，尤其典型。1947 年底，加拿大政府提高关税，导致从美国进口的汽车比上一年减少了 89%，而美国公司在加拿大子公司的汽车产量都比上年增加了 54%。正如加拿大银行杂志《洛伊德银行评论》指出的："新投资的一部分是取代进口的结果。"①美国经济学家特·荷列特也指出："加拿大的税率越高，美国出口的份额就越小，而它的分公司的产品在美国向加拿大市场销售总额中的份额就越大。"②

同时美国加紧在加拿大投资建立子公司，也是美国为了打进被帝国特惠制保护起来的英帝国各国市场的一种战略手段。加拿大早在 1897 年就给予英国商品进口以特惠待遇，随后又与许多英帝国成员国签订了优惠贸易协定。这些贸易优惠待遇，在 1932 年的渥太华帝国会议上又发展成为全面的"帝国特惠制"。按照这些特惠制度，英帝国成员国之间的贸易，或者免税，或者只征收远低于从非帝国成员国进口的关税。确立这个制度的实质是英国竭力阻挠非帝国成员国对帝国市场的扩张，其中主要是针对美国的。为了打破英国所设置的封锁，美国跨国公司便在适用帝国特惠制的加拿大广泛设立自己的子公司，不断扩大对加拿大的直接投资。据统计，187 家美国跨国公司 1946 年以前在加拿大设立子公司 537 家；到 1967 年，子公司的数目增加到 1590 家。美英对加拿大市场的争夺是促进美国对加拿大投资规模不断扩大的重要原因之一。

二、美国对加拿大直接投资的部门结构特点

美国对加拿大的直接投资部门结构，50 年代前后有着重大的差别。在 1929 年美国对加拿大直接投资的 20.10 亿美元中，制造业居

① ［苏］苏钦科：《战后美帝在加拿大的扩张》，1953 年，第 26 页。

② 转引自伯·伊·阿列欣：《在加拿大的美国资本的新阶段》，《美国：经济、政治与意识形态》1973 年 11 月 11 日。

首位，投资额为8.2亿美元，占美国对加拿大直接投资的40.8%；第二位的是交通、通讯和公共工程的投资，1929年达5.42亿美元，所占比重为27.0%；第三位是矿业石油业的投资，投资额4.55亿美元，占22.6%。三项投资额合计18.17亿美元，所占比重为90.4%。第二次世界大战前美国对加拿大直接投资部门结构形成的原因主要在于：(1)美国投资于加拿大制造业，可以绕过加拿大的关税壁垒，收入最有保障。(2)这一时期加拿大处于工业化的早期阶段，正如列宁所指出的："落后的国家已经卷入世界资本主义的流通范围，主要的铁路线已经建成或已经开始兴建；"使帝国主义列强"有输出资本的可能"。① (3)加拿大拥有丰富的自然资源，美国跨国公司为了在加拿大掠夺资源，开辟市场和进一步扩大投资，需要加拿大发展运河、港口特别是铁路交通等基础设施的建设。直到第二次世界大战后初期，美国对加拿大的直接投资的部门结构没有发生大的改变。

从50年代开始，美国对加拿大直接投资部门结构发生了巨大变化，其具体表现详见表4-11。

表4-11　美国对加拿大直接投资部门结构(%)

年代	石油	采矿业	制造业	贸易业	银行金融业	其他
1914年	4.0	25.7	35.8	4.4	—	28.9①
1929年	2.7	19.9	40.8	1.9	—	34.8①
1940年	5.7	8.9	44.9	5.3	12.5	22.7①
1950年	11.7	9.3	53.0	6.7	8.7	19.3①
1960年	23.8	11.9	43.2	5.6	—	15.5①
1970年	21.1	13.1	44.1	—		21.7②
1980年	23.7	6.7	42.1	8.7	13.7	5.1①

① 《列宁选集》第2卷，人民出版社1977年版，第783页。

续表

年代	石油	采矿业	制造业	贸易业	银行金融业	其他
1985 年	22. 2	—	46. 3	5. 3	13. 5	12. 7③
1989 年	16. 3	—	48. 4	5. 9	18. 9	10. 5③

注释：①包括铁路、公共工程和农业等。

②包括铁路、公共工程、农业和服务业等。

③包括铁路、公共工程、农业和采矿业等。

资料来源：美国商务部：《现代商业概览》有关各期。

由表 4-11 可见，美国对加拿大直接投资，50 年代以来呈现出以下几个明显特点：

（一）石油业的投资规模迅速扩大，所占比重急剧上升

第二次世界大战前，美国对加拿大的石油业投资不仅数额小，而且所占比重也很低。1940 年，美国对加拿大石油业直接投资额仅 1. 2 亿美元，所占比重为 5. 7%。战后以来随着加拿大石油矿藏不断被发现，美国对加拿大的石油业的直接投资迅猛增加。到 1980 年，美国对加拿大石油业直接投资累计额为 108 亿美元，所占比重高达 23. 7%。尽管 80 年代以来美国对加拿大直接投资大大放慢，但对石油业的直接投资都在波动中不断增长。到 1988 年，累计额为 117. 1 亿美元。与 1940 年相比，投资额增长了 96. 6 倍。

（二）战后美国对加拿大的采矿业直接投资经历了一个由增长到下降的发展过程

1950—1973 年间，美国对加拿大采矿业的直接投资增长迅速，由 3. 34 亿美元猛增长至 37. 35 亿美元，所占比重由 9. 3% 升到 13. 3%，提高了四个百分点。这一时期美国对加拿大采矿业直接投资急剧增加是由于美国实行对外侵略扩张，加紧扩军备战，并进行大规模的战略物资囤储。在这种情况下，美国垄断资本掠夺加拿大原料的活动空前加强。与此同时，加拿大战后在原料矿藏方面有一系列新的重大发现，导致了美国跨国公司蜂拥而至。战后 50—60 年代美国对

加拿大直接投资部门结构的这种变化，在很大程度上是美国原料掠夺政策的反映。1973年以后，随着美加经济矛盾的加深，尤其是在原材料、燃料方面矛盾的激化，美国对加拿大采矿业部门的直接投资不断减少，到1980年，美国对加拿大采矿业直接投资累计额降为29.97亿美元，比1973年减少了7.38亿美元，其比重降至6.7%。从1982年开始，在美国对外直接投资统计中，采矿业归并到了其他行业。

(三)服务业所占比重迅速提高，投资额急剧扩大

80年代以前，美国对加拿大服务业的直接投资已达相当规模。据统计，1979年，美国对加拿大服务业直接投资累计额94.31亿美元，所占比重为23.4%。80年代以来，美国对加拿大服务业的直接投资迅速增加，到1989年底，美国对加拿大服务业(批发贸易业、银行业、非银行金融、保险和不动产业、其他服务业)直接投资累计额179.27亿美元，所占比重上升到26.8%。

(四)制造业始终是美国对加拿大直接投资的主体，所占比重一般保持在2/5—1/2之间，1950年曾一度达到53%

1914—1989年，美国对加拿大制造业直接投资累计额由2.21亿美元增至323.33亿美元，累计增长了145.3倍。在对制造业的直接投资中，运输、化工、机械等行业增长速度快，所占比重高。到1989年底，美国对加拿大运输、化工、机械行业的直接投资额分别为76.73亿、65.80亿、33.16亿美元，分别占当年美国对加拿大制造业直接投资累计额的23.7%、20.4%和10.3%。

可见，在加拿大，美国的直接投资一直以制造业为主，所占比重在45%左右；对采掘业的直接投资(石油业、采矿业)所占比重在1960—1980年间长期保持在30%~35%之间，80年代以来所占比重逐渐下降，目前在20%左右；对服务业的直接投资所占比重逐步上升，目前已超过1/4，但大大低于美国对西欧国家服务业直接投资所占比重。这种投资部门结构明显地反映出美国对加拿大直接投资的双重目的：一是为了开发丰富的自然资源，稳定原料和燃料供应；二是利用美国的技术优势，通过专业化分工协作，降低生产成本，巩固在

加拿大的商品生产和销售市场。美国对加拿大直接投资所体现的国际分工既包括水平型的分工，也包括垂直型的分工。

三、美国对加拿大直接投资的方式及资金来源特点

（一）在企业所有权类型上，美国对加拿大直接投资一直以独资方式为主，所占比重高达 3/4 以上

据统计，美国 187 家跨国公司 1939 年在加拿大设立子公司 353 家，其中全部拥有的子公司 277 家，占 78.5%；多数拥有和少数拥有的子公司分别为 26 家和 6 家，分别占 7.4%和 1.7%。1967 年，美国 187 家跨国公司在加拿大的子公司数增加到 1048 家；其中，美国全部拥有的子公司 817 家，占 78.9%；多数拥有和少数拥有的子公司分别为 101 家和 44 家，分别占 9.6%和 4.2%。美国对加拿大直接投资的所有权结构与对其他发达国家相比，独资企业所占比重最高。1957 年，美国对加拿大直接投资中全部拥有的子公司占 79.7%；而在西欧、日本则分别占 66.1%和 38.3%,① 大大低于加拿大。这种所有权结构反映出美国对加拿大经济渗透和控制的强度。

（二）在企业进入方式上，由 50 年代以前的新建企业方式为主转向以收购和兼并当地企业为主

第二次世界大战前，美国对加拿大的直接投资以新建方式为主，收购与兼并方式所占比重较低。据统计，在 1946 年以前，美国 187 家跨国公司在加拿大设立子公司 537 家，其中采取收购与兼并方式建立的子公司只有 158 家，占 29.4%；在 1946—1957 年间，新设立子公司 414 家，其中收购与兼并 187 家，所占比重提高到 45.2%；1958—1967 年间新增子公司 639 家，其中收购与兼并 370 家，所占比重进一步提高到 57.9%。②

① 联合国秘书处经济社会事务部编：《世界发展中的多国公司》，商务印书馆 1975 年版，第 184 页。

② 联合国秘书处经济社会事务部编：《世界发展中的多国公司》，商务印书馆 1975 年版。

(三)美国对加拿大直接投资的资金来源特点

第二次世界大战前，美国对加拿大的直接投资，其资金来源主要是汇款投资。直到1970年，美国对加拿大的汇款投资仍占主导地位。随着美国对加拿大直接投资的迅速增加，尤其是在加直接投资利润的增加，美国对加拿大直接投资在资金来源上发生了显著变化(详见表4-12)。

表4-12　美国对加拿大直接投资的资金来源情况　单位：亿美元

年代	汇款投资	利润再投资	价值调整	投资增加额
1965年	9.62	5.40	-0.39	14.63
1970年	9.08	7.87	-0.32	16.63
1975年	4.19	21.73	0.08	26.60
1980年	3.70	34.90	5.37	43.97
1985年	-26.65	19.30	11.12	3.77
1989年	-24.48	38.00	28.94	42.47

资料来源：美国商务部《现代商业概览》有关各期。

(1)汇款投资额在美国对加拿大直接投资增加额中所占比重急剧下降，有些年份甚至出现负数。1970年，美国对加拿大的汇款投资占当年美国对加拿大直接投资增加额的54.6%；到1980年，汇款投资所占比重急剧降至8.4%；80年代以来的有些年份，美国不仅没有向加拿大进行汇款投资，而且从加拿大大量抽回投资。1982年、1985年和1989年，美国分别从加拿大抽回汇款投资额24.67亿、26.65亿和24.48亿美元。

(2)利润再投资日益成为美国对加拿大直接投资的主要来源并占主导地位。1970年，利润再投资占当年美国对加拿大直接投资增加额的47.3%；到1980年，该比重升至81.7%；到1984年继续升至92.5%。这表明80年代美国对加拿大直接投资的资金来源主要在于加拿大境内的美国跨国公司子公司的投资利润，而不是从美国国内大量汇出的汇款进行投资。

第四节 美国对日本的直接投资

美国对日本的直接投资早在第二次世界大战前就已经存在，如美国的国际商业机器公司(IBM)和通用汽车公司(CM)等跨国公司在日本就有直接投资。① 1929年美国在亚洲的直接投资累计额为3.945亿美元，其中对日本直接投资为6 070万美元，占15.4%。在对日本的直接投资中，制造业居首位，为4 032万美元；销售业投资1 061万美元，居第二位；石油业投资808万美元，居第三位；其他投资170万美元。② 30年代资本主义大危机和萧条使得美国对日本直接投资锐减。到1940年，美国对日本的直接投资累计额降至3 767万美元。1941年太平洋战争爆发，美日交战以及战后美国对日本的军事占领，整个40年代美国对日本的直接投资不仅没有增加，反而不断下降，到1950年进一步降至1 900万美元。

第二次世界大战后，美国依仗其在第二次世界大战中获得的军事、政治、经济上的优势地位，把对外进行直接投资就作为其对外扩张的重要手段。几十年来，美国对日本的直接投资与战前相比，有着明显的不同。

一、美国对日本直接投资的增长速度与规模特点

(一)美国对日本直接投资的增长速度在美国对发达资本主义国家直接投资中名列前茅，但增长速度有递减趋势

美国对日本的直接投资在1929年达到战前投资的顶峰以后，30

---

① [美]托马斯·K. 姆克劳主编:《美国和日本》，哈佛商学院出版社1986年英文版，第119页。

② 《美国对外直接投资的估计》(1929—1943年和1947年)，阿尔诺出版社1976年英文版，第26-27页。

年代和40年代持续下降；自50年代开始，随着日本经济的迅速恢复并进入高速发展阶段，美国对日本的直接投资出现高潮，增长速度居美国对发达资本主义国家投资之冠，高达29.6%(见表4-13)。尽管60年代以来，平均增长速度逐步下降，但仍高于对其他发达国家直接投资的增长速度。80年代上半期，在美国对外直接投资徘徊不前的情况下，美国对日本直接投资仍保持了年平均递增8.1%的速度。80年代中期以来，美国对日本的直接投资增长速度又进一步加快。1986年和1987年分别比上年增长22.6%和36.7%。1988年和1989年又出现下降趋势，分别比上年增长14.3%和7.9%。

表4-13　美国对日本直接投资累计余额年均增长率(%)

年代	增长率	年代	增长率
1929—1940年	-4.2	1970—1980年	15.5
1940—1950年	-11.0	1980—1985年	8.1
1950—1960年	29.6	1985—1988年	22.2
1960—1970年	19.3	1951—1989年	19.4

资料来源：美国商务部《现代商业概览》有关各期。

(二)美国对日本直接投资规模扩展迅速，所占比重迅速上升

如前所述，60年代以前，美国对日本的直接投资是微不足道的。到1960年也只不过2.54亿美元，仅占美国对外直接投资的0.8%。60年代以后，美国对日本的投资规模急剧扩大，并呈倍增趋势。1961—1970年间增加了4.84倍，1971—1980年增加了3.23倍，1981—1989年增加了2.08倍。由于投资规模的不断扩大，日本在美国对外直接投资中的地位日益提高，1970年，日本在美国对外直接投资中的比重为1.9%，1980年进一步升至2.9%，到1989年迅速升至5.2%。

(三)50年代以来美国迅速增加对日本的直接投资的主要原因

1. 获取高额垄断利润的需要

50年代以来，美国对日本的直接投资，不论是利润率还是利润量，都保持在较高的水平上；尤其是1985年以来，美国从对日本的直接投资中赚得了可观的利润，利润率达到了相当高的水平。据统计，1985—1989年，美国从对日本的直接投资中赚得的利润依次是16.17亿、33.87亿、38.73亿、32.70亿和26.29亿美元，年度利润率分别为17.5%、29.5%、26.4%、19.4%和13.6%，① 大大高于美国在国内的投资利润率。这是美国加快对日本直接投资的根本原因。

2. 抢占日本市场的需要

60年代以来，美日贸易摩擦不断激化，日本对美国加强商品攻势的同时，对美国向日本出口的产品实行种种限制。为了缓和贸易摩擦，美国的重要手段之一就是加强对日本的直接投资，以利于在日本就地生产，就地销售。一方面可以充分发挥美国跨国公司的垄断优势；另一方面可以绕过日本的贸易壁垒，占领日本市场。

3. 日本投资环境良好，投资安全系数高

这具体表现在：第一，日本政局长期以来相对比较稳定，法律制度比较完备；第二，日本经济体制，经济发展水平，科技力量，消费习惯以及市场模式与美国比较接近；第三，日本投资市场容量较大，可以吸收大量的投资，加之日本也需要引进美国的资金尤其是技术，以利于取长补短；第四，日本既是跨国公司的母国，又是接受外资东道国，对跨国公司的政策比较一致，对美国的投资有保证措施，且基础设施发达，因而投资安全系数高。

4. 美国全球战略的需要

50年代以来，美国从争霸全球的战略出发，在加强对西欧发达国家直接投资的同时，也加快了对日本的直接投资。其政治目的在于加强与其他资本主义发达国家协调和联合，尤其是加强美日政治—军

① 根据美国商务部：《现代商业概览》有关资料计算。

事关系，以便从东西两面钳制苏联，并加强美国在发达资本主义国家中的领导地位。

二、美国对日本直接投资的部门结构特点及形成原因

(一)美国对日直接投资的部门结构特点

战后以来，美国对日本直接投资的部门特征是：以制造业为主体，比重相对稳定；石油业次之，所占比重逐步下降；贸易业所占比重逐渐上升，目前已与石油业并驾齐驱；金融服务业比重上升较快，成为美国对日本直接投资日益重要的部门(详情见表 4-14)。

表 4-14　80 年代美国对日本直接投资的部门结构(%)

年代	总额	石油	制造业	贸易	金融	其他
1980 年	100.0	25.0	47.7	18.0	3.0	6.3
1982 年	100.0	24.7	50.0	16.4	3.7	D
1985 年	100.0	23.6	49.7	17.1	7.5	2.0
1986 年	100.0	23.1	46.8	20.0	7.8	2.3
1987 年	100.0	18.1	48.6	20.1	10.2	3.0
1988 年	100.0	20.6	46.7	20.6	9.1	3.1
1989 年	100.0	16.5	51.5	17.5	11.3	3.2

注释：D 为表示因商业秘密而未公布的数字。

资料来源：美国商务部：《现代商业概览》有关各期。

(二)形成美国对日本直接投资部门结构特点的主要原因

1. 美国跨国公司在制造业和石油业方面，拥有较大的垄断优势

这种垄断优势一般分为两种：一种是包括生产技术、管理与组织技能及销售技能等一切无形资产在内的知识资产优势；另一种是由于企业生产规模经济优势。美国的跨国公司一般都规模巨大，在石油、汽车、化工、医药和办公机器等行业拥有较大的垄断优势。如到 1989 年

底，美国投在日本制造业和石油业的直接投资累计额占美国对日本直接投资累计额的68.0%，其中投在制造业的直接投资为99.59亿美元，所占比重为51.5%。美国对日本制造业和石油业直接投资，可以更好地利用和发挥它的垄断优势，获取巨大的经济利益。据统计，仅1984—1989年，美国从对日本直接投资中获得的利润就高达155.05亿美元。①

2. 美国对日本的直接投资是一种防御性的投资

战后以来国际经济发展中的一个显著特点是垄断组织对市场的争夺已在更大程度上从贸易领域转向直接投资领域。对外直接投资，使得垄断组织之间的垄断竞争更为激烈。美国对日本进行直接投资，其重要的目的之一就是防止当地厂商仿制新产品，夺走美国已占据的市场。因此，美国对日本投资的重点集中于石油化工、耐用消费品、化工、机器、运输设备、科学仪器制造等美国拥有垄断优势的行业，美国与日本企业之间实行的是一种水平型的国际分工，通过专业化生产，降低生产成本，获取经济效益，保证市场份额。

3. 与日本争夺国际金融市场的需要

随着日本经济的迅速发展，日本经济国际化趋势日益加强，金融业日趋发达，在国际金融业中的地位日益提高，尤其是80年代以来，日本作为一个金融大国的地位日益巩固，银行金融业日益国际化。美国的跨国银行为了同日本的跨国银行争夺市场，加强竞争实力，纷纷在日本设立据点，因而扩大了对日本银行、金融和保险业的直接投资。且以美国对日本非银行金融保险业的直接投资为例，1980年其累计额仅为1.91亿美元，占美国对日本直接投资的3.0%；到1989年，投资累计额增加到19.81亿美元，所占比重猛升至10.2%。

4. 随着对日投资的增加和美日贸易的发展，争夺对日批发贸易市场成为必然

随着美国对日本制造业和石油业投资的发展，尤其是美日之间贸

① 见掘文：《论80年代以来美日间相互直接投资发展的不平衡及其趋势》，载《经济评论》1991年第2期，第36页。

易的发展，带动了美国对日本批发贸易业的投资。80 年代以来，美国对日本批发贸易业的直接投资占美国对日本直接投资的 1/7 以上。

三、美国对日本直接投资的方式及其资金来源特点

(一)在企业所有权类型上，战前以独资方式为主变为以合营方式为主

战前的 1939 年，美国 187 家跨国公司在日本设立子公司 11 家，其中全部拥有股权的子公司 6 家，占 54. 5%，多数拥有和少数拥有股权的子公司分别为 2 家，各占 18. 2%。到 1967 年，美国在日本设立子公司 233 家，其中全部拥有股权子公司 72 家，占 30. 9%，多数拥有和少数拥有股权子公司分别为 71 家和 65 家，所占比重分别为 30. 5%、27. 9%。① 在美国对所有发达资本主义国家直接投资中，对日本投资采取独资方式所占的比重是最低的。这是美国对日本直接投资的一个显著特点。

(二)在企业进入方式上，经历了一个以收购与兼并当地企业为主转向收购与兼并和新建企业两者并重的过程

70 年代美国对日本的直接投资以参与日本企业的股份，收购与兼并当地企业为主。80 年代以来，在美国的对日直接投资中，新建企业的比重提高。据统计，80 年代以来美国在日本的新建企业以每年 200 家的速度发展，从而形成了新建企业和收购与兼并当地企业并重的局面。美国对日本直接投资方式的变化，反映出美国 80 年代对日本投资的战略是稳扎稳打，步步为营。

(三)美国对日本直接投资的资金来源特点

80 年代以前，美国对日本直接投资中，汇款投资和利润再投资基本上各占一半，有些年份利润再投资所占比重大一些，并出现抽回汇款投资的现象。80 年代以来，美国对日本直接投资的资金来源出

① 联合国秘书处经济社会事务部编：《世界发展中的多国公司》，商务印书馆 1975 年版，第 184 页。

现新的特征，即利润再投资成为美国对日本投资的主要资金来源，所占比重高达80%以上，对外股权投资和公司体系内部资金流出净额增长很少，某些年份甚至出现负增长。

1983年，美国对日本直接投资增加额10.5亿美元，其中汇款投资2.44亿美元，利润再投资8.06亿美元，分别占23.2%和76.8%。1986年，美国对日本直接投资增加额19.82亿美元，其中，利润再投资为22.54亿美元，汇款投资为负2.72亿美元。在汇款投资中，股权投资为负1.49亿美元，公司体系内部资金流动为负1.23亿美元。到1988年，在美国对日本直接投资增加额19.76亿美元中，子公司利润再投资为18.18亿美元，占92.0%，汇款投资为1.58亿美元，仅占8.0%。美国对日本直接投资的资金来源结构，是与美国跨国公司80年代以来整个对外直接投资越来越依赖于利润再投资的情况相一致的，它反映出美国作为一个老牌的、成熟的对外直接投资大国的典型特征。长期以来，美国在对外直接投资中获得了丰厚的利润，大量利润的获得为美国跨国公司积累了巨额的资本。同时，受80年代美国里根政府推行的一系列经济政策如用高利率以吸引外资、推行税制改革使海外投资课税偏重等的影响，从而使得海外子公司的利润再投资愈益成为美国对外直接投资的主要资金来源。①

第五节　美国对澳大利亚、新西兰和南非的直接投资

美国早在战前就已对澳大利亚、新西兰和南非进行直接投资。据统计，1929年，美国对澳、新的直接投资累计额为1.49亿美元。其中，石油业投资6886万美元，占46.2%；制造业投资4982万美元，占33.4%；销售业投资2201万美元，占14.8%；其他部门投资847

① 见拙文:《论80年代以来美日间相互直接投资发展的不平衡及其趋势》，载《美加经济研究》1990年第4期，第9页。

万美元，占 5. 7%。美国早期对澳大利亚、新西兰进行直接投资，其重要原因在于通过直接投资绕过英帝国自治领所设置的促进本国制造业发展的关税壁垒，此外，其他因素还包括有共同语言(英语)，拥有商品市场和丰富的石油和天然气等。

30 年代初的资本主义大危机和萧条影响了美国对大洋洲这两个国家的直接投资。到 1940 年，美国对这两国直接投资累计额降至 1. 2 亿美元，投资的部门结构发生了较大变化，制造业所占比重上升，石油业所占比重下降。在对大洋洲的直接投资中，主要投向了澳大利亚。

第二次世界大战后，随着国际经济政治形势的变化，美国出于全球战略的考虑，在加强对其他发达资本主义国家直接投资的同时，不断加强对澳、新和南非的直接投资，并表现出一些与在其他发达国家和地区不同的特点。

一、美国对澳大利亚、新西兰和南非的直接投资增加速度和规模的特点

在增长速度方面，从总体上看，美国对澳大利亚、新西兰和南非的直接投资战后大大快于战前，战后 50—60 年代大大快于 70—80 年代，80 年代后半期大大快于 80 年代前半期。在上述三国中，又各具有明显不同的特点(详情见表 4-15)。其中美国对澳大利亚的直接投资增长速度最快，1951—1988 年年均递增 11. 6%；美国对新西兰的直接投资增长速度次之，年平均递增 9. 7%；美国对南非的直接投资增长较慢，年平均增长 6. 0%。

表 4-15　美国对澳大利亚、新西兰、南非的直接投资增长速度(%)

国别 年代	澳大利亚	新西兰	南非	三国总额
1930—1940 年	—	—	-3. 0	-2. 8
1941—1950 年	8. 5	1. 3	9. 8	8. 2
1951—1960 年	15. 6	7. 8	7. 4	12. 6
1961—1973 年	13. 7	14. 6	11. 9	13. 3

续表

年代＼国别	澳大利亚	新西兰	南非	三国总额
1974—1980年	7.7	9.2	9.4	8.1
1981—1985年	2.2	-0.5	-13.0	-0.7
1985—1988年	15.7	13.5	3.3	14.3
1951—1988年	11.6	9.7	6.0	10.3

资料来源：美国商务部：《现代商业概览》有关各期。

在投资规模方面，战前美国对澳大利亚、新西兰、南非的直接投资累计额1929年达到最高水平。30年代，受资本主义世界经济危机的影响，投资累计额不断减少，到1940年，仅有1.66亿美元。第二次世界大战以后，美国对上述三国的投资规模逐步扩大(详情见表4-16)。

表4-16　美国对澳大利亚、新西兰、南非的直接投资规模

单位：亿美元

年代	总额	澳大利亚	新西兰	南非
1929年	2.26	1.49①		0.77
1940年	1.66	0.89	0.22	0.55
1950年	3.66	2.01	0.25	1.40
1960年	11.95	8.56	0.53	2.86
1973年	60.79	45.26	3.13	12.40
1980年	104.84	75.84	5.79	23.21
1985年	101.46	84.27	5.65	11.54
1989年	163.77	144.95	11.67	7.14

注释：①包括新西兰。

资料来源：美国商务部：《现代商业概览》有关各期。

由表 4-16 可见，美国对上述三国的直接投资总额自 50 年代以来不断扩大。在 50 年代，美国对三国直接投资每年增加 8 300 万美元；1960—1973 年，美国的投资额不断增加，年平均递增 3.75 亿美元；1973—1980 年间，年平均递增 6.3 亿美元；1980—1985 年，由于上述三国投资环境的恶化以及美国国内经济因素的影响，美国对上述三国的直接投资不仅没有增加，反而不断下降。自 1986 年开始，美国对上述三国的投资规模再度扩大，到 1989 年，美国对澳大利亚、新西兰、南非三国的直接投资总额高达 163.77 亿美元，与 1950 年相比，增加了 43.7 倍。

在美国对上述三国的直接投资中，澳大利亚占着绝对的优势地位。1950 年美国对澳大利亚直接投资累计额占三国直接投资额的 54.9%，1980 年上升到 72.3%，1989 年进一步上升至 88.5%。新西兰所占比重不大，且变动幅度也不大，1950 年所占比重为 6.8%，1989 年上升为 7.1%。南非在三国投资中的比重变化最大，1950 年，美国对南非的直接投资累计额占三国直接投资额的 38.3%，到 1989 年该比重猛烈降至 4.4%。

二、美国对澳大利亚、新西兰、南非三国直接投资的部门结构

从上面的分析可以看出，美国对上述三国的直接投资绝大部分投向了澳大利亚。重点分析一下澳大利亚的投资部门结构是很在必要的。战后以来，美国对澳大利亚直接投资的部门分布发生了显著变化。50 年代至 60 年代初期，澳大利亚实行全面的进口替代工业化战略和政策，制造业在严格保护下比较有利可图，也取得了较大发展。这一时期美国对澳大利亚的直接投资绝大部分涌向了制造业部门，其比重占当时美国对澳大利亚直接投资的一半以上。美国资本投向采矿业和石油业的数额不大。60 年代中期以后，随着澳大利亚出现第一次矿业景气，矿业、采掘业和石油勘探成为投资热点，美国资本也乘机大量涌入这些部门。据统计，1980 年，美国

投向澳大利亚采矿业和石油业的投资累计额为25.16亿美元，占美国对澳大利亚直接投资额的1/3。而制造业所占比重则急剧下降，1982年占38.4%。与此同时，美国对澳大利亚服务业的直接投资迅速发展，所占比重不断提高，到1988年，美国对澳大利亚石油业投资所占比重接近1/4，而制造业所占比重进一步降至1/3，服务业所占比重升至1/4。美国对新西兰的直接投资部门结构的变化与澳大利亚相似。

美国对南非直接投资的部门结构有着自己的特点。美国的直接投资主要投向了制造业和采掘业部门。在1980年的投资累计余额23.21亿美元中，制造业占46.3%，矿业占6.8%，其他主要投向了石油业和贸易业。美国在南非直接投资主要是通过跨国公司进行的。如美国资本通过英美公司和狄龙—里德公司从事矿产开采活动，到80年代初，是美国对南非直接投资最多的时期。据统计，美国约有350家公司在南非投资，其中50%的投资是由通用汽车公司、飞马石油公司、德士古石油公司和福特汽车公司四家公司所掌握。在美国最大的50家大公司中，有29家在南非活动。

三、美国对澳大利亚、新西兰、南非直接投资的方式和资金来源特点

（一）在所有权类型上，美国对南半球（澳大利亚、新西兰、南非、罗得西亚）的直接投资始终以全部拥有子公司股权为主，但所占比重逐步下降

1939年美国187家跨国公司在南半球建立子公司120家，其中全部拥有股权的子公司100家，占83.3%；多数拥有的子公司12家，占10%；少数拥有的子公司5家，占4.2%。经过近30年的发展，到1967年，美国187家跨国公司在上述国家建立子公司648家，其中全部拥有股权的子公司460家，占71.0%，尽管所占比重下降，但仍居主导地位；多数拥有的子公司113家，占17.4%；少数拥有的37

家，占5.7%。① 70年代以来，这一总的趋势并未改变。

（二）在企业进入方式上，经历了一个以新建企业方式为主转变为以兼并方式为主的过程

1946年以前，美国187家跨国公司在南半球发达国家建立子公司152家，其中采取兼并方式建立的子公司30家，仅占19.7%，到1958—1967年间，美国建立子公司511家，其中采取兼并方式建立的子公司240家，占47.0%。70年代以来，随着发达国家之间企业兼并浪潮的兴起，美国对南半球发达国家直接投资，也转变为以兼并与收购当地企业为主。

（三）美国对澳大利亚、新西兰、南非直接投资的资金来源由70年代以前以汇款投资为主转向以利润再投资为主

70年代以前，美国对澳、新、南非的直接投资的资金来源主要是汇款投资（股权投资和跨国公司内部的资金流动），一般占投资资金来源的60%以上（见表4-17）。70年代以来，随着美国在对外直接

表4-17　美国对澳大利亚、新西兰、南非直接投资的资金来源（%）

年代	汇款投资	利润再投资	价值调整	投资增加额
1965年	64.1	35.9	—	100
1970年	61.0	39.0	—	100
1975年	31.6	65.1	—	100
1980年	-4.0	104.0	—	100
1985年	D	D	—	D
1989年	-22.8	122.8	—	100

注释：D表示增加额为负数。

资料来源：美国商务部：《现代商业概览》，有关各期。

① 联合国秘书处经济社会事务部编：《世界发展中的多国公司》，商务印书馆1975年版，第184页。

投资中获得的巨额利润，因而在对外直接投资中，汇款投资在资金来源中的比重日益下降，而利润再投资日益成为美国对外直接投资的主要资金来源。80 年代以来，美国为了适应新的经济区域化、集团化趋势的发展，日益重视和加强对欧洲、加拿大和日本的直接投资，而不断减少和大量抽回在上述三国，尤其是在南非的汇款投资，因而在 1980 年、1985 年、1988 年三年，美国对上述三国的汇款投资增加额均为负数，而利润再投资却保持了较大幅度的增长。1987 年，美国对上述三国利润再投资为 10. 81 亿美元，到 1988 年增加到 17. 19 亿美元。

第五章 美国对发展中国家和地区的直接投资

第一节 美国对发展中国家和地区直接投资的发展与变迁

美国对发展中国家的对外直接投资自 19 世纪后期就已经开始，1900 年以来有了较快的增长。到 1914 年，美国对拉丁美洲、亚洲、非洲国家的直接投资累计余额已达 14.14 亿美元，占美国当年对外直接投资累计额的 53.7%。

第一次世界大战的爆发和随后 20 年代世界经济的相对稳定增长，美国利用其他主要资本主义国家在大战中受挫，经济急需恢复的有利时机，加快了对亚、非、拉的直接投资。到 1929 年，美国对亚、非、拉三大洲的直接投资累计额已达 38.21 亿美元。

30 年代的大危机和萧条使美国对外直接投资锐减。为了应付经济危机，美国纷纷从国外抽回资金，尤其是从拉丁美洲抽回资金。到 1940 年，美国对亚非拉投资总额下降至 32.31 亿美元，其中对拉丁美洲的投资由 1929 年的 35.19 亿美元降至 27.71 亿美元，降幅达 21.3%。

第二次世界大战的全面爆发和美国在战争中大发战争横财，使美国的经济、政治、军事实力迅速膨胀，为战后美国加强对发展中国家的经济扩张奠定了基础。1950 年，美国对亚非拉的直接投资已上升到 55.74 亿美元，占美国整个对外直接投资的 47.3%。下面，我们将分析自 50 年代以来美国对发展中国家的直接投资所具有的一些新的特色和趋势。

一、关于美国对发展中国家直接投资的增长速度与规模

(一)直接投资增长速度上的特点

1. 战后的增长速度明显快于战前，并且高出一倍以上

1914—1940年，美国对发展中国家直接投资累计额年均递增仅3.2%，而1951—1989年则年均递增7.4%。这表明战后美国对发展中国家经济扩张与渗透的步伐大大加快。

2. 战后50—60年代，美国对发展中国家直接投资的增长速度明显低于对发达国家直接投资的增长速度

1951—1970年，美国对发达资本主义国家直接投资增长速度年均为11.7%，而对发展中国家直接投资增长速度则为6.4%。这意味着美国对外投资的地区重点受投资区位优势的制约而日益转向发达国家。

3. 战后70年代和80年代后半期美国对发展中国家直接投资出现两次高潮，年均增长速度分别为10.7%和13.6%

前一次高潮的出现是由于70年代美国经济陷入滞胀，产生大量过剩资本，急于在国外寻找出路；加之两次石油价格暴涨，美国急于扩大在发展中国家的直接投资，尤其是石油业投资，以稳定石油供应来源。后一次高潮是由于国际经济日益朝区域集团化发展，美国为了与日本、西欧争夺国际市场，进而加快了对发展中国家的直接投资。当然，美国对发展中国家扩大直接投资，其根本目的在于榨取发展中国家的高额利润，因为在发展中国家投资的利润率大大高于在发达资本主义国家的投资利润率。

4. 增长速度不稳定

1981—1985年，美国对发展中国家直接投资累计额年均递增仅0.4%，大大低于70年代和80年代后半期的增长速度。究其原因主要有两方面：一是美国里根政府推行的经济政策，大幅度提高利率以吸引外资，美国国内投资环境改善，资本输出动力减弱；二是80年代上半期发展中国家由于债务危机深重，国际收支失衡，经济增长率

下降乃至很多国家出现负增长，投资环境日益恶化所造成。

(二)美国对发展中国家直接投资的规模不断扩大，但在美国对外直接投资中的地位却逐渐下降

从总体上看，美国对发展中国家直接投资规模的扩大还是相当迅速的。1914—1989年，美国对发展中国家直接投资累计总额扩大了63倍，从14.14亿美元增加到905.52亿美元；但是，发展中国家在美国对外直接投资中的地位却逐渐下降。50年代以前，发展中国家占一半左右；到60年代，其比重降至1/3；70年代继续降至1/4；自此以后进一步降至1/4以下，如1987年，发展中国家占美国对外直接投资的比重为22.9%。战后以来，发展中国家在美国对外直接投资中所占地位的下降，是由一系列原因促成的：

(1)发展中国家吸收外资的容量有限。尽管美国在发展中国家直接投资的利润率高于对发达资本主义国家直接投资的利润率，但发展中国家受经济发展水平、市场容量、产业结构和居民消费结构等诸多因素的制约，不可能吸收那么多的外国直接投资。

(2)在战后新的科技革命的推动下，一系列新兴材料和替代原料的出现，使发展中国家作为原料供应基地在美国对外投资中的重要性大大下降，因而美国相对减少了对发展中国家的投资。

(3)发展中国家投资环境(经济、政治、法律、社会、文化环境)不如发达资本主义国家好，投资风险较大。

(4)发达资本主义国家在资本主义经济政治发展不平衡规律的作用下，随着70年代美国、西欧、日本三足鼎立局面的基本形成，相互之间的经济贸易摩擦日益激化，从而导致了美国、西欧、日本相互间直接投资的迅速发展，以便就地生产，就地销售，以占领对方销售市场和投资市场，因而对发展中国家直接投资的兴趣下降。

二、美国对发展中国家直接投资的地区配置特点

美国对发展中国家直接投资的地区配置战后以来发生了显著变化(详情见表5-1)。这种变化是与美国在发展中国家直接投资的区位优势变化密切相联的。

表 5-1　美国对发展中国家直接投资的地区配置(%)

年代	总额	拉美	非洲①	亚太②
1914 年	100.0	89.5	0.9	9.5
1929 年	100.0	90.6	0.7	8.9
1940 年	100.0	85.8	1.8	11.9
1950 年	100.0	79.7	2.6	17.9
1960 年	100.0	75.6	5.8	18.6
1971 年	100.0	67.6	12.3	20.1
1980 年	100.0	72.7	7.1	20.2
1985 年	100.0	53.6	8.5	37.9
1989 年	100.0	67.8	4.8	27.5

注释：①不包括南非。

②不包括日本。

资料来源：美国商务部：《现代商业概览》有关各期。

(一)拉丁美洲始终是美国对发展中国家直接投资的重点地区，但所占比重不断下降

第二次世界大战前，美国对发展中国家直接投资累计额的 35%以上投向了拉丁美洲地区。这种区域配置是与美国当时的对外经济扩张战略相适应的。当时，美国对外直接投资的绝大部分均投向了美国的邻近地区加拿大和拉美。这一方面是由于美国的对外经济扩张处在初期阶段，有一个由近及远的过程；另一方面是由于拉美国家独立较早，经济发展已有一定基础，存在着相对较好的投资区位优势。第二次世界大战后，尽管美国对拉美国家的直接投资累计额不断增长，但在美国对发展中国家的直接投资中的比重却不断下降。到 1985 年，其所占比重降至 53.6%，与 1950 年相比，下降了 26.1 个百分点。造成 80 年代上半期美国对拉美直接投资的急剧减少和所占比重的下降，一是由于美国 80 年代推行全球性投资战略，使美国对发展中国家的直接投资在地区分布上呈现分散化趋势；二是由于 80 年代以来拉美

国家债务危机沉重，经济增长率普遍下降并出现负增长，投资环境恶化所致。

(二)亚太地区(包括中东)在美国对发展中国家直接投资中所占比重迅速上升，并日益成为美国对外直接投资的“热点”

第二次世界大战以前，美国对亚太发展中国家的直接投资占美国对发展中国家直接投资累计额的1/10左右。战后以来，所占比重不断提高，1950年超过了1/6，1971年超过了1/5，到1985年该比重持续提高到37.9%；以后所占比重有所下降，便仍保持在30%左右。

(三)非洲地区在美国对发展中国家直接投资中所占比重经历了一个由升到降的过程

1914—1940年间，美国对非洲的直接投资微不足道。这一方面是由于非洲历来是欧洲发达国家的殖民地和附属国，美国势力难以插足；另一方面非洲对美国投资者来说，区位优势不够。自50年代中期苏伊士运河危机开始，美国利用欧洲国家与非洲国家的各种矛盾，乘机向非洲大举经济扩张，对非洲的直接投资不断增加，非洲在美国对发展中国家直接投资中的比重迅速上升。1950年，该项比重为2.6%，到1971年，它提高到12.3%。70年代后，随着非洲国家推行国有化计划，对外资企业没收和国有化，加之非洲经济发展状况恶化，美国对该地区直接投资的增长速度大大放慢，所占比重不断下降；到1989年，该比重降至4.8%，与1971年相比，下降了7.5个百分点。

三、美国对发展中国家直接投资的部门结构特点

美国对发展中国家直接投资部门结构的变化与美国对发达国家直接投资部门的变化相比，具有明显不同的特征。这种特征是与美国跨国公司拥有的垄断优势不同相联系的。

(一)制造业在美国对发展中国家直接投资中所占比重急剧提高，目前已稳居第一位

在第二次世界大战前，美国对发展中国家制造业的直接投资很少，所占比重极低，但增长速度较为迅速。1914年，美国对发展中国家制造业直接投资累计额仅为4700万美元，占当年美国对发展中

国家直接投资的3.3%(详见表5-2)；到1940年，投资额增加至2.68亿美元，所占比重相应提高到8.3%。1940年与1914年相比，投资额增加了4.7倍，所占比重提高了1.5倍。

表5-2　美国对发展中国家直接投资的部门结构(%)

年代	总额	采矿	石油	制造业	贸易	银行	金融	服务	其他
1914年	100.0	39.3	12.6	3.3	3.7	—	—	—	41.1
1929年	100.0	20.5	19.9	7.2	4.1	—	—	—	48.3
1940年	100.0	16.8	24.9	8.3	4.7	—	—	—	45.3
1957年	100.0	12.7	44.0	15.2	6.6	0.5	1.3	—	19.7
1973年	100.0	9.0	33.4	31.0	8.0	—	9.1	—	9.4
1979年	100.0	3.9	13.7	34.0	10.3	6.8	24.9	—	6.4
1985年	100.0	—	31.9	36.5	11.0	13.8	-2.8	2.2	7.4
1989年	100.0	—	16.8	32.3	7.7	10.8	25.5	2.0	4.8

资料来源：美国商务部：《现代商业概览》有关各期。

第二次世界大战以后，随着科学技术的进步，国际经济联系的加强，美国对发展中国家制造业的直接投资急剧增加，所占比重迅速提高。1957—1989年间，美国对发展中国家制造业直接投资累计额由15.34亿美元增加到292.35亿美元，计增加了18.05倍；对制造业直接投资占美国对发展中国家直接投资比重由15.2%上升到32.3%，计提高了17.1个百分点，目前是美国对发展中国家直接投资的最大部门。

(二)采矿业、石油业这些初级产品生产部门在美国对发展中国家直接投资中的地位逐步下降

1914—1973年间，美国对发展中国家的直接投资的40%~60%投向了采矿业和石油业部门。70年代中期以来，美国对发展中国家初级产品生产部门的直接投资在发展中国家直接投资中的比重不断下降。到1989年，占1/7左右。

在美国对发展中国家初级产品部门的直接投资中，采矿业和石油业又呈现出不同的特点：

在采矿业方面，第一次世界大战前夕，美国对发展中国家采矿业直接投资累计额占美国对发展中国家直接投资额的 39.3%，为美国对发展中国家直接投资的第一大部门。第一次世界大战后，美国对发展中国家采矿业直接投资所占比重急剧下降，到 1940 年降至 16.8%；第二次世界大战以来，美国对发展中国家采矿业直接投资停滞不前，所占比重急剧下降，到 1979 年仅占 3.9%

在石油业方面，情形则与采矿业完全不同。第一次世界大战以前由于发展中国家蕴藏的丰富石油资源未被发现，石油在现代经济发展中的重要作用未被充分认识，美国对发展中国家石油业直接投资累计额仅 1.78 亿美元，占美国对发展中国家直接投资的 12.6%。以后随着发展中国家油田的不断被发现，美国加强了对发展中国家石油资源的掠夺，美国对发展中国家石油业的直接投资迅速增加，所占比重不断提高。1940 年，该比重接近 1/4，1957 年迅速上升至 44.0%，在 1958—1973 年第一次石油危机以前，石油业在美国对发展中国家直接投资中所占比重有所下降，但仍居第一大行业地位，占美国对发展中国家直接投资的 1/3。1973 年石油危机的爆发，尤其是一些发展中国家团结起来，以石油为武器，狠狠打击了美国石油垄断资本，夺回了一部分石油的生产和定价权，因而使得美国对发展中国家的石油投资一度处于徘徊或停滞状态，所占比重急剧下降，到 1979 年降至 13.7%。但自 80 年代中期起，美国又加强了对发展中国家的石油业投资。到 1989 年底，美国对发展中国家石油业直接投资累计额 151.79 亿美元，占美国对发展中国家直接投资的 16.8%，仅次于制造业、非银行金融保险业居第三位。

（三）美国对发展中国家铁路、公共工程、农业等部门的直接投资在美国对发展中国家直接投资中的比重急剧下降，而对发展中国家服务业（贸易、银行、金融保险等）的直接投资不断增加，所占比重节节上升

在美国对发展中国家进行直接投资的初期，美国对发展中国家的

铁路、交通设施、公共工程、农业等部门的投资所占比重较大。1914年美国在发展中国家的铁路、公共工程和农业的直接投资累计额为5.55亿美元，占美国对发展中国家直接投资额的39.3%。以后随着美国对发展中国家其他部门直接投资的迅速增加，对上述部门直接投资所占比重不断下降。到1973年，美国投向运输、通讯和公共工程的直接投资累计额仅为6.5亿美元，占美国对发展中国家直接投资总额的2.6%。

与此同时，美国对发展中国家服务业的直接投资额不断增加，所占比重迅速提高。1973年，美国对发展中国家服务行业的直接投资所占比重为17.1%(贸易为8.0%，非银行金融保险为9.1%)。80年代以来，随着美国第三产业的迅速发展，美国跨国公司和跨国银行实力迅速增强，美国对发展中国家的服务业投资急剧增加，到1989年累计余额达417.69亿美元，占美国对发展中国家直接投资总额的46.1%。其中，贸易业70.10亿美元，占7.7%；银行业98.03亿美元，占10.8%；非银行金融、保险、不动产231.18亿美元，占25.5%；服务业18.38亿美元，占2.0%。

美国对发展中国家直接投资结构的变化，反映着美国与发展中国家之间国际分工类型的变化与发展。第二次世界大战前，美国与发展中国家之间的分工主要是工业国与农业、矿产国之间的分工，这是一种典型的垂直型分工。战后以来，这种垂直型分工仍然在美国与发展中国家的分工中占主导地位，但内容已发生很大变化。其表现是美国与发展中国家的分工是一种技术、知识、资本密集型与劳动密集型产业之间的分工。美国对发展中国家直接投资结构的变化反映了美国对发展中国家直接投资类型的多样化和与发展中国家进行国际分工的多层次化。

四、美国对发展中国家的直接投资方式及其特点

(一)在企业所有权类型上，以独资方式为主，其他多种方式为辅

第一次世界大战以来，美国对发展中国家的直接投资，一般采取独资企业的方式，其他投资方式(合资经营、非股权安排)很少。60

年代以来，随着国际经济政治形势的发展变化和美国跨国公司同发展中国家经济政治矛盾的不断加深，美国对发展中国家资本投入方式作了适当调整，并有目的地发展了一些风险小和有利可图的合资企业。

根据哈佛大学商学院跨国企业数据库资料，1975 年，美国制造业跨国公司在发展中国家子公司的参股类型中，独资占 55%，多数股合资占 18%，对等股合资占 8%，少数股合资占 19%。到 1985 年，上述数字变为 62%、15%、5%和 18%。

美国制造业跨国公司在发展中国家直接投资方式中，合资企业发展速度低于独资企业。独资企业颇受青睐主要出于以下几方面的原因：

(1)受美国制造业跨国公司全球一体化战略的制约。因为跨国公司全球一体化战略目标增加了跨国公司与东道国之间发生利益冲突的可能性，使合资企业经营的代价大于独资，结果使得跨国公司往往偏向于独资经营。

(2)从跨国公司的经营与发展战略来看，高技术水平往往也决定了母公司对其子公司全股控制的要求。根据当代西方国际直接投资理论，跨国公司因拥有某些特别优势，如高技术，若这一有利条件与不完全市场相结合，就会导致跨国公司倾向于通过其内部组织(如纵向合并或横向合并)而非(外部)市场来调整经济活动。这样，彻底控制(即独资)就有利于使高技术在经济活动中得到更有效的利用。

(3)从发展中国家本身来看，80 年代初，由于许多国家经济条件恶化，国际收支出现逆差，债台高筑。它们希望通过引进外国直接投资改善经济状况。70 年代初在发展中国家的采掘业中盛行“国有化”，而 80 年代初在许多发展中国家出现了“私有化”运动，同时对外国资本的参股限制也有松动，加上制造业本身的独资倾向，从而使美国制造业跨国公司对发展中国家子公司的投资自 80 年代以来趋于提高独资经营的比例。

美国制造业跨国公司在发展中国家的参股类型因地区不同而有所不同。据哈佛大学商学院跨国企业数据库的资料，美国制造业跨国公司在发展中国家的参股格局是：1975 年，拉丁美洲子公司中 60%为独资经营，40%为合资经营；亚洲子公司中48%为独资经营，52%为合资经营；非洲(不包括北非)子公司中55%为独资经营，45%为合资经营；中东和北非地区的子公司中28%为独资经营，72%为合资经营(但非洲、中东和北非地区子公司的绝对数很小)。到1985年，上述各项数据分别变为：拉丁美洲为70%与30%，亚洲为54%与46%，非洲为50%与50%，中东和北非为19%与81%。

从上面的统计资料可以看出，美国制造业跨国公司在各地区的参股格局差异较大。其中一个显著特点是：拉丁美洲子公司中独资经营比例既高于所有发展中国家的平均数，又高于其他任何地区。这种差异的产生，除了跨国公司本身的需要以外，东道国的政策及其措施以及偏好对跨国公司在子公司参股类型的决定作用也很重要。据联合国跨国公司中心报告断言，目前在大多数发展中国家仍有对外国子公司的股权规定，而加强当地的所有权仍是发展中国家的一个主要目标。联合国跨国公司中心曾按东道国的所有权政策将发展中国家分为三类：第一类是对外国股权无限制；第二类是对外国股权进入时限制或逐步回收；第三类是对外国股权强制性全部或部分回收。从美国制造业跨国公司在发展中国家子公司的参股情况看，1985年，在第三类国家中的独资经营企业占33%，合资企业占67%；在第二类国家中独资经营企业占64%，合资企业占36%；而在第一类国家中独资经营企业占71%，合资企业占29%。这足以说明，东道国政策是决定跨国公司投资方式的一个至关重要的因素。而在对跨国公司投资方式无限制的发展中国家里，母公司对投资方式的选择则主要取决于子公司的成本效益。

美国制造业跨国公司对发展中国家投资方式因行业不同而存在较大差异。据美国“福布斯”工业年报提供的资料，1985年，美国制造业按13个行业细分后表明它们在发展中国家的子公司的参股格局明显不同。在属于高技术密集型的电子计算机、电子和仪表三个行业里，母公司对子公司的参股比例最高，独资经营的比例分别为86%、89%和86%。而在属于营销技术或广告密集型的制药、食品、建筑材料和家用产品四个行业中，母公司对子公司的参股比例次之，因为大量的广告支出安排通常要求从跨国公司的总体战略出发，这就增加了母公司对其子公司进行全股(即完全)控制的迫切性。因此，在这四个行业里，独资经营比例也分别高达78%、71%、71%和66%。另外，服装、化工、纸品、电子设备、机械和汽车等6个行业的比例分别为50%、53%、28%、64%、64%和51%。值得指出的是，汽车制造业因是由零配件生产和装配厂等部门共同构成的，其中各零配件厂往往属于不同的制造业，因此，汽车行业51%的独资企业比例很可能是偏低的。

(二)在企业进入方式上，以新建企业方式为主，兼并与收购方式为辅

1946年以前，美国187家跨国公司在发展中国家设立子公司611家，其中兼并企业127家，占20.8%；1946—1957年间新增加子公司911家，其中兼并企业180家，占19.8%；1958—1967年间新增子公司1800家，其中兼并企业586家，占32.6%。这表明，美国对发展中国家直接投资中，兼并方式所占比重有所上升，但新建方式仍居主导地位。这是与美国对发达资本主义国家直接投资方式不同的一个显著特点。

五、美国对发展中国家直接投资的资金来源特点

与美国整个对外直接投资的资金来源特点一样，美国对发展中国家直接投资的资金来源也经历了由汇款投资为主转向以利润再投资为主的过程(详见表5-3)。

表5-3　美国对发展中国家直接投资的资金来源

年代	汇款投资		利润再投资		价值调整		年投资增加额	
	投资额(亿美元)	百分比(%)	投资额(亿美元)	百分比(%)	投资额(亿美元)	百分比(%)	投资额(亿美元)	百分比(%)
1967年	7.57	71.3	2.97	28.0	0.08	0.8	10.62	100.0
1970年	9.84	68.7	6.01	41.9	-1.52	-10.6	14.33	100.0

续表

年代	汇款投资		利润再投资		价值调整		年投资增加额	
	投资额（亿美元）	百分比（%）	投资额（亿美元）	百分比（%）	投资额（亿美元）	百分比（%）	投资额（亿美元）	百分比（%）
1973 年	9.21	38.3	15.68	65.3	−1.06	−4.4	24.03	100.0
1979 年	27.45	39.5	41.49	6.00	0.46	0.7	69.41	100.0
1985 年	14.23	42.0	23.76	70.2	−4.13	−12.2	33.86	100.0
1988 年	24.04	39.0	47.94	77.8	−10.37	−16.8	61.61	100.0

资料来源：美国商务部：《现代商业概览》有关各期。

由表5-3可见，70年代以前，美国对发展中国家的直接投资主要以汇款投资为主，即美国采取股权投资和公司之间资金流出的形式投资，一般占资金流出的60%以上。如50年代中期美国跨国公司海外分公司、子公司在发展中国家和地区的投资费用的50%以上是由公司的汇款支付的，30%左右是分公司、子公司的利润再投资，其余部分由分公司、子公司在当地自筹资金或向银行贷款。70年代以来，总的趋势是汇款投资所占比重逐步下降并退居次要地位，尤其是股权投资形式的资金流出更少，而利润再投资占美国直接投资资金来源中的比重日益提高并占据主导地位。1988年，在美国对发展中国家直接投资增加额61.61亿美元中，股权投资减少了31.94亿美元，公司之间资金流出55.98亿美元，而利润再投资高达47.94亿美元，占当年新增投资额的77.8%。

第二节　美国对拉丁美洲地区的直接投资

拉丁美洲是美国的近邻。早在19世纪初，拉丁美洲的许多国家先后摆脱了欧洲殖民者的统治，获得了政治上的独立。独立以后，欧洲发达国家，尤其是英国对拉美这块开放的新世界趋之若鹜，外资纷纷涌入。后起的美国也觊觎拉美，对欧洲列强在拉美的经济扩张极为不满。1823 年，美国发表“门罗宣言”，企图抵制欧洲势力对拉美的扩张，但是它的经济和军事实力尚小，不足以与欧洲列强匹敌。在 19 世纪 90 年代以前，美国的海外投资微不足道，在拉美的投资只限于对墨西哥的金矿和铁路部门以及在其他一些拉美国家的次要投资。

直到 1890 年，随着美国工业经济的迅猛发展，美国才开始更多地寻求向其邻近拉美进行商品输出和资本输出。1898 年的美西战争，是美国开始大规模向外进行扩张的开端。美西战争以后，美国占领了古巴，大大扩张了其在加勒比海地区和墨西哥的势力。因此美国对拉美的直接投资日益增加，由 1897 年的 3.08 亿美元迅速增至 1914 年的 12.81 亿美元。第一次世界大战期间，美国资本利用欧洲国家卷入战争，无暇西顾之机，向拉美大力进行经济扩张。到 1919 年底，美国对拉美的直接投资累计余额达 19.88 亿美元，1924 年更高达 38.19 亿美元。30 年代大危机使美国对拉美的直接投资急剧下降，到 1940 年降至 27.71 亿美元。

第二次世界大战期间，美国利用大战之机进一步排挤欧洲大国在拉美的势力，以实现对拉美的全面控制，把拉美当作自己的“后院”。战后初期，美国成为拉美最大的直接投资者。战后 40 多年来，在拉美的外国直接投资中，美国一直占优势地位。1950 年，美国对拉美的直接投资占其对外直接投资总额的 38.8%，居第一位。50 年代以后，由于美国加强了对加拿大和西欧发达资本主义国家的直接投资，拉美在美国对外直接投资中所占比重不断下降。1954 年，美国对加拿大的直接投资超过拉美而居首位，拉美屈居第二位。到 1963 年，美国对欧洲的直接投资额超过拉美居第二位，拉美居第三位。60 年代以前，拉美占美国对外直接投资的 30%左右；60 年代中期以后，所占比重急剧下降；进入 80 年代，由于美国国内的投资利润率提高和拉美经济状况恶化，美国向拉美输出资本的动力减弱，有的跨国公司撤回了它们在拉美的直接投资。因此，美国对拉美的直接投资额占其对外直接投资总额的比重进一步下降，1980 年为 17.9%，1988 年为 13.7%。

一、美国对拉美直接投资增长速度和规模的特点

(一)美国对拉丁美洲直接投资增长速度极不稳定，呈波浪式发展状态

综观70多年来美国对拉美的直接投资增长速度，其特点有三：第一，美国对拉美直接投资第二次世界大战以前出现一次高潮，战后出现两次高潮，但几次高潮的原因显著不同。1914—1924年的投资高潮是由于大战的有利时机和战后美国利用其他大国经济被削弱而进行的扩张。1971—1980年的第二次高潮则是美国经济陷入严重滞胀，大量资本过剩，进行产业结构调整而形成的。而80年代后期美国对拉美投资的迅速增长是与美国这一时期对外直接投资增长速度加速相联系的。第二，战前战后美国对拉美直接投资各出现一次低潮，1925—1940年的投资低潮是由于30年代资本主义经济大危机造成的，而80年代前半期的投资低潮主要是由于拉美投资环境恶化所致。第三，战后美国对拉美直接投资增长速度快于战前，据统计，1915—1940年，美国对拉美直接投资年递增3.1%，而在1951—1989年则年递增7.0%(详见表5-4)。这是与美国整个对外直接投资增长速度变化相吻合的。

表5-4　美国对拉美直接投资增长率(%)

年代	增长率	年代	增长率	年代	增长率
1915—1924年	11.6	1951—1960年	5.3	1981—1985年	-6.2
1925—1940年	-2.0	1961—1970年	5.1	1986—1989年	21.8
1941—1950年	4.9	1971—1980年	12.1	1951—1989年	7.0

资料来源：美国商务部：《现代商业概览》有关各期。

(二)美国对拉美直接投资规模的变化以及拉美在美国对发展中国家直接投资中的地位

美国对拉美的直接投资，在其规模扩大上，第一次世界大战前后

是惊人的。1889—1924 年的 27 年间，美国对拉美直接投资规模扩大了 11.4 倍，大大快于战后 1951—1989 年的增长速度（详见表 5-5）。从战后美国对拉美直接投资的存量看，1950—1989 年间增长了 12.8 倍。从流量上看，除 80 年代前半期以外，美国每年对拉美的直接投资增加额均不断扩大。1950—1960 年，美国对拉美直接投资年平均增加额为 3.04 亿美元，1960—1970 年为 4.77 亿美元，1970—1980 年为 26.02 亿美元。尽管 1980—1985 年间美国自拉美大量抽回投资，但自 1986 年开始又急剧增加了对拉美的直接投资。1986—1989 年，美国平均每年增加对拉美直接投资额 83.66 亿美元。

表 5-5　美国对拉美直接投资累计额　　单位：亿美元

年代	投资额	年代	投资额
1897 年	3.08	1960 年	74.81
1914 年	12.81	1970 年	122.52
1924 年	38.19	1980 年	382.75
1940 年	27.71	1985 年	279.01
1950 年	44.45	1989 年	613.64

资料来源：美国商务部：《现代商业概览》有关各期等。

由于大量美国直接投资涌入拉美，拉美在美国对发展中国家直接投资中占有举足轻重的地位。截至 1989 年底，美国对发展中国家的直接投资中，有 67.8%投到了拉丁美洲。

战后以来，大量美国直接投资涌向拉美，其主要原因如下：

1. 拉美历来被美国视为其“战略后方”

尽管中美和加勒比地区的局势 80 年代以来比较动荡，但就整个拉美地区而言，尚比其他发展中国家和地区稳定。美国为巩固其“战略后方”在政治上和经济上的稳定，保持其传统的经济利益与影响，抵制苏联和西欧国家势力的渗透与扩张，需要大力加强对拉美的资本输出。

2. 美国在拉美具有传统影响与联系，其他外部势力一时难以与其抗衡

美国资本在拉美活动比在其他发展中国家活动享有更优越的条件。因此，战后以来，美国跨国公司海外企业的很大比重集中在拉美。据统计，1950 年，美国跨国公司有 2061 家子公司在拉美，占美国跨国公司在世界的子公司的 27.8%，高于美国跨国公司在欧洲的子公司(1698 家)和在加拿大的子公司(1961 家)。到 1966 年，美国跨国公司在拉美的子公司数迅速增加到 5436 家，占美国跨国公司在全世界子公司的 23.3%，低于欧洲(6373 家)，仍高于加拿大(4360 家)。60 年代末，拉美国家兴起的国有化运动及其相应政策的实施使美国跨国公司首当其冲地受到打击，导致拉美在美国对发展中国家直接投资的比重有所下降，但仍保持其在拉美的优势地位。1972 年，美国跨国公司在拉美的子公司仍有 5337 家。1975 年，在拉美 19 个主要国家中，美国跨国公司的投资占外国跨国公司投资总额的 50% 以上的有 17 国。它们是：墨西哥、阿根廷、巴西、玻利维亚、哥伦比亚、厄瓜多尔、秘鲁、乌拉圭、巴拉圭、危地马拉、洪都拉斯、萨尔瓦多、尼加拉瓜、哥斯达黎加、海地、巴拿马和多米尼加共和国。1980 年，美国跨国公司在拉美的子公司增至 7216 家。美国跨国公司资本雄厚，技术先进，业务多样，方式灵活，成为美国输出资本，争夺市场，控制资源，牟取利润的重要工具。美国跨国公司在拉美的广泛活动促进了对拉美直接投资的发展。

3. 拉美拥有美国对外直接投资的区位优势

具体表现在：(1)拉美国家对美国的直接投资一贯采取开放政策。本世纪 30 年代以前，外国在拉美的投资几乎不受任何限制，30 年代以后，一些拉美国家开始实行外汇管制和进口许可证等措施，对外资进行了一些限制，但实际作用不大，外资仍然在拉美通行无阻，即使是一些经济民族主义色彩浓厚的经济思潮也都主张吸收外资。例如拉美经委会的“发展主义思潮”强调利用外资，认为特别在经济发展的开始阶段，外资可以弥补国内储蓄不足，刺激经济迅速发展。到 1970 年底，安第斯条约组织通过了《对待外资、商标、专利、许可证

和租让费共同条例》，对外资制订了较严格的政策，后来墨西哥、阿根廷、圭亚那等其他一些拉美国家也仿效安第斯条约组织的措施，对外资实行了一些限制，但是对外资实行开放的态度并未改变。而且1974—1975年资本主义经济危机以后，拉美国家包括安第斯各国在内又普遍放宽了对外资的政策，因此，美国对拉美的直接投资在70年代出现高潮。据统计，1957—1959年美国对拉美共增加直接投资15.89亿美元，1967—1969年共增加直接投资22.87亿美元，1977—1979年则增加直接投资129亿美元，1987—1989年增加直接投资266亿美元。(2)拉美自然资源丰富，市场广阔，工业化程度一般高于其他发展中国家和地区，劳动力工资低廉，在能源等基础设施、技术和管理条件等方面有利于外资投入，战后以来成为跨国公司特别是美国跨国公司投资和活动的重要地区。

此外，美国1945年提出的号称所谓“美洲经济宪章”的“克莱顿计划”，规定美国同拉美经济关系遵循所谓“自由贸易、自由投资和自由企业”的原则，以扫除拉美各国的经济保护措施，更便于美国对拉美的资本扩展。1949年，美国总统杜鲁门进一步以“援助落后地区开发经济”为名，鼓励美国私人资本向拉美进行直接投资。

二、美国对拉美地区直接投资的国家分布特点

美国对拉美的直接投资，在地区与国别分布上，呈现出两个突出的特点(详见表5-6)。

表5-6　美国对拉美直接投资国家分布(%)

年代	1897年	1914年	1929年	1940年	1950年	1959年	1980年	1985年	1989年
总额	100	100	100	100	100	100	100	100	100
中美	88.0	74.8	56.0	44.0	33.5	30.6	26.6	34.2	25.9
古巴[①]	15.9	21.9	26.1	20.2	14.0	11.6	—	—	—
墨西哥	64.9	45.8	19.4	12.9	9.3	9.2	15.5	18.0	11.5

续表

年代	1897年	1914年	1929年	1940年	1950年	1959年	1980年	1985年	1989年
巴拿马	—	—	0.8	1.3	1.3	4.0	8.3	14.0	12.9
南美	12.0	25.2	44.0	56.0	66.5	69.4	41.3	62.4	38.4
阿根廷	—	—	9.4	14.0	8.0	4.4	6.4	9.6	4.3
巴西	—	—	5.5	8.7	14.5	10.2	19.7	31.5	23.9
智利	—	—	12.0	14.9	12.1	8.9	0.8	0.3	1.7
哥伦比亚	—	—	3.5	4.0	4.3	4.9	2.5	7.6	3.1
厄瓜多尔	—	—	0.3	0.2	0.3	0.6	0.8	1.3	0.6
秘鲁	—	—	3.5	3.0	3.3	5.2	4.4	4.4	1.5
委内瑞拉	—	—	6.6	9.5	22.3	34.2	5.0	5.6	2.5

注释：①古巴 1897 年、1914 年包括西印度群岛的投资额。

资料来源：美国商务部：《现代商业概览》有关各期等。

(一)从地区分布看，由以中美洲为主，南美洲为辅的格局转向以南美为主，中美和其他西半球国家为辅的投资格局

第一次世界大战前，美国对拉美的直接投资 75%投向了与美国毗邻的中美洲地区，而对南美的直接投资只占对拉美直接投资的 1/4。一战后，美国拼命排挤英国在南美的势力，迅速增大对南美的直接投资。但到 1929 年，美国对南美的直接投资(占 44%)仍少于对中美的直接投资(56%)。直到太平洋战争爆发前的 1940 年，由于美国在 30 年代从中美大量抽回投资，使得美国在南美的直接投资超过对中美的直接投资。第二次世界大战以来，美国对中美洲的投资所占比重不断下降，目前占美国对拉美直接投资的 1/4。与此同时，美国对南美地区的直接投资则稳步增长，所占比重不断提高，50 年代末高达 69.4%。进入 60 年代以来，随着美国全球投资战略的推行，美国对拉丁美洲其他西半球国家的直接投资也迅速扩大。1973 年，美国

对西半球其他国家直接投资累计额为 29.57 亿美元，到 1989 年高达 219.28 亿美元；在美国对拉美和其他西半球国家直接投资的比重由 1973 年的 17.9%上升到 1989 年的 35.7%。

(二)从国家分布看，美国对拉美的直接投资高度集中于少数经济发展水平高、工业基础设施完善，市场容量大，自然条件优越，物产资源丰富的国家，且国家投资重点也在发生不断变化

第一次世界大战前，美国对拉美的直接投资高度集中于中美洲的墨西哥和古巴。其中墨西哥始终占据首位。第一次世界大战后至 1929 年，墨西哥在美国对拉美直接投资中的比重急剧下降，古巴则不断上升并占据首位；与此同时，美国对南美的阿根廷和智利的直接投资迅速增加，到 1929 年，美国对古巴、智利、阿根廷、墨西哥四国的直接投资占美国对拉美直接投资总额的 62.0%。

第二次世界大战前后，由于委内瑞拉油田的发现和开采，使美国对委内瑞拉直接投资迅速膨胀。从 40 年代末到 70 年代初委内瑞拉占居美国对拉美直接投资的首位。自 70 年代中期开始，委内瑞拉推行的石油国有化运动使美国在委内瑞拉的直接投资锐减。从那时起，巴西取代委内瑞拉成为美国在拉美的最大直接投资国。1985 年所占比重高达 31.5%。目前，美国的直接投资主要集中投向了巴西、墨西哥、巴拿马三国。1989 年三国在美国对拉美直接投资的比重为 48.4%。

值得指出的是，70 年代以来，美国对百慕大的直接投资迅猛增长，所占比重急剧提高。1973 年，美国对百慕大直接投资累计余额为 5.04 亿美元，1980 年升至 108.74 亿美元，1989 年进一步升至 178.49 亿美元，所占比重高达 29.1%，成为美国在其他西半球国家中投资最多的一个地区。究其原因，主要是因为百慕大作为境外金融中心，吸引了大量美国的非银行金融、保险等行业的直接投资。

三、美国对拉美直接投资的部门结构特点

几十年来，美国对拉美直接投资的部门结构发生了显著变化，呈现出如下四个方面的特点(详见表 5-7)。

表 5-7　美国对拉美直接投资的部门结构(%)

年代	总额	采矿	石油	制造业	贸易	银行	金融[①]	服务	其他
1879 年	100. 0	25. 6	1. 6	1. 0	6. 5	—	—	—	65. 3
1914 年	100. 0	42. 8	8. 6	2. 9	4. 4	—	—	—	41. 3
1924 年	100. 0	25. 4	20. 0	4. 5	3. 4	—	—	—	46. 7
1940 年	100. 0	18. 5	20. 6	7. 6	3. 0	—	—	—	50. 3
1950 年	100. 0	14. 1	27. 7	17. 5	5. 4	—	1. 6	—	33. 7
1960 年	100. 0	15. 2	36. 6	20. 1	9. 0	—	—	—	19. 1
1973 年	100. 0	10. 2	18. 5	39. 2	9. 5	—	12. 8	—	9. 8
1980 年	100. 0	3. 7	11. 3	37. 9	10. 0	6. 5	25. 3	—	5. 2
1985 年	100. 0	—	18. 0	52. 9	10. 2	19. 2	-10. 4	1. 8	8. 3
1989 年	100. 0	—	8. 2	34. 7	5. 3	12. 1	32. 4	2. 4	4. 9

注释：①这里指非银行金融、保险和不动产业部门。

资料来源：美国商务部：《现代商业概览》有关各期等。

(一)美国对拉美采矿业、石油业等初级产品生产部门的直接投资所占比重变化显著

第一次世界大战前夕，美国对拉美的直接投资有 50%投向了采矿业和石油业部门，其中采矿业所占比重高达 42. 8%。第一次世界大战至第二次世界大战后的 60 年代，美国对上述部门的投资所占比重仍保持在 40%~52%之间。所不同的是，美国对石油业的直接投资不断增加，所占比重迅速提高，由 1924 年的 8. 6%猛升至 1960 年的 36. 6%；而对采矿业的直接投资增长缓慢，所占比重急剧下降，由 1924 年的 42. 8%降至 1960 年的 15. 2%。自 60 年代以来，美国对上述两部门的直接投资明显放慢，有时投资额绝对减少，因而导致了美国对石油业、采矿业的直接投资在美国对拉美直接投资总额中的比重不断下降，到 1989 年，石油业仅占 8. 2%，美国统计对外投资时将采矿业合并到其他行业。

(二)美国对拉美制造业的直接投资发展迅速，所占比重节节上升

第二次世界大战前，美国对拉美的直接投资主要投向了农业、矿业、石油等初级产品生产部门和铁路、交通、公共设施等基础设施部门，对制造业直接投资数额很少，且所占比重相当低，1940 年，美国对拉美制造业直接投资仅为 2.1 亿美元，所占比重为 7.6%。这表明第二次世界大战以前美国与拉美国家在生产领域的国际分工是一种典型的“垂直型”国际分工。这是国际直接投资早期模式的一个显著特点。战后以来，尤其是 60 年代以来，随着科技革命的蓬勃展开，发达国家产业结构的不断调整，美国对拉丁美洲制造业的直接投资不断增加，所占比重持续提高。到 1985 年，美国对拉美制造业直接投资额猛增至 147.6 亿美元，所占比重高达 52.9%。1986 年后，尽管制造业所占比重呈不断下降趋势，但直接投资累计额仍不断增加。1989 年美国对拉美制造业直接投资累计额增至 212.85 亿美元，所占比重为 34.7%。

战后美国不断扩大对拉美制造业的直接投资，是由多种因素促成的。从拉美国家来说，战后以来，它们为了改变殖民时代遗留下来的单一经济结构，先后采取了进口替代的经济发展战略。在推行进口替代战略的过程中，拉美国家采取各种政策措施，鼓励外资投入到对民族经济发展有利的制造业部门。如能替代进口的中间产品、资本货物和高档消费品生产部门，以及能增加出口和对发展国民经济有重大作用的石油、钢铁和化工等部门。从美国方面看，60 年代末 70 年代初，美国经济出现结构性危机，陷入滞胀，美元危机不断爆发，加上 1973 年和 1978 年底两次石油危机的冲击，美国爆发了战后最严重的两次经济危机，使许多传统工业部门陷入困境。对此，美国采取措施调整产业结构，把那些能源消耗大，污染严重，国际竞争力不强的劳动密集型和资本密集型产业(通常称之为“夕阳产业”)转移到拉美，以牟取高利。这就导致了美国对拉美制造业部门直接投资的迅速增长。

(三)以金融业为主体的服务业 80 年代以来获得迅猛发展，所占比重急剧提高，并日益成为美国对拉美直接投资的主体行业

70 年代中期以前，美国对拉美金融业直接投资较少，所占比重

也不高，如1973年，美国对拉美金融保险业的直接投资累计额为21.08亿美元，所占比重为12.8%。到1989年，美国对拉美银行业、非银行金融保险、不动产业、贸易业、服务业的直接投资累计额高达320.29亿美元，占美国对拉美直接投资的52.2%。80年代以来美国对拉美以金融业为主体的服务业大量投资，其主要原因是由于80年代财富和国际贸易日益向少数发达国家集中，世界市场"饱和"和贸易经济萎缩，再加上发达资本主义国家贸易保护主义的加强，以及采取了促进出口、减少赤字的政策，直接影响了美国对拉美出口导向的制造业部门的直接投资，在这种情况下，美国的过剩资本大量涌向了拉美的高技术产业、银行、金融保险业，以赚取高额利润。

(四)美国对拉美直接投资的部门结构因国别不同存在重大差异

1988年，美国对拉美直接投资累计额492.83亿美元。其中，石油业49.74亿美元，主要投向巴拿马(14.19亿)、委内瑞拉(6.34亿)、阿根廷(4.05亿)、哥伦比亚(3.99亿)、秘鲁(3.48亿)、巴西(2.44亿)。上述6国所占比重为石油业直接投资的69.3%；制造业178.5亿美元，绝大部分集中于巴西(90.04亿)、墨西哥(45.86亿)、阿根廷(12.15亿)和委内瑞拉(11.41亿美元)四国，共占制造业直接投资的89.3%；金融业(银行业、非银行金融保险业、不动产业)的直接投资为265.9亿美元(在荷属安的列斯群岛金融业的直接投资除外)，高度集中于西半球的百慕大(129.65亿)、中美洲的巴拿马(34.38亿)和南美的巴西(19.33亿)。这三国(地区)占金融业直接投资的92.7%。

出现这种投资部门的区域倾斜，主要是由于战后以来，随着生产力特别是技术革命的蓬勃发展，美国的工业生产结构发生了很大变化。石油化工、电子和原子能等新兴工业部门不断涌现，机器设备等生产部门迅速发展。工业生产结构变化引起了对外直接投资结构的相应变化，即由过去的以石油、采矿业投资为主转向制造业为主，金融业和石油业为辅的多元结构发展。随着对外直接投资环境的技术经济要求的提高，美国资本不仅要求有廉价而又熟练的劳动力，而且要有一个稳定的政治经济环境，有较好的工业基础和交通运输设备以及广阔的国内市场和便于建立出口导向工业的地区。因此，70年代以来，美国对拉美的直接投资越来越集中于少数新兴工业化国家，投资区位和部门出现明显倾斜。

由于各个国家的具体条件不同，美国对其直接投资的部门结构明显不同。在墨西哥、巴西、阿根廷和委内瑞拉，美国的直接投资重点投向了制造业。1988年，制造业所占比重分别为83.1%、76.2%、50.8%和50.2%(详情见表5-8)。在厄瓜多尔、秘鲁、委内瑞拉和巴拿马，石油业的直接投资占有较大比重。1988年，上述四国石油业直接投资所占比重分别为42.2%、32.7%、27.9%和23.1%。在其他西半球国家，巴拿马和智利，美国的投资重点放在了非银行金融、银行业。1988年，美国对其他西半球国家的银行业和非银行金融业直接投资占整个直接投资的84.3%，巴拿马所占比重为56.0%，智利所占比重为63.9%。

表5-8　美国对拉美不同国家的直接投资部门结构(%)

国别	总额	石油	制造业	贸易	银行	金融	服务	其他
阿根廷	100.0	16.9	50.8	4.1	15.8	7.4	2.7	2.2
巴西	100.0	2.1	76.2	0.5	5.6	10.8	4.0	0.9
智利	100.0	9.7	12.3	4.4	33.8	30.1	4.7	16.0
哥伦比亚	100.0	16.4	29.2	D	0.3	D	0.1	D
厄瓜多尔	100.0	42.2	34.4	9.2	0.7	D	D	D
秘鲁	100.0	32.7	5.7	6.3	-0.6	D	D	D
委内瑞拉	100.0	27.9	50.2	12.5	0.2	0.3	5.1	3.9
墨西哥	100.0	1.1	83.1	6.8	D	-0.4	2.5	D
巴拿马	100.0	23.1	4.0	13.8	3.5	52.5	0.8	2.3
其他西半球国家	100.0	6.3	1.6	5.5	21.2	63.1	1.1	1.1

注释：D为因商业秘密而未公开的数字。

资料来源：美国商务部：《现代商业概览》1989年第8期，第69页。

四、美国对拉美直接投资方式日益多样化，经营管理向混合跨国经营和专业化方向发展

（一）在企业所有权类型上，美国对拉美的直接投资方式以独资企业为主，其他方式为辅

1939 年，美国 187 家跨国公司在中美和南美建立子公司 315 家，其中全部拥有股权的 215 家，占 68.3%。到 1967 年，这一比重仍高达 62.1%。60 年代末，随着国际经济政治形势的发展变化和美国跨国公司同拉美国家矛盾的不断加深，美国对拉美的直接投资方式作了某些调整，即有目的地发展一些有利可图的合资企业，但独资经营仍占主导地位。1975 年，美国制造业跨国公司在拉美的子公司中 60%为独资经营，40%为合资经营。这种合资经营主要有三种形式：即美国跨国公司持多数股；跨国公司和当地投资者双方持股相等；当地投资者持多数股。到 80 年代中期，由于拉美国家采取了私有化和放宽外资的政策，跨国公司在拉美的独资企业又有所增加，如 1985 年美国制造业跨国公司在拉美的子公司 70%是独资企业，30%为合资企业。

值得指出的是，60 年代末拉美国有化运动的兴起，使美国垄断组织在拉美丧失了原有的部分投资。为了适应这种变化，美国跨国公司开始以非股权参与形式对拉美直接投资。因为这种形式有利于拉美东道国独立发展和引进先进技术，所以美国跨国公司虽失去了股权，但能以技术、经营管理和销售方式的优势加以控制。80 年代，这种投资方式在拉美运用得更加广泛，名目越来越多，如许可证合同，交钥匙合同，特许权协议，合作开发，经营管理合同和统包业务等等。目前，美国在拉美农业部门的投资主要采取合同制方式，即跨国公司同当地农场主订立合同，向农场提供贷款、种子、肥料、农机设备和技术服务等；而农场主则按规定价格、数量向跨国公司交售农产品。在拉美矿业部门，跨国公司广泛采用合作开发等新投资方式，通过向矿业部门提供资金、技术和设备等，换取优先进口资源和能源的特许权。在电子工业部门，外国投资者更多地采用许可证合同和统包业务

等方式。

（二）美国对拉美直接投资的经营管理方式日益向跨国混合经营和专业化方向发展

二战后，美国在拉美直接投资的经营方式发生了显著变化。70年代起，随着美国跨国公司经营规模的不断扩大和竞争的日益加剧，出现了以区域内、产业内和公司内相互投资为特征的更高形态国际分工。美国跨国公司通过多种投资形式，逐渐改变了过去横向跨国经营和垂直跨国经营的方式，越来越多地采用跨国混合经营方式。如美国制造业公司或商业公司同拉美大农场主联合，组成农工综合联营公司，向农工综合经营方向发展。其形式主要有：(1)投资于制造业、加工业、运输业和销售业，把提供农业生产资料、指导农业生产、加工、运输和销售等环节组成“一条龙”，实行纵向一体化综合经营。(2)发展与公司不相关的业务，实行混合经营，扩大经营范围，朝经营多样化方向发展。这种形式便于灵活运用业务资金，有利于开发新技术、新产品和增强国际竞争能力。因此，这种经营方式在拉美被普遍采用。

80年代以来，随着国际分工的深入发展，美国许多跨国公司从全球经营目标出发，在拉美进行大规模专业化生产。一方面它们利用拉美自由贸易协会提供的一些优惠，在拉美发展产品生产专业化和零部件生产专业化；另一方面，跨国公司在拉美新兴工业化国家投资设厂，以当地市场作为前哨站进入国际市场。如美国通用汽车公司把墨西哥作为汽车发动机生产基地，将产品出口到它在加拿大、澳大利亚、南非和英国的子公司。

美国在拉美直接投资方式和经营方式的变化，究其原因主要有：

(1)随着国际分工的不断深入和国际市场争夺的日益激烈，美国越来越重视以对外直接投资作为强化自身国际竞争能力的重要手段，并将其视为由国内生产、对外交换的传统模式向国际生产、跨国经营的现代模式跃进的关键环节。

(2)拉美国家在积极利用外资，为其外向型经济发展战略服务的过程中，密切注视生产过程国际化和市场专业化趋势，努力根据外部市场需要进行出口生产。因此，拉美国家利用外资的政策也由原来的资源开发型、市场导向型和劳动密集型向加工制造型、技术密集型、服务型和高增值型转化。同时拉美国家还希望通过多种投资方式获取新技术，并使国际投资同国际贸易和技术转让紧密结合，以促进多种国际经营活动方式的迅速转换。

(3)科学技术的发展，为投资和经营方式多样化奠定了物质基础。电子计算机、信息技术以及现代化通讯设备的广泛应用，使跨国公司把远离本国的分支机构和子公司联成一体，为在拉美进行混合经营和国际专业化生产提供了有利条件。

五、美国对拉美直接投资一直以汇款投资为主，利润再投资为辅

与美国对其他地区和国家直接投资的资金来源明显不同，美国对拉美的直接投资在资金来源上一直以汇款投资为主，利润再投资为辅(详见表 5-9)。

表 5-9　美国对拉丁美洲直接投资的资金来源(%)

年代	投资增加额		汇款投资		利润再投资		价值调整	
	增加额(亿美元)	百分比(%)	投资额(亿美元)	百分比(%)	再投资额(亿美元)	百分比(%)	调整额(亿美元)	百分比(%)
1967 年	5. 38	100. 0	3. 11	57. 8	2. 02	37. 5	0. 25	4. 6
1974 年	31. 36	100. 0	22. 79	72. 4	9. 15	29. 2	-0. 49	-1. 6
1980 年	32. 19	100. 0	-6. 91	-21. 5	33. 47	102. 2	5. 64	17. 5
1985 年	32. 74	100. 0	22. 39	68. 4	15. 99	48. 8	-5. 63	-17. 2
1986 年	70. 69	100. 0	60. 04	84. 9	14. 46	20. 5	-3. 81	-5. 4
1987 年	80. 54	100. 0	47. 84	59. 4	32. 58	40. 5	0. 12	0. 1
1988 年	43. 78	100. 0	18. 50	42. 3	27. 29	62. 3	-2. 01	4. 6
1989 年	103. 23	100. 0	67. 80	65. 7	32. 23	31. 2	3. 20	3. 1

资料来源：美国商务部：《现代商业概览》有关各期。

在汇款投资中，股权投资所占比重不断下降，公司之间的资金流出所占比重日益上升，在有些年份股权投资为负数。如 1985 年，在对拉美的 22.39 亿美元的汇款投资中，美国自拉美抽回股权投资 15.29 亿美元，而跨国公司之间资金流出则为 49.9 亿美元。1989 年，在美国对拉美新增的 103.23 亿美元的投资中，汇款投资为 67.80 亿美元，占 65.5%，而利润再投资为 32.23 亿美元，占 31.2%，仍然是以汇款投资为主。

第三节 美国对亚太地区发展中国家的直接投资

亚太地区的发展中国家在第二次世界大战前绝大多数为西方列强的殖民地、半殖民地和附属国。第一次世界大战以前，美国对亚太地区的直接投资数额微不足道。据统计，1914 年，美国对亚洲的直接投资仅为 1.2 亿美元，占美国对外直接投资的 4.6%。第一次世界大战至第二次世界大战之间，美国对亚太发展中国家的直接投资得到了较快的增长。到 1929 年，美国对亚洲地区发展中国家直接投资 3.34 亿美元，占美国对外投资的 4.4%。20 年代末 30 年代初的经济大危机使美国对外直接投资锐减；但是，即使在这种情况下，美国对亚洲发展中国家的直接投资不仅没有下降，反而继续增加。1940 年，美国对亚洲国家直接投资累计额达到 3.84 亿美元，在美国对外直接投资中的比重提高到 5.5%。

二战以后，美国加快了对亚太地区国家的经济扩张和渗透，其直接投资继续增加。1950 年，其投资数额增至 9.82 亿美元，占美国对外直接投资的 8.3%。50 年代以来，美国对亚太地区的发展中国家的直接投资不断增加，但亚太地区在美国对外直接投资中的地位都不断下降。1980 年，美国对亚太地区发展中国家直接投资累计余额高达 106.78 亿美元，占美国对外直接投资的 5.0%。80 年代以来，随着美国对外直接投资战略的转变，亚太地区经济的快速发展，美国对亚太发展中国家和地区的直接投资速度加快。1989 年，美国对亚太发展中国家和地区直接投资累计余额高达 248.77 亿美元，占美国对外直接投资总额的6.7%。

一、在投资增长速度和投资规模方面的特点

战后40多年来，美国对亚太地区发展中国家直接投资的特点是：

(一)美国对亚太地区发展中国家的直接投资增长速度，战后不仅大大快于战前，而且增长速度比较稳定

第二次世界大战以前的1914—1940年间，美国对亚太地区发展中国家直接投资累计额年均增长速度为4.6%(详情见表5-10)；而战后的1951—1989年年均递增率高达8.6%，比战前几乎高出一倍。其中，美国在1951—1988年间对下述国家或地区直接投资年均增长率分别为；中国台湾23.6%、中国香港18.9%、泰国16.9%、马来西亚12.1%、印度尼西亚11.0%。美国在对亚太地区发展中国家直接投资增长速度大大快于同期对拉美国家的直接投资增长速度，而且增长速度比较稳定，没有出现大起大落的情况。20年代末30年代初资本主义大危机及以后的萧条使美国对拉美地区的直接投资锐减，而对亚太地区发展中国家直接投资仍不断增加，尽管增长速度大为放慢。80年代前半期，在美国对外直接投资陷入停滞不前并从拉美地区抽回大量投资的同时，美国对亚太地区的直接投资则迅猛增长。1981—1989年，美国对亚太地区发展中国家直接投资年均递增率为9.8%，这不仅高于1951—1988年美国对亚太地区国家直接投资的年均增长速度(8.3%)，而且大大高于80年代对整个发展中国家的直接投资增长速度(4.7%)和对拉美地区的直接投资增长速度(2%)。

表5-10 美国对亚太地区发展中国家直接投资增长率(%)

年代	年均增长率	年 代	年均增长率
1914—1929年	7.1	1966—1980年	7.5
1930—1940年	1.3	1981—1989年	9.8
1941—1950年	9.8	1914—1940年	4.6
1951—1965年	9.1	1951—1989年	8.6

资料来源：美国商务部：《现代商业概览》有关各期。

(二) 美国对亚太地区直接投资规模急剧扩大

从存量上看，第二次世界大战以前的1914—1940年间，美国对亚太地区发展中国家直接投资增长2倍多，战后1950—1989年间增长了24.3倍。从流量看，美国对亚太地区直接投资增加额也呈日益增加之势。在第二次世界大战前的26年间，美国每年向亚太地区增加直接投资额仅为1 000万美元，战后以来迅速增加。1951—1965年间每年平均增加投资1.75亿美元，1966—1980年间增加额增至4.71亿美元。进入80年代以来，直接投资的规模迅速扩大。1980—1989年间，美国对亚太地区发展中国家净增直接投资141.99亿美元，每年平均15.77亿美元。

80年代美国对亚太发展中国家和地区直接投资的迅速增长是在美国跨国公司对外投资战略调整的影响下发生的。同时，它又与美国政府的全球经济战略、国际政策倾向有关。

1. 迅速扩大对亚太地区发展中国家的直接投资是美国全球经济利益的要求

60年代以来，亚太地区的经济迅猛发展，生气勃勃的经济增长不仅提高了亚太国家和地区在世界经济贸易中的地位，而且对美国的全球经济利益、战略和政策产生越来越大的影响，促使美国调整其全球战略与政策，转移贸易重点，改变对外投资的地区布局，通过积极参与和推动亚太地区的国际分工和经济合作来维护和实现它在亚太地区的经济利益。

首先，亚太地区是美国最重要的贸易场所。战后头30年，美国对外贸易的重点是在西欧和加拿大，美国全球利益和国际政策的重点也在这些发达资本主义国家。70年代末期以来，亚太地区经济突飞猛进的发展及其经济地位的提高促使美国对外贸易格局发生重大变化，即对外贸易的重心由欧洲转向亚太地区。1980年，美国与东亚国家的进出口总额超过了与西欧国家的贸易总额(多20亿美元)，到1986年，美国与东亚国家的进出口总额比与西欧的贸易额多289亿美元。拥有20多亿人口，经济蓬勃发展的亚太地区已成为美国最大的进出口市场。1980年，美国同亚太地区的双边贸易额达1120亿美元，1982 年和 1984 年进一步增加到 1265 亿美元和 1740 亿美元，分别占美国对外贸易总额的 27.7%和 31%，连续五年超过了大西洋两岸的贸易额。

其次，亚太地区成为美国最重要的直接投资场所，而且其重要性在不断增长。1980—1984 年美国对亚太地区发展中国家(或地区)的直接投资累计额由 106.78 亿美元增至 1984 年 200.7 亿美元，年均增长率为 17.1%，大大高于同期美国对欧洲、加拿大和拉美地区的直接投资年均增长率(分别为-1.1%、1.2%和-10.4%)。由于对各地区投资增长率的明显差异，各地区在美国对外直接投资总格局中的地位发生了变化。亚太地区重要性的增长引人注目，它在美国对外直接投资总额中的比重由 1980 年的 5.0%升至 1987 年的 6.5%。

最后，亚太地区对美国的重要性与美国国内经济重心的西移也是直接有关的。70 年代以来，美国太平洋沿岸地区的经济有很大发展，而且同亚太地区的经济联系日益密切。到 1980 年，美国西部地区的人口比 1950 年增加了 2.14 倍，大大高于东北部地区 1.25 倍的增长速度。西部和南部在全国国民收入中所占比重从 1975 年的 40%上升到 50%以上。以微电子技术为先导的美国高技术产业主要集中在西部和南部地区，仅加利福尼亚州就有 4500 家高技术公司，其中“硅谷”一地即占 1/3。美国外层空间研究费用的 1/3，军事预算的 50%，国防订货的 21%集中在加州；太平洋两岸的贸易中有 80%要通过加州；其中加州农产品、航天和电子部门的产品又占很大比例。美国西部经济的发展促使并要求美国加强同亚太地区的经济技术联系。

2. 扩大对亚太发展中国家和地区的直接投资是美国政府推行太平洋战略的需要

美国政府从维持本国在亚太地区的经济利益，以利于同日本争夺对该地区的控制权的目的出发，80 年代以来调整了对外经济战略，开始把重点由大西洋地区转到太平洋地区，经济上的战略重点放在对付日本的经济攻势上。美国在亚太地区的经济战略主要有两点：

一是直接同日本进行经济竞争和对抗。表现在美日之间持之以恒的、不断升级的贸易战、投资战和货币战。在对日贸易中，美国几乎是节节败退，贸易赤字越来越大。为了减少对日本的贸易逆差，美国一方面调整生产和贸易结构，重点发展本国拥有优势的高精尖产品，以替代在日本市场上失去优势的产品；另一方面加紧对日投资，凭借美国的技术优势就地生产、就地销售；同时，通过各种方式向日本施加压力，迫使日元对美元升值，以改善美国产品在日本市场上的困难处境。

二是加紧对亚太发展中国家和地区进行直接投资，把美国的高技术和当地价格低廉、技术熟练的劳动力结合起来，建立生产基地，以优质低价产品，既占领东道国市场，排挤日本货，又打入日本和返销美国，同日本争夺市场份额。在这一方面，美国对亚洲地区制造业的直接投资表现极为明显。美国对亚洲地区制造业的直接投资，主要是对那些国内正处于成熟阶段的产品(或行业)投资，如普通电子产品(电视、电子计算机、电子通讯设备等)、医疗器械、化学制品、汽车等。这些在产品周期中处于成熟阶段，或由成熟阶段向标准化阶段过渡的产品，美国企业拥有生产技术优势，但是这种优势有逐步被日本和其他亚洲国家夺走的危险。如果美国不抢先投资于这些行业，那么若干年后，随着生产技术的扩散和标准化，生产优势将由美国转移到日本和其他国家。到那时，美国再向国外投资于这些行业则较困难，甚至国内市场也要被竞争者的产品占领。出于技术垄断的目的，美国在亚洲地区很少对处于创新阶段的高技术工业投资，多数是投向处于成熟阶段或进入标准化阶段的产品。但是，由于技术进步加快，产品生命周期日益缩短和国际经济技术竞争愈演愈烈，美国对亚洲地区制造业的直接投资，从产品周期角度看，有逐渐提前的倾向。即把国内诞生不久的新技术、新产品，通过跨国公司对外投资的途径推向国外，选择那些具有区位优势的国家和地区作为生产基地，以便从生产周期的起点开始就把新技术、新工艺和工资成本低、技术熟练的劳动力结合在一起，从而在产品生产的时间和空间两方面建立竞争优势。80 年代以来美国急剧扩大对亚洲发展中国家和地区电子工业的直接投资，正是在这种战略思想指导下进行的。

3. 增加对亚太发展中国家和地区的直接投资是美国跨国公司“区位优势战略”的直接体现

80年代以来，美国对亚太地区直接投资的高速增长，是多方面因素促成的。除了上述美国政府从对外政策方面鼓励和推动私人资本向亚太地区扩张外，美国跨国公司作为对外直接投资的主体，其对外投资战略的调整起了重要作用。美国跨国公司对亚太发展中国家和地区直接投资迅速增长就是其“区位优势战略”的具体体现。

美国跨国公司对外直接投资，首先要对可投资国家和地区的投资环境进行研究分析，从安全、盈利、方便三个基本需要出发，对各国和各地区的投资环境进行评估、比较，在此基础上选择那些政治稳定，经济增长快，利润率高，生产成本低，基础设施完善发达，经济运转机制灵活有效和市场潜力大的国家或地区作为投资场所。伴随世界各地投资环境的变化，美国跨国公司对外投资的地区布局，资本流向将发生相应的变化。80年代上半期，世界经济尤其是欧洲、加拿大和拉美地区增长缓慢，连续几年处于停滞或下降状态。1981—1984年，西欧经济年平均增长率低于1.5%，同期内加拿大经济平均增长率为2.3%，拉美地区经济平均增长率低于1%。与这些地区形成鲜明对比的是，亚太地区经济高速增长，生机勃勃。例如，新加坡、韩国、中国香港、中国台湾、马来西亚1981—1984年的年平均经济增长率分别为8.075%、8.075%、7.025%、6.85%和6.6%。这显然大大高于西欧、加拿大和拉美地区。亚太地区经济的快速增长，为美国跨国公司创造了良好的投资机会，成为80年代以来美国扩大对这一地区的投资的最重要的条件。

除经济增长率高于其他地区以外，亚太地区的区位优势还包括以下六个方面：

(1)政局比较稳定。亚洲新兴工业化国家(或地区)和东盟诸国政局比较稳定。60年代以来，各国(地区)政府都致力于经济现代化，经济政策稳定，且有连续性；同时对外国投资都实行法律保护，保证在一般情况下不采取没收、征用或国有化手段；对于战争、革命等意外事件造成的财产损失予以合理的赔偿。这样就给外国投资者造就了一个安全的投资环境，他们可以在这里放心地进行投资。在所有发展中国家和地区，亚太地区政治环境的稳定性比较突出，投资的安全系数最大。

(2)政策比较优惠。亚太地区各国(地区)对外国投资均实行比较优惠的政策，其主要内容是减收、缓收和免收外国投资企业的所得税；同时，在贷款、关税方面也给予优待。这使外国投资者的实际收益增加。

(3)廉价劳动力。亚太地区，尤其是亚洲新兴工业化国家(地区)和东盟诸国拥有一支数量庞大，价格低廉，技术素质较高的劳动力。这是外国企业降低生产成本，保持产品竞争力的重要条件。

(4)利润率高。美国在亚太地区国家(地区)的直接投资利润率大大高于美国对其他地区的直接投资利润率。1984 年，美国对亚太地区(包括中东)的直接投资的利润率高达 23. 5%，而美国对西欧的投资利润率仅为 8. 1%，对加拿大直接投资利润率则为 10. 5%，对拉美地区的直接投资利润率为 6. 1%。这是西欧、加拿大、拉美地区所不具备的重要优势。

(5)市场广阔。亚太地区有实际购买力的市场容量巨大。亚太地区拥有 20 多亿人口，市场潜力大，尤其是日本、中东、亚洲“四小龙”和东盟国家人均收入较高，有支付能力的市场需求是巨大的。这是经济低速增长市场相对饱和的欧洲，以及外债负担沉重、市场需求疲软的拉美、非洲所不能比拟的。

(6)交通通讯便利，工业已具相当基础。亚洲新兴工业国(地区)和东盟已建立起相当的工业基础，产业层次日益趋向发达国家，可以与后者形成纵向和横向的联系。进入 80 年代以来，亚太地区许多国家和地区进行产业结构调整，从劳动密集型产业向资本密集型产业转变，这为美国投资提供了新的领域和机会。另外，这些国家和地区的交通、通讯等基础设施较发达。所有这些条件使它们能够接纳和吸收来自美国的大量投资；所有这些导致了美国 80 年代以来对外直接投资地区格局的演变。

二、美国对亚太直接投资的国家或地区分布

战后以来，美国在不断增加对亚太地区直接投资的同时，地区与国家的分布发生巨大变化，并显示出如下四个方面的突出特点（详见表5-11）。

表5-11　美国对亚洲地区发展中国家（或地区）的直接投资分布（%）

年代	1929年	1950年	1959年	1980年	1983年	1985年	1987年	1989年
亚洲	100	100	100	100	100	100	100	100
中东	4.2	70.5	59.6	21.4	18.4	23.0	20.0	15.6
以色列	N	N	N	N	N	3.6	3.3	3.1
沙特	N	N	N	N	N	12.2	10.0	7.3
阿联酋	N	N	N	N	N	4.0	3.2	2.7
其他亚洲国家（或地区）	95.8	29.5	40.4	78.6	81.6	77.0	80.0	84.4
中国香港	N	0.7	0.7	18.4	20.3	16.5	23.0	23.5
印度	9.9	3.9	6.7	3.7	2.8	1.9	2.0	2.2
印尼	19.8	5.9	8.0	12.5	18.7	22.4	16.5	14.9
马来西亚	8.1	1.8	2.2	5.8	6.9	5.7	4.7	4.4
菲律宾	24.0	15.2	19.0	11.7	6.8	5.2	5.1	6.8
新加坡	N	N	N	11.2	12.1	9.4	10.6	8.9
韩国	N	N	N	5.5	4.0	3.7	4.3	7.6
中国台湾	34.1①	※※	0.2	4.8	4.3	3.8	5.5	7.8
泰国	N	0.3	0.7	3.4	4.5	5.4	5.4	5.1

注释：N表示资料不详。

①包括整个中国大陆的投资。

※※ 不足50万美元的投资额。

资料来源：美国商务部：《现代商业概览》有关各期。

(一)美国对中东地区的直接投资经历了一个从高潮到低潮的过程

战后50年代，随着中东油田的不断被发现和大规模开采，美国对中东地区的直接投资掀起高潮，中东在美国对外直接投资中所占比重日益提高。1936年，美国对中东的直接投资累计额仅4700万美元，占美国对亚洲国家直接投资的13.2%；1950年和1959年，美国对中东地区的直接投资累计额分别增至6.92亿美元和12.08亿美元，所占比重急剧提高到70.5%和59.6%，超过了美国对其他亚洲国家(或地区)的直接投资。60年代以来，随着美国对其他亚太国家(或地区)直接投资的迅速增加，中东地区在美国对亚洲地区投资中的地位不断下降；尤其是70年代末以来，中东地区政局不稳，美国与伊朗关系急剧恶化，两伊战争旷日持久，阿以冲突不断增加，严重影响了美国对中东地区的直接投资。据统计，1980—1989年，美国对中东地区的直接投资累计额由22.81亿美元增至38.86亿美元，年平均递增为6.1%；而同期美国对其他亚洲国家(或地区)的直接投资累计额则由83.97亿美元增至209.91亿美元，年平均递增率为10.7%。后者大大高于前者的增长速度。由于增长速度的不平衡，中东在美国对外直接投资中的比重不断下降，而其他亚洲国家(或地区)所占比重持续上升。到1989年，在美国对亚洲直接投资中，中东占15.6%，其他亚洲国家(或地区)占84.4%。

(二)美国对亚太地区的直接投资高度集中于少数国家，且投资重点国随着形势的变化而不断变化

30年代大危机以前，美国对亚洲的直接投资主要投向了中国、菲律宾和印度尼西亚三国；投资额分别为1.14亿，0.8亿和0.66亿美元；三国合计占美国对亚洲不发达国家直接投资的77.9%。加上对印度和马来西亚两国所占比重，高达95.8%。第二次世界大战以后，美国对亚太发展中国家或地区的直接投资仍然是高度集中于少数几个经济发展水平较高的国家或地区，但重点国家有了变化。50年代，美国对亚洲直接投资除了大量投向中东石油生产国以外，在亚太地区主要投向了菲律宾、印度尼西亚和印度三个国家。80年代以来，美国对亚洲的直接投资主要集中于亚洲“四小龙”(即中国香港、新加

坡、韩国和中国台湾)、东盟其他国家(即印度尼西亚、马来西亚、菲律宾、泰国)和中东的沙特阿拉伯、以色列、阿拉伯联合酋长国。这 11 个国家或地区 1985 年接受的美国直接投资累计余额占美国对亚太地区发展中国家和地区直接投资的 91.9%，1989 年占 92.1%。其中，美国投向香港、印度尼西亚和新加坡的直接投资占美国对亚太地区投资的 47.3%。

(三)美国对亚洲 7 个新兴工业化国家或地区的直接投资速度加快，所占地位显著上升

1980—1989 年，美国对亚洲"四小龙"的直接投资累计余额由 42.62 亿美元增至 119.04 亿美元，年平均递增率为 12.1%。其中，中国香港由 19.69 亿美元增至 58.53 亿美元，年均递增 12.9%；新加坡由 11.96 亿美元增至 22.13 亿美元，年均递增 7.1%；韩国由 5.87 亿美元增至 18.89 亿美元，年均递增 13.9%；中国台湾由 5.10 亿美元增至 19.49 亿美元，年均递增 16.1%。亚洲"四小龙"在美国对亚洲发展中国家和地区直接投资中的比重由 1980 年的 39.9%升至 1989 年的 47.8%。同期美国对东盟三国(印度尼西亚、泰国、马来西亚)的直接投资由 23.12 亿美元增至 60.73 亿美元，年均递增 11.3%；其中印度尼西亚由 13.34 亿美元增至 36.96 亿美元，年均递增 12.0%；马来西亚由 6.18 亿美元增至 10.98 亿美元，年均递增 6.6%；泰国由 3.6 亿美元增至 12.76 亿美元，年均递增 15.1%。东盟三国在美国对亚洲发展中国家或地区的直接投资比重由 1980 年的 21.7%升至 1989 年的 24.4%。

(四)美国对菲律宾的直接投资增长缓慢，所占比重急剧下降

50 年代，美国出于全球战略的考虑，把菲律宾作为其在东盟的立足点，大量增加对菲律宾的直接投资，使菲律宾在美国对亚太地区的直接投资中居首位。80 年代上半期，由于菲律宾国内政局动荡，经济发展受阻，投资环境恶化，美国公司纷纷抽走在菲律宾的直接投资。1980—1985 年，美国在菲律宾的直接投资累计额由 12.44 亿美元降至 10.32 亿美元，年均递减 3.7%。自 1986 年开始，美国又开始增加对菲律宾的直接投资。到 1989 年，美国对菲律宾直接投资累计

额达 16.82 亿美元。1980—1989 年，美国对菲律宾直接投资年均增长率仅有 3.4%。菲律宾在美国对亚洲发展中国家或地区直接投资中的位次由 1959 年居首位退到 1989 年次于中国香港、印度尼西亚、新加坡、中国台湾、韩国、沙特阿拉伯居第七位。

三、美国对亚洲发展中国家和地区直接投资的部门结构及其特点

(一)美国对亚洲地区的直接投资部门结构的变化

第二次世界大战以前，美国对亚洲发展中国家和地区的直接投资主要是投向了石油业、采矿业等投资开发型行业，对加工制造业和第三产业的直接投资甚少，所占比重也不高。战后的 50—60 年代，美国对这一地区的直接投资部门结构变化不大。如 1950 年，美国投向采矿业、石油业的直接投资占美国对亚洲投资总额的 80.4%(详情见表 5-12)，而对制造业的投资占 5.6%。70 年代中期左右，美国对亚太发展中国家和地区直接投资部门结构发生显著变化，其主要特征是：

表 5-12　美国对亚洲地区直接投资的部门结构(%)

年代	总额	采矿	石油	制造业	贸易	银行	金融[①]	服务	其他
1929 年	100.0	15.8	61.7	10.5	6.9	—	—	—	5.1
1940 年	100.0	2.1	46.2	8.9	12.0	—	—	—	30.8
1950 年	100.0	2.1	78.3	5.6	5.0	—	—	—	9.0
1972 年	100.0	3.7	61.5	17.7	—	—	—	—	17.1
1980 年	100.0	D	D	25.8	11.9	7.8	6.2	—	D
1985 年	100.0	—	41.8	20.2	13.4	7.8	7.1	2.9	6.8
1987 年	100.0	—	37.9	23.9	14.3	6.3	10.9	3.3	3.3
1989 年	100.0	—	28.2	30.1	14.7	9.0	11.6	1.0	5.3

注释：①指非银行金融业、保险业和不动产业。

D 表示商业秘密。

资料来源：美国商务部：《现代商业概览》有关各期。

1. 石油业在美国直接投资中所占比重急剧下降，但目前仍是美国对亚太地区投资的第二大产业部门

1973年中东石油危机爆发之前，美国对亚太地区的直接投资有一半以上投向了石油业，1950年曾高达78.3%，成为美国在亚太地区直接投资的主体部门。1973年以后，美国对亚太地区石油业的直接投资步伐大大放慢。据统计，1972—1989年，美国对这一地区石油业的直接投资累计额由33.57亿美元增至70.27亿美元，年均递增4.4%，大大低于同期美国对这一地区直接投资和对制造业的直接投资增长速度，从而导致了石油业在美国对外直接投资中所占比重的下降。1972—1989年，石油业所占比重由61.5%降至28.2%，17年间降了33.3个百分点。

2. 制造业所占比重战后以来上升迅速

制造业目前已超过美国对这一地区直接投资的30%。与1950年相比，所占比重上升了24.5个百分点。美国对这一地区的制造业直接投资主要集中于电子、化学、机器三大部门。1988年，美国对电子电气机械、化学制品和非电子机械的直接投资占制造业总投资的比重高达81.8%。就增长速度而言，美国对该地区电子电气机械行业的直接投资是制造业内各行业中最快的。1980—1989年，投资额由7.76亿美元增至29.75亿美元，年均增长率为16.1%，电子电气机械行业在制造业直接投资中的比重由1980年的28.3%升至1989年的39.7%。其次，是非电子机械行业，同期内由2.09亿美元增至8.63亿美元，年均递增17.1%，其比重由7.8%上升至11.5%；再次，是化学工业，同期内美国对该地区化学工业直接投资由7.8亿美元增至21.66亿美元，年均递增12.0%。其比重由28.3%升至28.9%。增长较慢的是食品业和基本金属加工业。1980—1989年，美国对食品加工业直接投资由2.56亿美元增至3.51亿美元，年均递增3.6%，其比重由9.3%降至4.7%；美国对基本金属加工业的直接投资由1.36亿美元增至1.71亿美元，年均递增2.6%，其比重由5.0%下降至2.3%。

3. 美国对第三产业的直接投资 80 年代以来迅速增长，所占比重急剧提高，目前已占美国对该地区直接投资的 1/3 以上

1980 年，美国对该地区的第三产业直接投资(包括贸易、银行、非银行金融、保险、不动产、服务)为 27.73 亿美元，到 1989 年增至 90.42 亿美元，年均递增率为 14.0%，所占比重由 25.9% 升至 36.3%。其中对非银行金融、保险和不动产业的直接投资增长最快，投资额由 6.74 亿美元增至 28.87 亿美元，年均递增 17.5%；所占比重由 6.2%升至 11.6%；其次是贸易业，直接投资额由 12.68 亿美元增至 36.64 亿美元，年均递增率 12.5%，所占比重由 11.9% 升至 14.7%；再次是银行业，直接投资额由 8.31 亿美元增至 22.50 亿美元，年均递增 11.1%，所占比重由 7.8%升至 9.0%。

(二)美国对亚太地区不同国家或不同地区投资重点的差异

美国对亚太地区直接投资的部门结构除上述显著变化外，还有一个重要的特点就是，美国对亚太地区不同的国家或地区，投资重点明显不同(详见表 5-13)。

表 5-13　1988 年美国对亚洲发展中国家或地区直接投资部门结构(%)

	总额	石油	制造业	贸易	银行	金融[①]	服务	其他
总额	100.0	32.6	29.7	13.5	8.0	10.7	1.5	4.1
以色列	100.0	8.0	31.6	D	0.6	18.4	4.7	D
沙特	100.0	35.7	12.3	D	D	28.1	8.9	D
阿联酋	100.0	82.6	3.2	6.9	-1.3	D	-3.2	D
中国香港	100.0	4.7	11.8	39.9	13.0	24.9	1.7	3.9
印度	100.0	1.1	90.8	-0.2	7.7	0.4	※	※
印尼	100.0	87.8	3.1	D	-0.1	1.5	-0.1	D
马来西亚	100.0	53.9	38.2	4.6	-0.7	2.1	0	1.9
菲律宾	100.0	9.7	46.9	7.7	20.5	11.1	5.6	-1.6
新加坡	100.0	19.6	66.6	3.8	7.3	1.2	1.4	1.2

续表

	总额	石油	制造业	贸易	银行	金融①	服务	其他
韩国	100.0	0.8	38.2	3.8	43.5	10.5	0.9	2.3
中国台湾	100.0	D	75.1	11.1	11.6	D	-0.1	1.8
泰国	100.0	52.9	29.0	5.7	8.8	D	1.0	D

注释：①指非银行金融业、保险业和不动产业。

D 表示商业秘密。

※不足 50 万美元。

资料来源：美国商务部《现代商业概览》有关各期。

1. 石油业

美国在亚太地区石油业的直接投资高度集中于中东的沙特、阿联酋和东盟四国(印度尼西亚、马来西亚、新加坡、泰国)。其中，美国对阿联酋和印尼这两国的石油业直接投资占美国对两国直接投资总额的80%以上，对泰国和马来西亚的石油投资占美国对两国直接投资的50%以上。但就对各个国家的石油投资额而言，印度尼西亚居首位，1988 年的投资额为 26.38 亿美元，占美国对亚太地区石油业直接投资的 35.2%；马来西亚居第二位，投资额 7.35 亿美元，占 9.8%；第三位是沙特阿拉伯，投资额 7.31 亿美元；占 9.8%；泰国第四位，投资额 5.96 亿美元，占 8.0%；阿联酋居第五位，投资额 5.6 亿美元，占 7.5%；新加坡居第六位，投资额 5.59 亿美元，占 7.5%。美国对上述六国石油业直接投资占美国对亚洲地区石油业直接投资的 77.8%。

2. 制造业

美国的直接投资主要集中在新加坡、中国台湾、菲律宾、中国香港、马来西亚、印度、韩国等七个国家或地区。其中，新加坡居首位，1988 年的投资额为 20 亿美元，占美国对亚洲地区制造业直接投资的 29.4%，中国台湾居第二位，投资额 11.61 亿美元，占 17.1%；菲律宾居第三位，投资额 6.12 亿美元，占 9.0%；中国香港居第四位，投资额 5.94 亿美元，占 8.7%；马来西亚居第五位，投资额

5. 21 亿美元，占 7. 7%；韩国 4. 97 亿美元，占 7. 3%，居第六位；印度 4. 15 亿美元，占 6. 1%，居第七位。上述七个国家或地区制造业直接投资占美国对亚洲地区制造业直接投资的 85. 2%。从一个国家或地区看，美国对印度直接投资的 90. 8%、对中国台湾直接投资的 75. 1%、对新加坡直接投资的 66. 6%和对菲律宾直接投资的 46. 9%都投向了制造业。在对制造业内部各行业的直接投资中，各国(地区)重点也有所不同。美国对以色列、马来西亚、新加坡、泰国四国的制造业直接投资高度集中于电子工业，对电子工业的直接投资分别占上述四国制造业直接投资的 75. 3%、82. 5%、71. 6%和 65. 9%，美国对韩国、菲律宾的制造业直接投资主要集中于电子、化学两个行业，对中国台湾主要集中于电子、化学和机械三个行业等。

3. 第三产业

美国对亚太地区第三产业的直接投资高度集中于中国香港、韩国和菲律宾三个国家或地区。其中，1988 年美国投向中国香港第三产业直接投资总额为 40 亿美元(其中贸易 20. 08 亿美元，银行 6. 54 亿美元，非银行金融、保险、不动产 12. 53 亿美元，服务业 0. 85 亿美元)，占当年美国对中国香港直接投资累计余额的 79. 6%，占美国对亚洲地区第三产业直接投资的 51. 8%。美国对菲律宾和韩国第三产业的直接投资 1988 年也分别达到 7. 65 亿美元和 5. 87 亿美元，分别占美国对这两个国家直接投资总额的 58. 8%和 45. 0%，分别占美国对亚洲地区第三产业直接投资的 9. 9%和 7. 6%。

(三)美国对亚太地区直接投资部门分布格局的特点和趋势

从上述美国对亚太地区直接投资的部门构成、行业结构的变化情况可以明显看出美国在这一地区直接投资部门分布格局有三大特点和趋势。

第一，美国始终把石油作为战略投资部门。开发利用亚洲地区的石油资源是美国战后以来加强对该地区直接投资的重要目的之一。

第二，美国对亚洲地区制造业的直接投资，高度集中于电子和化学两大行业。其中，对电子行业的投资增长最快，比重最大，而对食品、基本金属工业投资增长缓慢，比重下降。美国在亚洲制造业直接投资的重心，已经由70年代的食品、纺织、化学、机械转到电子电气机械和化学两大行业，而且这种趋势越来越明显。

第三，为了争夺和占领亚洲地区的市场，美国从80年代开始大大加快了对该地区贸易、银行、金融、保险、不动产及其他服务业等第三产业的直接投资。这些产业都是直接或间接为扩大美国商品在亚洲市场的占有率服务的。

从80年代美国对亚洲发展中国家直接投资结构看，呈现出"两头偏大，中间偏小"的特点和趋势，即对石油资源的开发和第三产业投资比重均超过了对制造业的投资比重(1989年例外)；就制造业内部投资的行业结构看，则有层次上移的趋势。电子电气机械等高技术行业投资比重急剧上升，而纺织服装、食品等传统行业的比重显著下降。这表明，美国跨国公司在亚洲地区投资是以开发石油资源、扩大商品销售市场，并借助自身的技术力量优势利用当地廉价劳动力，获取高额利润为其战略目的。

(四)影响美国公司对亚洲地区投资行业结构的因素

在上述投资战略的背后，存在着一系列影响美国公司对亚洲地区投资行业结构的因素。这可以从两方面来加以分析：

1. 从美国方面看

(1)美国对海外石油资源依赖程度的加深，使其不断增加对海外石油业的直接投资，以保证国内石油消费的稳定。80年代以来美国国内石油业受生产成本上升的限制一直不景气，呈日益衰退趋势。再加上1986年以来世界石油价格的暴跌，美国西南部"能源带"的许多中小型开采公司纷纷倒闭，许多大石油公司也早就停止或放慢了开采和勘探活动，从而造成国内石油产量下降，原油进口量大。80年代以来，美国原油进口量占国内原油消费总量的1/3左右。这就大大加重了美国对海外石油的依赖。在这种情况下，石油公司受美国政府的鼓励，加紧扩大对海外的石油业投资，尤其是对亚洲地区的石油业投资。

(2)70年代以来美国外贸易逆差居高不下，到80年代中期每年逆差达1500亿美元左右，使本身就很严重的出口商品市场问题更加尖锐化。在美国的对外贸易逆差中，有一半是对亚洲地区的。除日本外，主要是亚洲“四小龙”以及印尼、马来西亚等东盟国家，为了减少对亚太地区的贸易赤字，美国不断增加旨在开拓和占领亚洲地区市场的直接投资。

(3)美国对外直接投资的技术层次高。投资国的对外投资的行业结构与其国内的生产要素禀赋状况是相关的。美国是当今世界上经济技术最发达的国家，它拥有强大的高质量的科研队伍和技术工人，其国内的资本技术构成也高于其他发达资本主义国家，尤其是在电子计算机、航天技术、光导纤维、生物工程等高技术领域，美国具有较大的比较优势。进入 80 年代，美国跨国公司根据本国技术产业的比较优势，东道国的外资政策和劳动力素质，采取了以电子工业为主的“高技术主导型”的投资战略，把电子等新技术工业作为在亚洲地区投资的主要行业，这样既能更好地发挥美国资本的优势，又能得到东道国的种种优待，抢先占据东道国新兴工业投资领域的商品市场。

(4)70 年代中期以来，美国产业结构进入一个转变与调整的阶段，电子、航天、光导纤维等新技术工业迅速兴起，并有逐步替代传统工业的趋势，发生在新技术革命背景下的产业结构调整，不仅要求美国向国外转移传统工业，而且要求美国从国际经济技术竞争的需要出发，把国内的新技术、新产品推向国外，在条件优越的地区建立生产和出口基地，占领国际市场，以开拓新型技术为主，以转移国内“夕阳工业”为辅，这既是新技术条件下美国国内产业结构调整的需要，也是美国跨国公司对外投资的行业策略。

2. 从亚洲发展中国家或地区看

(1)东道国(或地区)政府的经济发展战略和外资政策。进入 80 年代，亚洲新兴工业化国家和地区以及东盟国家，根据国民经济发展需要和国际竞争局势，纷纷制订了以发展新技术产业为主体，推动产业结构高级化的发展战略，对内对外都制订了一系列鼓励在高技术工业领域投资的优惠政策。对于那些生产技术先进，能弥补国内技术和生产空白的外国投资给予特殊的优待；而对那些技术一般，又以东道国为销售市场的外国投资则实行限制。亚洲发展中国家和地区的这种外资政策促进了美国在这一地区的高技术工业的投资。

(2)70年代中后期以来，亚洲新兴工业化国家(地区)和东盟国家的产业结构处于由“劳动密集型”向“资本和技术密集型”转化的过程中。在这种产业结构的转型中，亚洲“四小”的速度和层次高于东盟其他四国。这8个国家和地区，特别是“亚洲四小龙”的电子和化学工业已有相当的基础，尤其拥有大量廉价的技术劳动力可供利用。80年代以来，它们的产业优势已开始由普通劳动密集型产业转移到资本密集型和技术劳动密集型产业。伴随这种比较优势部门的转移，国内外投资者开始调整投资的行业结构，以便与行业优势相符，谋求更大利润。80年代美国对亚洲地区发展中国家制造业直接投资的最大份额投在电子工业和化学工业，正是为了利用当地廉价劳动力和产业结构转变的有利条件，以利于把自己拥有的高技术优势与东道国在政策，劳动力等方面的优势紧紧结合在一起，构成一种高度的“要素优势组合”，从而谋取更大的比较利益。

四、美国对亚太发展中国家直接投资方式以独资企业为主，其他形式的投资方式不断发展

根据美国哈佛大学商学院跨国企业数据库的资料，美国制造业跨国公司1975年在亚洲子公司中48%为独资企业，52%为合资企业；到1985年，独资企业所占比例升至54%，合资比例降至46%。以中国香港为例，1984年，美国在中国香港工业投资企业共124家，其中独资企业75家，占60.5%，合资企业49家，占39.5%。但80年代中期以来，美国在亚洲发展中国家和地区投资企业的所有制形式，出现了一些变化，即由独资(即掌握全部股权)向合资企业，由股权参与向非股权参与的转变趋势。美国在新建的子公司中，独资企业所占比重下降，合资企业所占比重上升。美国越来越多地采用同当地财团、大公司资本技术合作的形式，尤其是在技术和资本力量较强，产业层次较高的新兴工业化国家和地区更是如此。1984年以来，美国在韩国汽车、电子行业的投资70%以上是与当地财团、公司举办合资企业，而在合资、合作企业中，由美方提供技术和工程设计，由韩国提供大部分原料和劳动力。这种合作合资经营方式在新加坡、中国台湾和中国香港的新兴技术工业中也都有较大发展。

导致美国在亚太地区直接投资方式多样化的重要原因，主要在于亚洲地区一些发展中国家，如印度尼西亚、马来西亚、泰国和菲律宾等对外国投资企业的股权实行限制。一般说来，除了设在自由贸易区(或开发区)的企业、或产品全部出口的企业外，外国投资不能持全部股份或50%以上股份。为了更好地发挥外国投资对提高本国(地区)工业技术水平的促进作用，使本国(地区)企业迅速吸收和掌握新兴技术，各国和地区通过政策手段和经济杠杆，诱导和促进外国投资企业与当地企业形成资本和技术的融合与协作，积极鼓励外国投资者与当地厂商建立合资企业，尤其是在新兴技术工业。从美国跨国公司方面讲，它们为了更好地利用东道国在人力资源、销售网络、工业技术力量和原材料等方面的条件，也愿意加强同当地企业的资本与技术合作，以便降低生产成本，扩大产品销路，形成自己的竞争优势。这两方面的因素促成了近几年来美国在亚洲地区直接投资企业中合资企业比重上升的新趋势。

五、美国对亚太地区发展中国家直接投资的资金来源70年代以来经历了由汇款投资为主转向以子公司利润再投资为主的过程

1973年，美国对亚洲发展中国家或地区新增直接投资12.95亿美元，其中汇款投资和利润再投资分别为9.21亿美元和3.74亿美元，分别占71.1%和28.9%，即对亚洲地区直接投资以汇款投资为主。80年代以来，情况发生了显著变化，在美国对亚洲地区的直接投资中，汇款投资日益退居次要地位，并在有些年份出现负增长，而子公司的利润再投资增长迅速，所占比重节节上升。并成为美国在亚洲地区直接投资的主要手段和资金来源。据统计，1980—1985年，美国对亚太发展中国家(或地区)直接投资增加额为75亿美元，其中，跨国公司母公司的股权投资加公司内部资金流动净额为15.56亿美元，占新增加投资额的20.75%，子公司、分公司的利润再投资为59.44亿美元，占总额的79.25%。显然，利润再投资已成为支撑对

亚洲地区直接投资迅速增长的主要支柱。

导致80年代美国对亚洲地区直接投资资金来源的变化，其主要因素有两点：

(1)80年代以来，特别是1983年以来，美国国内经济复苏快，增长势头强，在西方发达资本主义国家中起了“火车头”作用，美国国内投资环境良好，发展前景广阔；同时，由于美国实行高利率政策，国内利率长期居高不下，这既吸引了日本、西欧资本大量流向美国，也阻碍了美国资本的外流。美国跨国公司的母公司一般可以在国内找到有利可图的投资行业和地区，而不愿把以较高代价在国内筹集的资金投向国外。这是促成美国对外投资中母公司的股权投资相对甚至绝对下降，资金由海外子公司流向国内母公司的主要原因之一。

(2)东道国经济环境与政策的影响。80年代以来，亚洲发展中国家和地区经济增长速度快，投资利润率高，是比其他地区更为有利的投资场所。美国跨国公司在这一地区的子公司愿意把所得利润用于再投资，以扩大生产经营，获取更大利益。在这一方面，东道国政府的政策起了很大作用，这些国家和地区大多实行鼓励利润再投资并给予税收信贷等方面的优待。同时，这些国家和地区中多数仍实行一定程度的外汇管制，限制了美国利润的汇回。

第四节　美国对非洲地区的直接投资

第二次世界大战以前，非洲是西欧列强的殖民地和势力范围，美国对非洲地区的直接投资很少，只是第二次世界大战以后，才得以迅速发展。

1924年，美国对非洲地区的直接投资仅为1 300万美元，占美国对亚非拉落后国家直接投资的0.9%。经过第一次世界大战，美国趁英、法、德等欧洲老牌帝国主义国家经济实力大为削弱之机，加紧了对非洲的经济渗透和扩张，对非洲的直接投资有了迅速增加。到1929年，其投资累计额为1.02亿美元，占美国对亚非拉落后国家直接投资的0.7%。其投资流向是：英属非洲7 685万美元，埃及635

万美元，法属非洲 440 万美元，葡属非洲 900 万美元，其他非洲地区 545 万美元。其直接投资的部门结构是：采矿业 4 303 万美元，石油业 3 149 万美元，销售业 1 566 万美元，制造业 519 万美元，其他行业 614 万美元。30 年代的资本主义经济危机使得美国对外直接投资锐减，但美国对非洲地区的直接投资仍然在不断增加，到 1940 年，达到 1.3 亿美元，所占比重提高到 1.8%。

第二次世界大战后，美国依仗强大的经济、军事力量，对非洲国家进行资本扩张，并与原有的列强展开了激烈竞争。尽管热带非洲的发展中国家从来不属于美国私人资本投资的优先范围，但战后以来美国私人资本在非洲地区经济生活中的作用仍然提高了。非洲在美国对发展中国家的直接投资中所占份额 1971 年高达 12.1%。70 年代以来，美国对非洲地区的直接投资增长速度显著放慢，所占比重也不断下降。到 1989 年，仅占美国对发展中国家直接投资的 4.8%。

几十年来，美国对非洲地区直接投资的发展特点是：

一、在增长速度上 50—60 年代大大快于 70—80 年代

1951—1971 年，美国对非洲的直接投资由 1.45 亿美元增至 25.49 亿美元，年均增长速度为 14.6%，大大快于同期美国对外直接投资增长速度和美国对发展中国家直接投资增长速度。而 1972—1989 年间年均增长率仅 3.2%，它不仅大大低于同期美国对外直接投资增长速度，而且大大慢于 50—60 年代的增长速度。

（一）70 年代以前美国对非洲地区直接投资的迅速增长的政治经济原因

1. 地理位置上的重要性吸引了美国的投资

非洲处于欧洲以南，北隔地中海同欧洲相望，东临印度洋，西濒大西洋，东北靠红海，扼两洋航线之要冲。正如基辛格所说："非洲面积巨大，地理位置具有战略意义。"大家知道，在非洲的沿海地区，拥有优良的港口和基地，它们对于控制南大西洋、地中海、红海和西印度洋，威胁前苏联的战略要地有重要意义。尤其值得注意的是，由于非洲一方面控制着印度洋入红海，经苏伊士运河、地中海，出大西

洋的通道；另一方面控制着沿印度洋，绕南非好望角出大西洋的航线。这两条水道对美国把部署在大西洋、地中海和太平洋的舰队连成一体，同苏联争夺欧洲、中东和亚太地区具有重要战略意义，而且是西欧、北美赖以从亚洲、中东、非洲取得石油、粮食和其他重要物资的海上生命线。在战后美苏长期对峙的形势下，在非洲广大国家取得政治独立，旧的殖民体系土崩瓦解的背景下，美国为了扩大其在非洲的经济和政治影响，积极鼓励美国跨国公司在非洲进行直接投资，以便在与原苏联进行全球争夺中占居有利的战略地位。

2. 非洲矿产资源十分丰富

黄金、钻石、锰、铬、钴、铀的蕴藏量和产量居资本主义世界第一位，锑、铂、钽—铌的产品也居资本主义世界首位。据估计，非洲储存着 30% 以上的世界矿物资源，钻石、铬、钴、钽、铂族金属、黄金和磷酸盐等都占世界蕴藏量的 50% 以上。此外，石棉、铜、锡铁、铝土矿也相当丰富，其中许多矿产是现代尖端工业的主要原料。非洲有些经济作物在世界上占有重要地位。例如，可可和咖啡的产量分别占世界产量的 65% 和 30% 以上。棉花、花生、剑麻、棕榈油、木材的生产在世界上也都占有一定的地位。因此，美国跨国公司在非洲积极投资，其重要目的之一就是控制和攫取非洲的农矿原料，以保证美国经济发展和扩军备战的需要。

3. 50 年代以来，非洲发现具有储量丰富的石油资源

到 80 年代初，非洲已探明的石油储量为 80 多亿吨，约占世界总储量的 9%；主要分布在北非地中海沿岸和西非几内亚湾地区。便于开采外运，这引起了美国石油业跨国公司的极大兴趣，以美孚石油公司为首的美国跨国公司，从 1955 年起在利比亚勘探石油，排挤了英法竞争者，占据了大部分新发现的巨大优质油田。此外，美国跨国公司还在突尼斯、摩洛哥、索马里、肯尼亚、尼日利亚、塞内加尔、加蓬、加纳等地区进行石油勘探活动，以掠夺石油资源和牟取暴利。

4. 非洲劳动力廉价，生产成本低，投资利润率高

如在利比里亚，非洲人的劳动报酬仅为美国工人劳动报酬的几十分之一。在利比里亚的美国费尔斯通公司，1951 年时非洲工人的工

资每天只有0.18美元，而同年它的纯利润却高达1.39亿美元。美国在利比里亚的第二个重要投资者是利比里亚采矿公司，它垄断了整个博米铁矿的生产。按照合同规定，公司开采铁矿只付给利比里亚政府每吨5美分，而公司却可获利7—10美元。虽然后来在利比里亚人民的压力下双方商定新办法，但利比里亚政府在头五年内仍只能得到该公司利润的25%，随后十年得35%，以后也只得50%，其余均为公司所得。根据美国官方公布的材料，1980年美国在非洲的私人直接投资获得了20亿美元的利润，利润率高达33%，大大高于美国在国外投资的平均利润率。其中美国资本在非洲石油生产国投资的利润率更高。如1977年，美国跨国公司在利比亚的投资利润率为57.4%，尼日利亚为54%。所以扩大对非洲的投资对美国跨国公司来说具有很大的吸引力。

(二)70年代以后非洲在美国对外直接投资中地位急剧下降的原因

70年代以后，尽管美国对非洲直接投资累计额有所增长，但幅度不大，非洲在美国对发展中国家的直接投资地位急剧下降。究其原因主要有两个方面：

1. 非洲区位投资优势的逐步丧失

这一方面表现在美国对非洲投资风险的增大。据统计，1960—1969年，非洲国家对美国直接投资的接管数为33起，1970—1976年间增加到104起，后7年是前10年的3.15倍。如1979年，由于美国石油公司向南非输送石油，并且租用南非的油船把尼日利亚的石油运往欧洲，因而激起了尼日利亚政府的愤慨，对美国石油公司在尼日利亚的资产实行了国有化，这使得美国的投资风险增加。另一方面表现为非洲经济环境的恶化。80年代以来，非洲国家债务危机沉重，经济发展受阻，投资环境恶化，使得美国跨国公司对非洲直接投资的兴趣相对下降。

2. 西欧、日本加强了与美国在非洲投资市场的争夺

随着西欧和日本经济的快速发展，经济实力的大大增强，它们加快了对外投资的步伐，尤其是西欧一些老牌的帝国主义国家，它们联合起来，组建欧洲经济共同体，采用联系国制度和通过签订《洛美协

定》加强了对非洲与之有“传统”关系的国家的经济扩张。在这种形式下，美国对非洲的投资战略有所调整，并在地区配置上采取了收缩战线，保证重点的方针。

二、美国对非洲直接投资的地区流向特点

在投资流向上，美国对非洲的直接投资高度集中于几个自然资源尤其是石油资源比较丰富的国家。

从 60 年代的情况看，美国对非洲发展中国家的直接投资重点投向了利比亚、扎伊尔、尼日利亚和利比里亚等国家。据统计，60 年代美国对利比亚的投资增加迅速，1960 年为 0. 99 亿美元，1968 年达 6. 78 亿美元，1972 年又增至 11. 44 亿美元，在非洲居第一位。自 1973 年开始美国对利比亚的投资陆续减少；到 1975 年只剩下 6500 万美元，以后逐步回升；1980 年升至 5. 75 亿美元。截至 1989 年，美国对非洲发展中国家直接投资累计额 43. 16 亿美元，其中，埃及 18. 02 亿美元，利比亚 3. 11 亿美元，利比里亚 1. 49 亿美元，尼日利亚 4. 61 亿美元，其他国家(赞比亚、肯尼亚、加纳、科特迪瓦等国) 15. 88 亿美元。

三、美国对非洲国家直接投资的部门结构特点

在投资部门结构上，美国对非洲发展中国家直接投资高度集中于石油采矿业，对其他部门投资甚少，所占比重也不高。

如前所述，美国之所以重视对非洲发展中国家的直接投资，是因为它越来越依赖这些国家的稀有矿物原料，特别是燃料。由于能源危机日益严重，美国更重视向埃及、利比亚、尼日利亚、阿尔及利亚、安哥拉、加蓬和突尼斯等产油国的投资，以保证美国取得稳定的石油供应。截至 1980 年底，在非洲发展中国家直接投资累计额(37. 78 亿美元)中，投放到石油业的达 22. 47 亿美元，矿业 4. 58 亿美元，两项合计就占了投资总额的 71. 6%。到 1989 年底，美国对非洲发展中国家直接投资累计额 43. 1 亿美元，其中石油业为 30. 95 亿美元，占 71. 8%；制造业 4. 52 亿美元，占 10. 5%；第三产业(包括贸易、银

行、非银行金融、保险、服务)6.96亿美元，占16.1%。

可见，在美国对非洲国家的直接投资中，石油业的投资居绝对优势。战后几十年来，美国跨国公司通过同英法等国资本的合作，对非洲石油业资源的开采和出口起着重要的作用。在非洲，凡是已经发现和可能发现石油资源的地区，都有美国公司的投资。在埃及，1989年美国对石油业直接投资占其对埃及直接投资的80.3%；在尼日利亚占84.2%。除石油业外，农业方面，美国资本经营着利比里亚大部分橡胶种植园，如费尔斯通轮胎橡胶公司在利比里亚的种植公司占地9.2万英亩。利比里亚有4 000多户小橡胶农，他们生产的胶乳大部分为费尔斯通公司等收购、加工，橡胶产品的绝大部分送往美国。在扎伊尔，美国的直接投资除石油业外，还有轮胎厂、面粉厂、洲际饭店等。美国对非洲的这种投资结构明显反映出美国与非洲国家之间的国际分工以垂直型分工为主，投资类型为典型的资源开发型投资。其目的在于通过对非洲国家的直接投资，开采美国所需要的石油及其他矿产资源，以保证和稳定对美国的资源供应。

第六章　美国对外直接投资对美国经济发展的影响

美国海外直接投资，对于美国来说，所获得的经济利益是主要的。列宁早就指出：“输出资本的国家，几乎总有可能获得相当的“利益”，这种利益的性质也就说明了金融资本和垄断组织的时代的特性。”①

从整体和长期角度看，美国对外直接投资的迅速发展对美国经济产生了重大影响。美国跨国公司的对外直接投资由于从全球战略出发，实行集中决策和系统管理，从最有利的地方获得原材料、劳动力和市场，在全球范围内进行生产和销售，以攫取高额利润。美国海外直接投资的不断发展，为美国带来了巨额利润收入，增加了美国财富。它使美国跨国公司获得了高额利润；使美国股票所有者能分得更多的红利；使管理者、技术人员得到更高的薪水。通过大规模的直接投资，使得美国跨国公司将某些生产工序和产品部件转移到国外成本较低的地区进行生产，然后运回美国。这一方面降低了美国国内最终产品的成本和价格，使国内消费者受益；另一方面，使美国得以把它的资本、技术优势同东道国的资源、人力优势结合起来，增强其产品的国际竞争力，或通过降低生产成本赚取超额利润。尤其是美国将直接投资投向加拿大和发展中国家的采掘业，可以获得稳定的廉价原材料，以支撑美国经济的发展。

---

① 《列宁选集》第 2 卷，人民出版社 1975 年版，第 785-786 页。

第一节 海外直接投资的丰厚利润加强了美国垄断资本的实力

美国跨国公司在海外从事直接投资活动，不管是资源开发型，还是市场开拓型，或者是降低成本型投资，其最终目的只有一个：就是为了攫取最大限度的利润。这是由垄断资本的本质所决定的。从总体上看，美国跨国公司在海外直接投资的利润率要比国内投资的利润率高，特别是在发展中国家的投资利润率更高(详见表6-1)。

表6-1 70年代以来美国私人对外直接投资的利润率(%)

年份	总额	在发达国家	在发展中国家
1971年	11.6	10.0	15.1
1975年	14.2	10.9	29.1
1979年	21.9	19.2	32.0
1985年	15.4	16.2	14.2
1986年	15.0	17.0	10.3
1987年	19.3	21.3	13.8
1988年	15.4	16.0	13.9
1989年	15.2	14.6	17.2

资料来源：美国商务部《现代商业概览》有关各期。

从表6-1可以看出，美国海外直接投资利润率是相当高的。例如，70年代后期，美国国内制造业平均利润率为13%，而1979年美国在海外直接投资利润率为21.9%，其中在发达国家的投资利润率为19.2%，在发展中国家的利润率高达32%。

国外较高的投资利润率给美国跨国公司带来了巨额的利润收入。

据统计，1960—1976年，美国国内利润增加3.2倍，国外子公司的利润则增加5.2倍。依据美国商务部公布的统计资料计算，1966—1978年的13年内，美国跨国公司国外子公司和其分公司的纳税后的利润总额为1 704亿美元，而1979—1982年4年中高达1 307亿美元。① 1983—1989年美国跨国公司在国外直接投资中获得的利润为2 600亿美元。这就是说，在最近24年中，美国跨国公司在对外直接投资中为美国垄断资本赚回了5 600亿美元的惊人利润。(详情见表6-2)。如果加上在此期间美国跨国公司从国外技术贸易方面的收入，以及母公司向国外子公司出售半成品和原材料所得到的利润收入，那么，全部利润收入高达8 000多亿美元，其价值超过了美国1989年底全部累计对外直接投资的一倍以上。

表6-2 1977年以来美国对外私人直接投资所获得的利润额

单位：亿美元

年代	利润额	专利权收入	其他收入
1977年	196.73	21.73	17.10
1978年	254.58	26.97	20.08
1979年	381.83	30.02	19.78
1980年	371.46	36.93	20.87
1981年	325.49	36.58	21.36
1982年	247.17	35.07	18.16
1983年	268.22	35.97	25.32
1984年	299.84	39.21	24.83
1985年	282.95	40.96	24.90
1986年	309.00	54.12	30.24
1987年	405.88	68.89	24.46

① 《现代商业概览》1983年8月，第22页。

续表

年代	利润额	专利权收入	其他收入
1988 年	498. 19	83. 36	31. 99
1989 年	536. 17	91. 76	44. 15
1977—1989 年	4 377. 51	600. 97	323. 24

资料来源：美国商务部《现代商业概览》有关各期。

美国在海外直接投资的收入不仅增长速度快，而且在美国剩余价值生产总额中所占比重不断提高。据统计，1954—1988 年间，美国海外直接投资收入增长了 47. 4 倍，海外直接投资收入占美国剩余价值生产总额的比重由 2. 18%提高到 10. 13%，计提高了 3. 6 倍(详情见表 6-3)。

表 6-3　战后美国海外直接投资收入占美国剩余价值总额的比重

年份	收入(亿美元)	占剩余价值总额的比重(%)
1954 年	22. 27	2. 18
1960 年	46. 16	3. 50
1965 年	74. 37	4. 04
1970 年	117. 47	5. 41
1975 年	253. 51	6. 90
1980 年	725. 06	11. 53
1985 年	888. 32	10. 73
1986 年	886. 15	9. 96
1987 年	1 047. 03	10. 94
1988 年	1 077. 76	10. 13

资料来源：吴大琨主编：《当代资本主义：结构、特征、走向》，上海人民出版社 1991 年版，第 255 页。

巨额利润的获得，大大扩大了垄断资本积累的规模，迅速扩大了美国跨国公司对外直接投资的能力。如 1966—1982 年间，美国将获得的直接投资利润用于再投资部分为 1 255 亿美元，占利润总额的 41.8%，而在 1983—1989 年，利润再投资额达 1 266 亿美元，占获得利润总额的 48.7%。

第二节　海外直接投资的大规模展开有利于美国跨国公司抢占国际市场

70 年代以来，随着美国、西欧、日本三足鼎立局面的逐步形成，国际商品市场上的竞争日益激烈，贸易保护主义日益抬头，发达资本主义国家争夺国际市场的矛盾和斗争变得更加尖锐化。在这种情况下，美国跨国公司对外直接投资的重要目标就是尽可能多地占领国外市场。美国一家重要的化学和制药跨国公司菲泽尔制药公司的董事长兼总经理吉·鲍尔斯就此曾说过："为了使任何一个广阔市场的绝大部分处于自己的支配之下，需要进行直接投资以建立商业办事处、商品仓库，以及如果不是全部完整的生产企业，至少也是装配企业。单纯的出口商在 20 世纪的下半叶内不能在市场上起主导作用"。①

战后以来，美国跨国公司将 3/4 左右的海外直接投资投向西欧、加拿大和日本等市场容量大的发达资本主义国家，在那里建立起三万多个各种各样的生产和销售分支机构。其目的正是为了控制当地市场和占领其他市场，以利于美国商品输出。

美国跨国公司抢占东道国商品生产和销售市场，可以从子公司控制东道国的生产和销售情况中看出来。据统计，60 年代中期，美国垄断资本控制了英国汽车生产的 50%，联邦德国的 40% 和法国的 1/3；70 年代中期，美国跨国公司在西欧的附属公司控制了西欧炼

① ［苏］丘根德赫特：《国际垄断组织》，转引自［苏］伊·普·法明斯基：《科学技术革命对资本主义世界经济的影响》，北京出版社 1979 年版，第 132 页。

油能力的 1/3。另据统计，1967 年，加拿大石油和天然气工业的 82%，汽车工业的 90%，橡胶工业的 83%，化学工业的 59%，也均为美资企业所控制。美国跨国公司长期控制着西欧电子计算机工业。1978 年，美国跨国公司在欧洲子公司的销售额达 2 200 亿美元，约为欧洲各国制造业销售总额的 1/10，差不多相当于英国全年的国民生产总值。

美国跨国公司尽管将其对外直接投资的 75%左右投向发达资本主义国家，但是美国从未放过发展中国家市场。只要有利可图，总是千方百计打进去。美国跨国公司对某些发展中国家的工业和市场控制程度也是相当高的。

如国际电话电报公司，通过设在国外的 140 多家子公司，控制着分布在 60 多个国家的 200 多家分公司和企业，从而稳固地占领了广阔的市场。美国国际商业机器公司，通过直接投资和国际分工合同关系网络，控制着 150 多个国家中的 4 万多家企业，在 100 多个国家从事生产、装配和销售，垄断了资本主义世界电子计算机市场的 70%左右。美国跨国公司通过直接投资，在国外收买、兼并和不断建立分支机构及拥有控股权的子公司，把它们的势力伸向世界每一个角落。在国外形成了一个巨大的，由美国垄断资本支配和管理的，其经营活动从属于美国公司内部企业政策的经济帝国，被称为“看不见的帝国”。这类帝国在世界市场出售的商品，比美国国内出口量大几倍。其中最典型的例子如埃克森公司，它拥有数百家子公司分公司及附属机构，分设在世界各地，在三四十个国家设有 70 多家炼油厂，在 100 多个国家设有销售机构，在世界燃料市场经营着数万个加油站。据透露，埃克森公司在国外的雇员，比美国国务院驻外人员还要多 3 倍，被称为“石油的联合国”。① 像这样一些巨型跨国公司的销售额，不仅大于某些发展中国家的国民生产总值，甚至超过某些较小的发达国家的国民生产总值。1990 年，美国通用汽车公司、埃克森公司、

① 王怀宁、黄苏著：《国际资本简论》，中国财经出版社 1987 年版，第 220-221 页。

福特汽车公司和国际商业机器公司的销售额分别为 1 251.3 亿美元、1 058.9 亿美元、982.7 亿美元和 690.2 亿美元①，都比新西兰、爱尔兰、希腊、葡萄牙等国的生产总值还高。

美国跨国公司对国外市场的控制大大加强了美国垄断资本的实力，促进了美国垄断资本的发展。

第三节 海外直接投资的迅猛发展有利于促进美国产业结构的升级与调整

战后以来，世界新的技术革命的蓬勃发展，导致了电子计算机工业、原子能工业、半导体工业、高分子合成工业、宇航工业、激光工业等新兴高技术工业问世。在科技革命强有力的推动下，美国的社会生产力获得高度发展，人均国民收入有了较大提高，居民消费结构出现显著变化，这导致了美国产业结构的变化。尤其是 60 年代以来，美国劳动工资上升，劳动密集型产业的比较优势相对丧失，国际竞争的压力越来越大。为了迎接挑战，提高竞争力，美国的重大战略措施就是对产业结构进行重大调整和实行产业结构升级，也就是将国民经济的重心从传统工业向高技术工业转移，从物质生产部门向第三产业转移。在这种产业结构调整中，美国的海外直接投资起了重要的促进作用。国际竞争对美国工业的挑战首先是从传统工业开始的，然后沿着技术阶梯逐渐上升。美国的海外直接投资使行业间的分工进一步深入到行业内部。为了充分利用各国的比较优势，美国一般将劳动密集型的、低技术、低增值工序转移到国外，而将高技术、高增值工序留在美国本土上，使美国的产业结构不断高级化。

在这里值得研究的是，美国对外直接投资在促进其产业结构调整和升级的同时，是否引起了美国产业"空心化"(Holl-owing)。所谓产业"空心化"现象，是指美国制造业的功能越来越趋于服务性，以本

① 美国《幸福》杂志 1991 年 7 月 29 日。

国为生产基地生产的产品日益减少，甚至完全不生产。早在50年代后期欧洲经济共同体成立时，美国为了对付欧洲的关税壁垒而增加了对西欧的汽车和电机等工业部门的直接投资。其结果，造成美国对西欧的汽车和电机等商品出口逐渐减少。不仅如此，由于西欧国家的这些工业部门有了较大发展，后来又反过来向美国出口汽车等产品，从而使美国的相应生产受到影响。当时，美国就有人提出美国工业出现了“空心化”问题。80年代中期以来，这一问题越来越引起了经济学家和企业家的重视。

据统计，80年代中期前后，美国出口商品的国际竞争力不断下降，出口商品增长速度放慢，国内市场上的外国商品越来越多。如1983年美国国内市场销售额中，汽车有26.5%，钢铁有20%，机床有42%是外国货。至于家用电器和一些劳动密集型商品更是大部分从国外进口。

在强大的国际竞争压力面前，美国的一些企业为了摆脱困境，寻找出路，便把目光更多地转向海外能降低生产成本和获取利润的地区。为了降低生产成本，一些企业越来越多地向外国采购价格低廉的原材料、零部件和附件，或者在国外进行直接投资，以便运回美国进行组装；有些企业索性在国外把元件组装为成品，然后运回美国贴上美国公司的牌子出售。如通用电气公司于1985年从它在国外的分公司进口了相当于14亿美元的电机产品，贴着该公司的商标在美国国内出售。美国克莱斯勒公司（拥有日本三菱汽车公司15%的股份），从日本进口三菱制造的小型汽车，在美国市场用“道奇”和克莱斯勒的牌子销售。这种情况不仅发生在汽车、机械制造等传统工业部门，而且也盛行于电子工业等高技术部门。如美国有许多电子产品（包括电子计算机）都主要是利用海外制造的零部件进行生产的，有的产品甚至是在当地（如墨西哥、新加坡、中国台湾、中国香港等地）加工组装的。

美国跨国公司大量向海外进行直接投资的结果，使得美国一部分制造业跨国公司在本国的生产业务逐步缩小；个别企业甚至不再从事制造活动而在实际上成了外国制造商在美国的销售机构。因此，有人认为美国的大量海外直接投资导致了美国产业的“空心化”。1986 年 3 月美国《商业周刊》杂志所出版的一期专门论述“空心企业”的特刊，其副标题就是“制造业的衰落威胁着整个美国经济”。日本立命馆大学教授关下稔在日本《经济》杂志 1989 年第 10 期载文分析说：“现代资本主义世界结构及其运动的特征是，过去美国跨国公司向海外扩张，为世界经济带来活力，形成‘世界经济美国化’，但另一方面，却使美国经济不振，陷入‘空心化’。”①

他们认为，产业“空心化”将会导致一系列不可避免的问题：(1)美国的制造业会进一步萎缩，失业者将增多。(2)进口商品将大大增加，从而使美国的贸易收支逆差扩大。以美国半导体工业为例。1969 年，美国非生产线的半导体产品出口 2.78 亿美元，非生产线的半导体产品进口 800 万美元，806/807 项目进口(关税价值)5 800 万美元，半导体贸易顺差 2.12 亿美元，随着美国半导体工业的生产据点大量转移国外，806/807 项目的进口急剧增加，到 1982 年，美国非生产线的半导体产品出口 17.94 亿美元，非生产线产品进口 9.97 亿美元，806/807 项目进口 11.56 亿美元，半导体贸易逆差 3.59 亿美元。②(3)随着生产向国外转移，生产技术也将流向国外。而一旦外国人掌握了美国技术，便会利用这些技术回过头来打击美国。(4)制造业一旦完全放弃某种产品的生产，就很难再在这种产品上同其他国家进行有力的竞争，因为失去生产基础的产品技术难以再有重大的创新。美国一些电器设备(如录像机等)的情况便是如此。

我认为，美国海外直接投资的迅猛发展，某些工业生产的外移(即“空心化”)的情况确实存在，但其规模非常有限，还谈不上对美国制造业的发展构成威胁，而且美国有些跨国公司通过直接投资，把某些生产转移国外是为了提高自己的竞争能力和求得生存，如果企业

① 《世界经济译丛》1990 年第 5 期，第 11 页。

② [美]J. 格伦沃德和 K. 弗莱姆：《全球工厂》布鲁金斯学会 1985 年，第 108 页。

不这样做，很可能因竞争力低下而难以生存下去，这是其一；其二，把美国海外生产的扩大与贸易逆差增加联系起来缺乏说服力。1985年，美国海外生产比率(即制造业的海外企业销售额除以国内销售额)是18.1%，而原联邦德国是19.2%，可是该年美国有着1 485亿美元的巨额贸易逆差，而原联邦德国却有254亿美元的贸易顺差。1988年，美国的海外生产比率提高到24.9%，贸易逆差额降至1 380亿美元，而原联邦德国的海外生产比率提高到19.8%，贸易顺差额增至728亿美元。这足以证明海外生产比率与对外贸易收支之间并没有必然的联系。其三，在当今发达资本主义国家资本对流加强的情况下，产业“空心化”问题变得日益复杂。1990年，美国在海外制造业直接投资累计额为1 682.2亿美元，而外国在美国的制造业直接投资累计额为1 599.98亿美元。这表明，美国向国外制造业大量投资的同时，美国的一些工业部门中出现了外国同行业厂商的大量投资的情况。如果说美国的大量直接投资导致了产业“空心化”，那么，外国对美大量直接投资是否造成了“逆空心化”趋势呢？所以，我的看法是，美国的大量海外直接投资顺应了当今经济国际化，全球化的发展趋势，它对美国的产业结构产生了重大影响，即使是美国的某些传统工业部门和一些特殊的高技术部门由于国际竞争力较差而转移国外生产，出现“空心化”现象，这是美国利用比较优势而进行的产业结构调整，它有利于美国的产业结构升级和产品的更新换代。

第四节　海外直接投资的持续发展促进了美国就业结构的调整

美国对外直接投资对美国的就业究竟产生什么影响，这是一个长期争论不休的问题。

从美国工会的立场看，美国跨国公司在外国设立生产性公司，就等于是输出工作岗位。因此，在他们看来，美国跨国公司是为了逃避本国工会集体议价的压力，在工会力量薄弱的国家设厂，利用该国廉价的劳动力进行生产，把工作岗位外延出去，使得本国工人丧失工作机会，造成了美国的高失业。美国劳联产联宣称，由于对外贸易发展不平衡，美国在1966—1969年期间损失了50万个就业机会，其中很大一部分要归咎于“外逃企业”，即在国外从事劳动密集型生产经营活动的企业。美国一位劳工领导人指出：“所有的行业，各种成长部门……成千上万急需的就业机会被出口了，对我们这些从事劳工运动的人说来，这预示着，大规模的出走。”①基于这样的认识，美国劳联产联曾要求通过立法，限制美国的进口和对外直接投资。

关于美国对外直接投资对美国就业的影响，国外许多经济学家进行了实证研究。如R. G. 霍金斯将对外直接投资对投资国短期的就业影响分为三种效应：② 第一种为生产替代效应：跨国公司采用国外子公司生产，而不是采用母公司出口的办法来参与国际市场，会在一定程度上造成就业机会的损失。第二种为出口刺激效应，这是指国外子公司对母国资本设备、中间产品和辅助产品需求，而产生的增加国内就业的正效应。第三种为母国的公司总部和辅助性企业效应，这是由于管理职能集中于母公司对母国的非生产性就业的促进，另外，国外子公司经营业务也会导致母国法律和公共关系服务、管理和工程咨询等方面需求的增加。

大多数研究表明，美国对外直接投资对就业的重要正效应来自于创造了许多美国非生产性就业机会，这些就业机会的增加是由于母公司总部的管理职能集中和有关服务行业扩展而产生的。此外，母公司向子公司和当地企业出口资本设备和零部件，也增加了美国的就业机会。到60年代末，上述两项因素相加，已为美国创造了50—60万个就业机会(见表6-4)。

---

① 保尔·詹宁斯：《国际电气、无线电和机械工人联合会主席在美国国会对外经济政策小组委员会的报告》，1970年，第4部分。

② 参见R. G. 霍金斯论文：《就业替代和跨国企业：方法论评述》，不定期文件，第3号，华盛顿，跨国企业研究中心，1972年6月。

表 6-4　美国跨国企业对美国就业的影响

研究单位	资料来源	就业影响(万个)
鲁滕伯格劳联产联研究所(1971 年)	官方综合数据	-50
斯托鲍夫等人(1971 年)	9 个案例研究和综合数据	60
美国关税委员会(1973 年)		48.8

资料来源：美国关税委员会：《跨国企业对世界贸易和投资以及对美国贸易和就业的影响》，向美国参议院财政委员会和国际贸易小组委员会的报告，第 93 届国会第一次会议，华盛顿，美国政府出版局，1973 年；R·G·霍金斯：《就业替代和跨国企业：方法论评述》，不定期文件，第 3 号，华盛顿，跨国企业研究中心，1972 年 6 月。

德拉托尔·斯托博和特列休的研究进一步证实，美国由于对外直接投资的结果，那些熟练程度高的就业机会的增长数要大于损失数。① 可是，在那些熟练程度低的职位上，就职雇员在被解雇以后，则并不能替补到熟练程度高的职位上去，确切地说，他们只能在该国的其他地方寻求非熟练职位的空缺，这种情况可能鼓励在职的同等熟练和专业水平的雇员向跨国企业需要的新职位流动。因此，总调整数可能会超过 150 万个就业机会。②

我认为，如果美国跨国公司设在东道国的子公司生产的商品向美国出口或向美国原来的出口国出口，或者替代了原来从美国的进口，那么直接投资确实会给美国造成失业影响。但是，随着美国对东道国直接投资的增长，东道国的生产和就业水平会相应提高，其进口也可能增加，当然包括从美国的进口，这就产生了增加美国生产和就业的影响。从美国的实际情况看，对外直接投资的确会造成投资国非熟练

① 德拉托尔·R. B. 斯托博和 P. 特列休：《美国跨国企业和美国就业技能构成的变化》第七章，载于 D. 库亚瓦编：《美国劳工和跨国公司》，纽约，普雷格出版公司，1973 年版。

② 参见[英]尼尔·胡德，斯蒂芬·扬著：《跨国企业经济学》，经济科学出版社 1990 年版，第 386-387 页。

劳动力失业的增加，但由于对外直接投资引发了美国机器设备、技能等出口的扩大，促进了美国产业结构的调整和升级，推动了美国科研工作的展开。这就使得美国对熟练工人、技术人员和管理人员需求有所增加。因此，美国对外投资对美国就业的影响总的来说主要是表现在就业结构的改变上，而不是表现在就业人数的增减上。

第五节　海外直接投资有利于改善和加强美国的国际收支地位

美国跨国公司在海外的直接投资，几乎没有一项不涉及到美国的国际收支问题。从美国的角度看，美国在海外建立子公司或分公司的开办投资——资本支出；海外子公司开业后汇回给母公司的利息、红利、许可证使用费、管理费、派出人员的工资等——资本收入；海外子公司经营中的原材料、中间产品和设备的出口——收入；从海外子公司进口产品——支出；等等，把这些因素综合起来，就构成了对美国国际收支的影响。

首先，从对资本流动的影响看，尽管由于资金外流，直接投资对国际收支在短期内会产生消极影响。但从长期看，跨国公司通过子公司汇回利润和支付给母的特许权使用费及其他收入，增加了投资国的收益，从而增加了美国的支付能力，有利于改善美国的国际收支。一般估计，5—10 年的利润收入即可收回全部直接投资。如 1968 年出版的赫夫鲍尔—阿德勒为美国财政部进行的研究报告(详见表 6-5)。

表 6-5　赫夫鲍尔—阿德勒估价的国际收支效应(按逆古典派假设)

(1961—1962 年到 1964—1965 年)

1. (a)向子公司出口资本设备(占对外直接投资额的%)	27.0
(b)向当地公司出口资本设备(占对外直接投资额的%)	23.8
2. (a)向子公司出口零部件(占子公司销售额的%)	4.2
(b)向当地公司出口零部件(占子公司销售额的%)	3.5

续表

3. 出口替代和与子公司及当地公司生产相关的出口之间的差别(占销售额的%)	2.3
4. (a)进口(占子公司销售额的%) (b)进口(占当地公司销售额%)	-4.3 -3.7
5. (a)特许费和管理费(占公司销售额%) (b)特许费和管理费(占当地公司销售额%)	1.2 —
6. 汇回利润占税后利润%	50.5
7. 税后的投资收益率	11.7
8. 逆古典派假设偿还期	约9年

说明：1. (a)这是指出口而非资本外流形式占对外直接投资总额的比重。美国每100美元直接投资对国际收支直接不利影响为73美元，因为27美元是出口形式的投资。

(b)除了向子公司出口外，由于对外直接投资促进了当地企业从投资国购买设备，对母国有间接利益，这是当地企业与外国子公司竞争所必须的。

2. (a)这代表对外直接投资的持续贸易效应，它由子公司向母公司购买零部件构成。

(b)同样，由于示范效应，当地企业持续从国外采购。

3. 这是指由于改善与子公司相关的销售和服务而促进母公司制成品的出口与由于国外子公司和当地企业生产造成的出口替代之间的差额。在逆古典派假设中，出口替代是小的。

4. 指从国外子公司或当地企业向投资国返销制成品和部件。

5. 包括专利费、许可证费和管理服务费等。

6. 包括红利在内的汇回总额。

7. 税后利润占总投资的比例。

8. 用国外税后利润抵偿原投资额的年限。

资料来源：G. C. 赫夫鲍尔和 F. N. 阿德勒：《制造业对外投资和国际收支》，税收政策调查研究文件，第1号，华盛顿，美国财政部，1968年。

该报告假设，对外直接投资取代东道国的投资，但并不减少母国的资本形成。他们认为，对外投资是维持市场的需要。不然的话，由于东道国推行自给自足和进口替代政策，就会把母国的出口挤掉。根据这一假设，赫夫鲍尔—阿德勒发现，美国有较大比例的直接投资是由资本设备出口构成的，以致每 100 美元的投资对国际收支的不利影响仅为 73 美元。从长期看，美国国际收支得益每年达 11.7 美元，只要九年就可全部收回投资。这表明，从长期看，美国对外直接投资对美国的国际收支产生着不可忽视的积极影响。

其次，从对商品流动的影响看，美国海外直接投资可以带动商品输出。因为在很多情况下跨国公司母公司向国外子公司的直接投资是通过向子公司提供机器设备、零部件和原材料而实现的。如果没有这项直接投资，这些商品就不大可能出口。当然，直接投资也有可能使出口减少。例如，子公司在国外的销售直接替代母公司的出口，就属这种情况。但是，如果美国跨国公司是为了占领市场，防止外国潜在的生产，那么直接投资可以从影响相关零部件，相关产品的出口上使总出口增加。对于进口的影响，如果美国直接投资是投向外国的采掘业以获取本国没有的原料，这项投资不会增加投资国的进口，因为如果不进行这项投资就要由外国企业供应。如果直接投资的目的在于利用外国的廉价劳动力，也不会增加进口。譬如，如果美国不将电视机、录音机等电子元器件运到外国的子公司进行装配，然后运到美国销售，就不能和日本在美国市场上竞争，就会有更多的日本货进口。

美国国际贸易委员会的前身，美国关税委员会于 1972 年进行了关于美国跨国公司对美国国际收支等方面影响的研究。研究结果表明，1970 年美国跨国公司带动的出口和从国外得到的利润、利息、特许权使用费等金额，超过包括直接投资在内的资本净输出额达 58 亿美元之多。美国海外直接投资水平愈高，出口水平也愈高，两者之间大致有正相关关系。从实际情况看，美国海外直接投资逐年增加，从国外获得的利润等收入也是逐年增长的。据统计，在 1977—1989 年间，美国从海外私人直接投资中所获得的利润额由 196.73 亿美元增至 536.17 亿美元，获得的专利权收入由 21.73 亿美元增至 91.76

亿美元，获得的其他收入由 17.1 亿美元增至 44.15 亿美元①。因此，美国跨国公司海外直接投资的收入已经成为加强美国国际收支地位的重要源泉。

例如，50—60 年代，美国对外贸易每年都有数十亿美元的顺差，但自 1971 年开始，美国外贸收支由顺差转为逆差。在 1970—1979 年间，美国商品贸易除 3 年外，其余 7 年都是逆差。在此期间，经常项目的国际收支却有 5 年出现顺差。主要原因就是直接投资净收入日益增加，它在很大程度上抵销和缓和了商品逆差贸易。如 1979 年，美国贸易逆差为 294 亿美元，但这一年对外直接投资净收入高达 325 亿美元，足以抵销全部贸易赤字。"②

美国对外直接投资净收益在美国国际收支中占有重要的地位，这是由美国对外直接投资收益减去外国在美国直接投资收益所得到的净利润收入，它是美国国际投资活动给美国带来的净增财富。1976—1983 年，这项净收益累计高达 2 950 亿美元，几乎是同期美国对外直接投资增加额的 2 倍。1984—1989 年，这项净收益高达 1 873.7 亿美元，是同期美国对外直接投资增加额(1 464.7 亿美元)的 1.28 倍。它不仅对美国经常项目的收支是一个重要的积极因素，而且对同国际投资有关的净资本流向总是保持流入起了重要作用。同国际直接投资有关的净资本流量是美国国际直接投资净收益同它的对外直接投资净流量相互抵销后的净值，用以反映作为同美国有关的国际直接投资活动(双向)的总的结果，资本究竟是流入美国还是流出美国，其流量又是多少？(详见表 6-6)。

可以看出，美国国际直接投资净收益 1985 年以前不仅每年都大于对外直接投资净流量，而且也大于每年的毛流量(即不考虑外国资本流入影响)。换言之，在 1985 年以前，即使没有外国投资资本流入美国，单靠美国对外投资的净收入，也能在继续追加海外投资的前提下保证每年有盈余的资本流入美国。这就足以证明，美国海外直接投

① 根据美国商务部《现代商业概览》有关各期资料整理。

② 美国商务部：《现代商业概览》1981 年 3 月，第 55 页。

资对美国的国际收支产生着不可忽视的积极影响。

表 6-6　美国对外直接投资净收益对美国国际收支的影响

单位：亿美元

年份	国际直接投资净收益	商品贸易收支	经常项目收支	美国对外直接投资资本流量	对外直接投资资本净流量
1970 年	62. 33	20. 63	23. 31	-73. 90	-59. 38
1975 年	127. 87	89. 03	181. 16	-139. 70	-113. 70
1980 年	303. 87	-254. 80	15. 33	-275. 20	9. 80
1981 年	340. 83	-279. 78	81. 63	-129. 70	127. 30
1982 年	286. 64	-364. 44	-69. 97	20. 60	180. 60
1983 年	248. 75	-670. 88	-442. 86	5. 50	129. 50
1984 年	184. 89	-1 125. 22	-1 041. 86	-57. 90	217. 00
1985 年	259. 31	-1 221. 48	-1 126. 82	-196. 80	3. 20
1986 年	216. 47	-1 450. 58	-1 332. 49	-271. 00	87. 00
1987 年	222. 83	-1 595. 00	-1 437. 00	-482. 00	32. 00
1988 年	22. 27	1 272. 15	-1 265. 48	-189. 00	382. 00
1989 年	-9. 13	-1 148. 64	-1 100. 34	-399. 00	320. 00

资料来源：《美国总统经济报告》1990 年第 410 页，1991 年第 401-402 页。美国商务部《现代商业概览》有关各期。

第六节　海外直接投资有利于美国生产资源的优化配置和原材料的供应

在战后激烈的国际竞争条件下，美国的生产要素资源不断地从经济效率低的部门流向经济效率高的部门，从而提高了整个美国经济的劳动生产率，因而也提高了美国经济创造的新增价值，提高了国民收入，压低了通货膨胀。以半导体工业为例。据美国布鲁金斯学会的经济学家估算，若以 1983 年美国半导体工业产值为 120 亿美元，则将国外生产线搬回国内所引起的社会损失将达 9.6 亿美元。在物价方面，半导体国外生产大大降低了美国半导体产品的生产成本和售价，使美国消费者节省了 10%的开支。① 美国通过将一些劳动密集型产业向国外转移，使得美国制造业跨国公司把每小时支付工资及福利费用从美国国内的 8.76 美元降至发展中国家子公司的 1.74 美元，大大压低了劳动成本，提高了产品竞争能力。

美国虽然拥有较丰富的自然资源，但由于美国对本国资源的浪费性开采和消费，造成本国原料来源的日益枯竭，使有些原材料特别是许多战略原料日益依赖国外供应。所以，长期以来，美国跨国公司对国外原料的开采十分重视。例如，在 1979—1981 年间，美国新增加的对外直接投资总共 595 亿美元，其中 31.4%(187 亿美元)是投资在初级产品部门。投在发展中国家为 107 亿美元，投在发达国家(主要是加拿大)有 79 亿美元，那些在国外从事采掘业的子公司，把矿产原料大部分运回美国冶炼或加工，以确保美国国内工业获得稳定的可靠原料供应，以维持社会再生产的正常进行。以对加拿大的直接投资为例，1974—1975 年，美国工业对镍矿需要的 2/3，对石棉需要的 3/4 都是靠加拿大供应的，美国在加拿大采掘业的巨额直接投资，保证了它能够日益加紧攫取加拿大丰富的自然资源。美国设在加拿大的矿业公司，源源不断地把加拿大开采的矿产运出加拿大。据统计，70 年代中期，加拿大每年矿产量的 69%被输出，而某些原料几乎全部产量被输出。例如，出口占产量的比例：镍占 96.8%，锌占 89.6%，石棉占 94%，钾碱占 95%，铁矿占 80%，纸浆和纸张占 72%，铜占 70%，石膏占 75%，铀矿占 85%。② 在加拿大的原料出口中，对美国的出口占有相当大的比重。

---

① ［美］J. 格伦沃德和 K. 弗莱姆：《全球工厂》，布鲁金斯学会 1985 年，第 96、221 页。

② 《加拿大金融时报》1976 年 9 月 27 日，《人民加拿大每日新闻》1975 年 12 月 22—31 日，第 5 页。

第七章　美国对外直接投资对东道国经济发展的影响

第六章我们论述了美国海外直接投资的发展对美国经济发展的影响，指出了美国从跨国公司的国外经营活动中得到了许多好处，但也带来了一些消极影响。

本章将从另一方面，即从美国海外直接投资的发展对东道国经济发展所产生的影响这一角度进行分析。列宁指出："资本输出总要影响到输入资本的国家的资本主义发展，大大加速那里的资本主义发展。"①美国的海外直接投资是通过美国跨国公司在国外的经营活动实现的，美国海外直接投资的场所是在东道国，它直接参加了当地的社会再生产过程。正因为如此，我们在研究美国海外直接投资的作用时，一般把主要注意力集中于它对东道国经济发展的影响上。

第一节　美国对外直接投资对东道国资本形成和经济增长的影响

战后以来，西方不少经济学家把资本这个要素看成是跨国公司对东道国的重大的甚至是首要的贡献。他们认为，外来直接投资能填补计划投资和国内储蓄的缺口。尤其是在发展中国家，资金短缺是经济发展中普遍存在的难题。由于发展中国家民族资本相对弱小，低收入导致的低储蓄率难以跟上投资的增长，造成"投资——储蓄缺口"。

① 《列宁选集》第2卷，人民出版社1972年版，第785页。

使发展中国家经济发展受阻。他们认为，外来直接投资作为一种稳定的资本投入，有助于填补这种缺口，成为发展中国家扩大投资的重要资金来源之一。

一般来说，美国跨国公司的海外直接投资对东道国解决资金短缺有着不可忽视的积极作用。这是战后西欧、加拿大、日本和发展中国家采取各种措施，大量引进美国直接投资的重要原因之一。根据美国商务部资料(见表 7-1)，美国跨国公司国外子公司的资金来源中有近一半来自外部。

表 7-1　1966—1972 年美国跨国公司国外子公司的资金来源　单位:%

<table>
<tr><th colspan="2" rowspan="2"></th><th rowspan="2">合计</th><th colspan="2">外部来源</th><th colspan="2">当地企业内部来源</th><th rowspan="2">其他来源</th></tr>
<tr><th>来自美国</th><th>来自第三国</th><th>未分配利润</th><th>折旧等收入</th></tr>
<tr><td colspan="2">全部行业和地区</td><td>100</td><td>13</td><td>32</td><td>16</td><td>34</td><td>5</td></tr>
<tr><td rowspan="3">按行业分</td><td>石油业</td><td>100</td><td>23</td><td>28</td><td>9</td><td>35</td><td>5</td></tr>
<tr><td>制造业</td><td>100</td><td>9</td><td>31</td><td>19</td><td>38</td><td>4</td></tr>
<tr><td>其他行业</td><td>100</td><td>6</td><td>44</td><td>20</td><td>23</td><td>7</td></tr>
<tr><td rowspan="5">按地区分</td><td>加拿大</td><td>100</td><td>7</td><td>21</td><td>25</td><td>38</td><td>8</td></tr>
<tr><td>欧洲</td><td>100</td><td>17</td><td>35</td><td>10</td><td>34</td><td>4</td></tr>
<tr><td>其他发达国家</td><td>100</td><td>16</td><td>38</td><td>16</td><td>26</td><td>3</td></tr>
<tr><td>拉丁美洲</td><td>100</td><td>7</td><td>36</td><td>13</td><td>42</td><td>3</td></tr>
<tr><td>其他发展中国家</td><td>100</td><td>14</td><td>31</td><td>22</td><td>28</td><td>5</td></tr>
</table>

资料来源：美国商务部：《现代商业概览》，1975 年 7 月号。

在加拿大的外资中，美国资本一直居主导地位。1975 年，加拿大经济中的外国资本，美国占 77%，1967 年曾占 80. 7%。在加拿大的外国直接投资中，美国所占比重更高。1976 年，美国在加拿大的直接投资为 348. 7 亿加元，占外国在加拿大直接投资的 80%。大量外资的涌入，为加拿大提供了大量的补充资本。根据加拿大统计局的资料，加拿大每年增加的投资净额中，外国资本所占的比重很大(详见表7-2、表7-3)。

表7-2　加拿大每年新增投资额中外资所占比重　　单位:%

年份(平均每年)	外资比重	年份(平均每年)	外资比重
1926—1930年	50.0	1956—1964年	56.0
1946—1949年	21.0	1965—1967年	40.0
1950—1956年	33.0	1968—1869年	41.0

资料来源：[加]皇家委员会：《总结报告》，1957年；加拿大统计局：《加拿大国际收支状况》1926—1967年，1971年。

表7-3　加拿大非金融产业年底资本账面价值　单位：10亿加元

年份	1965年	1970年	1975年	1980年	1985年
总资本(1)	60	90.9	147.3	264.9	411.2
美国拥有资本(2)	17.2	26.1	39.4	70.7	92.3
(2)/(1)(%)	28.7	28.7	26.7	26.7	22.4

资料来源：《加拿大国际投资地位》有关各期。

从表7-3可以看出，美国资本一直在加拿大非金融产业资本总额中占1/5强。

加拿大学者的研究表明，如果没有外国(主要是美国)的对加直接投资，加拿大国内生产总值将降低10%左右。① 据统计，1977年加拿大非金融产业国内生产总值为162.88亿美元，美在加子公司总产值为26.84亿美元，占加拿大非金融产业国内生产总值比重的17%②。本世纪以来，加拿大政府通过引进外国投资，积极发展经

① A. E. Safarian：《Foreign Direct Investment：A Survey of Canadian Research》，The Institute for Research on Public Policy，1985，P41.

② 美国商务部：《现代商业概览》1983年2月，第28页。

济，尤其是第二次世界大战以来，经济发展较快，目前已成为工农业都高度发达的资本主义国家，并居西方发达资本主义国家“七强之列”。加拿大人享有同美国人差不多的生活水平。在这样一个人口稀少，领土广大的国家内，实现如此高速发展，没有外部因素的推动，是难以想象的。在这里，外国资本尤其是美国资本在推动加拿大经济的发展中起着积极的作用。

在西欧，战后初期，由于面临经济恢复和大规模经济建设的任务，百废待兴，需要大量投资。而西欧各国由于受到战争的严重破坏，元气大伤，资本积累受阻。因此，当时美国资本的大量涌入，起了“输血”作用，在某种程度上适应了当时西欧对资本的需要，有利于加速西欧经济的恢复和发展。

美国对外直接投资，弥补东道国发展资金的不足，在发展中国家表现得更为明显。战后在国际旧经济秩序依然存在的情况下，非产油的发展中国家，一般不能为自己的经济发展积累必要的资金，往往需要外资来补充；即使是经济条件较好的中等收入国家也是如此。70年代迅速崛起的一批新兴工业化国家或地区，如巴西、墨西哥、新加坡、韩国、中国香港、中国台湾等都大胆利用外资，促进其资本形成。东盟五国自 60 年代末，开始大量引进外资(高峰期的 1974—1975 年，外资占国民生产总值的百分比分别为：印尼 36.6，马来西亚 74.7，菲律宾 33.2，新加坡 103.9，泰国 18.2)，发展加工制造业；从制鞋、锯木、造纸、食品加工和零件装配，发展到生产、出口家用电器、精密机械、石化产品、石油钻台、船舶等现代化高级商品。据统计，美国在香港、新加坡和菲律宾的直接投资居外国投资的首位。中国香港和菲律宾的外国直接投资有一半以上来自美国，新加坡则有 1/3 的外国直接投资来自美国。在韩国、马来西亚、泰国和印尼，美国投资居第二位。巨额的美国投资为上述国家和地区的建设提供了重要的资金来源，成为这些国家和地区资本形成的重要组成部分。如印尼石油业得到迅速开发，其中 90%的资本是由美国提供的。1983 年，美国投资占中国香港制造业投资总额的 46.2%，1986 年上升到 53.4%(恢复到 1971 年 53.5%的水平)①。巴西、墨西哥也是美国对外直接投资最多的发展中国家，60 年代中期以来经济获得较快发展(详情见表 7-4)。

表 7-4　发展中国家(地区)的主要经济指标(1988 年)

国别地区	人口(万人)	人均 GNP(美元)	人均 GNP 增长率(1965—1988)	平均寿命(岁)
印尼	17 480	440	4.3%	61
马来西亚	1 690	1 940	4.0%	71
新加坡	260	9 070	7.2%	74
泰国	5 450	1 000	4.0%	65
韩国	4 200	3 600	6.8%	70
中国香港	570	9 220	6.3%	77
巴西	14 440	2 160	3.6%	65
墨西哥	8 370	1 760	2.3%	69

资料来源：世界银行：《1990 年世界发展报告》英文版，第 178-179 页。

必须指出的是，美国海外直接投资对东道国经济发展的推动作用，并不是单方面孤立地发生的，而是东道国制订和实施合理的外资政策，把外资纳入到促进本国(地区)经济发展的结果。东道国根据自身经济发展的需要，积极而有选择地引进外资，并从多方面采取优惠措施，为外资创造良好的投资环境；另一方面，对外国投资实行引导和必要的限制，把外资的部门流向同本国(地区)经济发展目标结合起来，使外资成为政府调控和引导下的一支重要经济力量。这是外国投资对东道国经济发挥积极作用的重要条件。

同时必须指出的是，美国海外直接投资对东道国资本形成的积极

① 《远东经济评论》1986 年 9 月 18 日，第 75 页。

作用毕竟是有一定限度的，也是有阶段性的。一般来说，当美国跨国公司在东道国建立子公司时期，美国流入东道国的资金就多一些，对东道国的资本形成和经济增长起着积极作用。但是，随着美国跨国公司子公司的建立，生产大规模展开，利润的不断获得，美国对东道国的这种资金流入将会逐渐减少(即使它的投资额可能因利润再投资而增加)、停止以至收回本金。到这时，对东道国来说，就是资金流出了。从80年代的情况看，那些已有跨国公司投资较长历史的发展中国家，大都是资金外流多于新资金的流入。所以就东道国的资本形成这一因素看，也将转为消极作用了。特别是有些美国跨国公司建立子公司并没有带来资本，它们投资款项或是从当地金融机构借来的，或是在当地发行股票筹集的。在这种情况下，东道国并没有任何资金的流入。如果当地资金缺乏，那么跨国公司凭借其优势条件，就会夺走当地有限的资金，吸去当地的储蓄，从而加重了当地企业资金困难，这样就会给东道国带来严重损害。

尤其是美国跨国公司母公司与子公司之间的内部结构比较复杂，一般是统一经营，分别核算，母公司向国外子公司直接投资，或者发行证券与中长期贷款；子公司向母公司还本付息，交付红利及各种利润，特别是在生产，销售过程中的内部转让价格，任何外人不得知晓。它们造假账、偷漏税、弄虚作假习以为常；加上公开的专利费、技术转让费和利润再投资，滚雪球似的营利，造成了发展中国家的资金外流。

第二节　美国对外直接投资对东道国产业结构和技术进步的影响

在战后相当长一段时期内，西欧、加拿大、日本等发达资本主义国家特别是发展中国家，它们在科学技术、产业结构、企业经营管理水平方面远远落后于美国。为了引进美国的先进技术，实行产业结构升级和加强企业管理，他们主要采取了三种途径，即进口设备、购买专利许可证和通过引进美国的直接投资。而美国的对外直接投资则是与转让技术和企业管理经验紧密联系在一起的。

战后以来，在第三次科技革命的推动下，技术进步在经济发展中的作用愈来愈重要。根据西方经济学家计算，在1950—1962年期间，在某些工业国的经济成长中有60%—85%是由提高劳动生产率(改进技术)构成的，只有15%—40%才是由增加劳动、资本、土地的投入而实现的。

美国在东道国投资建立新的工厂，为东道国带来了一揽子先进的机器设备、技术知识和管理经验。美国跨国公司在东道国的子公司可以训练东道国的经理如何和外国银行建立联系，寻找可供选择的不同供应渠道，打开各方的销售市场。美国子公司在向东道国转移现代化技术设备的同时，带来了有关生产过程的先进技术知识。通过直接投资所实现的机器设备和技术管理知识的转移和扩散，对东道国经济的发展有着积极的作用。

越来越多的国家在实践中认识到，利用外国先进技术比进口设备要合算得多。通过引进美国直接投资来引进美国先进技术是一种提高技术水平的捷径。长期以来，美国对其出口商品的品种、数量、地区甚至国别，有比较严格的控制和立法规定。美国跨国公司在维护母国利益的前提下，更注重自身的利润。它们可以通过合法的内部转让和其他手段，把母国禁运的一些设备和技术，转移到子公司所在的国家，所以，精密仪表仪器、原子、电子技术与设备，在其他国家能够生产并有创新。

美国跨国公司海外直接投资中的技术转移实际上是技术容量的一揽子转移的过程。在这个过程中，美国跨国公司转移的技术包括四大类：一是加工技术，包括加工方式的选择；具有经济和技术双重效益的机器设备选择；厂区设计和配料专利等。二是产品技术，包括产品设计和产品专利等。三是管理技术，包括人员管理、财务管理、营销管理等。四是质量控制技术，即保证材料、设备和最终产品的设计合理并达到标准化要求。

战后以来，美国跨国公司海外直接投资的迅猛发展在一定程度上促进了东道国的技术进步。这种促进表现在三个方面：

一是促进了劳动技能的转移。一般来说，跨国公司都尽可能地雇佣当地的工人、管理人员和技术人员。为了使他们熟练跨国公司带来的先进的设备和技术，就必须对他们进行培训，这在客观上为东道国培养了一批能应用先进技术的熟练工人和有相当能力的企业管理人才。

二是促进了先进技术在东道国国内的扩散。这主要通过四种渠道实现：第一，跨国公司子公司与东道国企业的产前产后联系促进东道国企业改进技术，提高生产效益和产品质量。外国企业一般对东道国的原材料、燃料、中间产品、机器设备等生产资料供应企业的产品质量、价格、交货期等要求十分严格，迫使东道国有关企业按其规定进行生产，从而保进了东道国企业的技术进步。第二，外国企业加剧了东道国产业内部的竞争，迫使东道国企业采用新技术，提高劳动生产率，降低成本；第三，外国企业中一部分掌握先进技术的当地职员转而受雇于本国企业或开办新企业，造成外来技术的扩散；第四，外国企业具有技术上的“示范”效应，使东道国企业得以模仿。

三是促进了东道国国内的科研活动。这是因为外国企业为了适应东道国市场的特殊需要，在东道国建立科研机构以试制产品，按当地情况调整技术，控制产品质量；同时；跨国公司子公司通过与当地科研机构、生产资料供应厂家合作，联合攻关，促进当地科研活动的发展。

在加拿大，美国的直接投资是加拿大引进美国技术的最主要方式。美国的直接投资把美国的资金、先进生产设备、生产工艺和科学技术以及管理经验一起带进加拿大。第二次世界大战前，加拿大的造纸、采矿等部门就是通过引进外资发展起来的。战后，加拿大的电子工业、汽车工业等制造业也是走这条路发展起来的。以汽车工业为例，加拿大的汽车工业基本上是美国三大汽车公司为了绕过加拿大关税壁垒而对加进行直接投资建立起来的。随着美对加汽车业投资持续不断的高速增长，汽车工业迅速发展成为加拿大制造业最重要的生产部门。1984 年，汽车业产值在制造业总产值中所占比重为 17%，按产值排列在制造业中居第一位。1986 年，加拿大汽车总产量为

184.58 万辆，其中仅美国通用、福特、克莱斯勒三大汽车公司在加子公司的汽车产量之和为 178.97 万辆，占加拿大汽车总产量的比重为 97%。① 尽管美国跨国公司通常把研制工作的重心摆在本国，但是，美国跨国公司在加拿大的子公司毕竟能够通过同母公司研制中心的联系渠道不断得到新技术；另一方面，为了使母公司发明的新技术适应加拿大环境的需要，以及利用加拿大政府颁布的研究与发展津贴，有些研制工作也在加拿大进行。据统计，1970 年加拿大研究与发展的经常开支，55%是由外国资本控制的公司支出的；另按专利统计，加拿大注册的专利，属于外国人的占 95%，其中美国占 2/3。1987 年，在加拿大登记注册的专利总数中，属于外国人的专利占 93%，而其中美国人拥有的专利又占绝大多数②。美资企业一方面给加拿大带来一批有经验的高中级管理人员，另一方面也促进在这些企业工作的加拿大人学习和掌握先进的经营管理技能。据 1962 年对资产超过 2 500 万加元的 217 家有外资参股的公司的抽样调查，在 2 162 名董事中，加拿大人占 60%；在 217 名总经理中，加拿人占 62%；在 1 491 名其他高中级管理人员中，加拿大人占 87%。这有助于提高加拿大企业经营管理水平。

在西欧，美国进行直接投资的私人企业，大都是一些实力强大，技术先进的巨型跨国公司。这些跨国公司利用其美国优势，区位优势等在西欧各国建立企业，客观上促进了垄断先进技术向西欧的转移，进而促进了西欧某些新兴工业部门和高技术部门、产业的建立，推动了西欧国家的产业技术改造和产业结构的调整和升级。同时，西欧资本为了同美国资本竞争，也竞相向这类新兴工业部门进行大量投资，从而加速了这些部门的发展。众所周知，美国在发达资本主义国家中，是生产技术居于领先地位的国家，很多重要的发明创造大都是首先在美国搞成功或先为美国采用的。据经济合作与发展组织的资料，在战后最重大的 110 项发明中，有 60%是首先在美国采用的，38%是

① 《加拿大统计评论》1987 年 1 月，第 178 页。

② Gordor Laxer："Open for Bussiness", Oxford University Press, 1989, P38.

先被欧洲国家采用的(其中14%在英国，11%在西欧其他国家)。① 美国跨国公司在西欧的子公司通过同母公司的专利和许可证协议，把先进的生产工艺和先进的产品带进西欧，因而促进了西欧新兴工业部门的建立和发展。例如，石油化学工业部门最早出现在美国，是美国实力强大，技术先进的工业部门。美国对西欧的直接投资，使该工业部门首先在英国，进而在西欧其他国家建立和发展起来。其他诸如合成纤维，电子计算机等也大都是由美国资本在西欧各国最先建立起来的。

美国跨国公司除了通过专利权和许可证协议对西欧转移技术，促进其新兴工业部门的建立和发展之外，还直接在西欧各国建立科研机构，从事研究和开发工作。例如，国际商业机器公司在全世界有35个工作科学实验研究机构，其中有7个设在西欧(比利时、意大利、英国、法国、瑞典、联邦德国和奥地利)，而在英国的美国子公司用于研究和开发的费用支出，占到英国私人企业整个研究与发展支出的10%②。这无疑也在客观上促进了西欧各国技术水平的提高。

在发展中国家，由于它们本身先进技术有限，而且发明创造技术往往需要花大量的研究经费，经过很长时间的试验和累积，所以绝大多数的发展中国家既无力承担如此巨大的开支，也无足够的科技人才从事大量研究。如果能通过美国跨国公司的直接投资，从美国及其他发达资本主义国家引进先进技术，便可节约成本，减少投入，缩短时间，并绕过失败的风险，有可能较快地把经济搞上去，显然这是符合发展中国家经济发展需要的，是有积极作用的。

美国对亚太地区发展中国家(地区)直接投资就是明显的例证。在美国对亚太地区的直接投资中，在输出资金的同时，也转移了先进技术和经营资源。所谓经营资源，主要是指经营管理知识、国际市场

① 经济合作与发展组织:《技术差距分析报告》，巴黎，1972年版，第19页。

② 邓宁:《在英国的美国企业》，伦敦威尔顿出版社1976年版，第2页。

销售知识等。在这一直接投资过程中，美国实际上成为技术转让的提供者。据日本亚洲经济研究所对一些国家和地区的实地调查，美国的技术在当地所吸收的外来技术中占很大比重。其中香港所吸收的外来技术的 32. 1%，新加坡所吸收的外来技术的 24. 4%，韩国所吸收的外来技术的 23. 1%，中国台湾所吸收的外来技术的 21. 1%，印度所吸收的外来技术的 19. 7%是美国技术①。

80 年代以来，美国对亚太地区的电子、化学等高技术工业的直接投资迅速增加，且投资方式日益多样化，越来越多地采取与当地企业合资、合作经营的形式，共同开发新技术、新产品，并参与对在职人员的技术培训，这样使新技术的引进、吸收在企业内实现一体化，从而直接推动了当地企业的技术进步和劳动生产率的提高。

例如韩国，进入 80 年代以来，美国许多大企业纷纷涌入电脑业和汽车行业。到 1984 年底，已有 28 家美国公司向韩国的电子行业投资，美国的国际商业机器公司，国际航空标准公司等先后独资或合资建造电子工厂。其中 1984 年美国的国际商业机器公司的电子计算机企业与韩国的三星半导体通讯公司合办一家企业。在合资合作项目中，由美方提供设计和技术、零件的大部分在韩国国内生产、供给。同时还设立技术研究所以促进技术开发。如美国电子公司向韩国的三星半导体通讯公司转让 64K、256K 动态随机存储器等技术，帮助该公司于 1984 年 5 月建立起大型集成电路存储器生产厂。1985 年该公司还与美国公司合作，生产微机处理机，通讯用集成电路等。国际电话电报公司与韩国的“幸福金星集团”合资成立了金星半导体公司，正式向半导体领域进军。在美国电子公司的带动下，韩国的一些与电子无关的厂家，也纷纷涉足电子业，参与半导体生产。在美国大量投资和技术扶植下，韩国电子工业发展迅速。目前韩国的黑白电视机产量已跃居世界首位，彩色电视机的产量名列世界第三位，半导体产业加速发展，产量成倍增加，到 1984 年，韩国电子电气产品出口值，已跃居世界第三位。在汽车工业方面，韩国 80 年代汽车业得以迅速

① 《世界经济》1986 年第 11 期，第 73 页。

发展，也是与美国的直接投资和技术转让分不开的。80年代以来，受韩国工资成本低和工人技术转让素质较高的吸引，美国汽车厂家不断增加对韩国汽车工业的投资，美国三大汽车公司先后同韩国的汽车公司建立起资本和技术合作关系，联合生产汽车。例如，美国通用汽车公司同韩国一家企业合资建立了一座年产23万辆汽车的制造厂，目前汽车工业已成为韩国的热门工业，美国的大量直接投资和技术转让与亚洲“四小龙”高技术战略相呼应，积极推动了其产业结构由劳动密集型产业向资本——技术密集型产业转变，促进了亚洲“四小龙”产业结构的高级化，推动了亚洲“四小龙”的经济增长。据统计，1980—1988年，韩国实际经济增长率年平均为9.7%，中国台湾为7.9%，中国香港为7.6%，新加坡为6.6%。① 均高于同期发达国家和发展中国家的平均增长率。

但是，美国跨国公司向东道国转让技术也引起了不少矛盾和问题。

第一，美国跨国公司转让给东道国的技术是否最先进和是否适合当地经济发展的需要问题。根据维农的产品生命周期理论，美国跨国公司是决不会把最先进的高技术转让给东道国的(不管是发达国家，还是发展中国家)。在科学技术日新月异的情况下，美国跨国公司设备技术更新换代的周期缩短了。它们首先把那些耗能高、用人多、工效低的设备及污染严重的工厂，转移到发展中国家。原因是发展中国家劳动力和原材料成本低，比使用新设备更有利可图。这些设备的使用造成和加重了发展中国家的环境污染。同时，一种新技术的发展往往是发明同各种条件综合的产物。美国在技术发展中的显著特点是：资本多，劳动力少页贵，因此美国的技术发明往往是节约劳动、节约原材料和资本密集、技术密集、知识密集的。这种技术特点同其他发达资本主义国家的生产要素结构相吻合，但与大多数发展中国家生产要素结构正好相反。如果美国向发展中国家原封不动地转让资本密集和技术密集型项目，势必造成对东道国生产要素结构的严重扭曲，导

① [日]《太平洋工商业》，1989年第6期，第3页。

致非熟练劳动力的大量失业。

第二，美国跨国公司在向东道国的技术转让中，一般附加一些限制性条款，损害东道国的利益。大量调查表明，美国跨国公司除了独资子公司外，一般在转让技术的合同中都有大量限制性规定，其中主要有：指派人员主持或监督使用转让的技术；禁止东道国在合同期满后继续使用该技术，或限制使用该技术；禁止把该技术转让给第三者；有关该技术的改进或发明要反馈给来源国；限制用该技术生产的数量；规定该产品的价格；限定从指定企业购买原材料，配件和设备；禁止用该技术生产的产品出口或指定出口地区；要东道国支付各种手续费、特许费等。例如，1975 年有一个关于哥伦比亚、厄瓜多尔和秘鲁的250 项技术转让合同的调查发现，其中81%列有禁止出口条款，5%有限制出口条款，这些条款是美国跨国公司控制和垄断技术，谋取最大利润的手段，它在一定程度上损害了东道国的利益和主权。

第三，美国跨国公司在技术转让中往往索取高价。美国跨国公司在国外进行直接投资，创办独资和合资子公司往往是以它的技术(资本产品和专利权等)作价成为它的投资资本的，有时也有单独向当地企业出售技术的。这些技术对跨国公司来说，尽管没有边际成本(技术专利权)或者边际成本很低，但是它在向东道国出售和作价时，往往利用其有利地位(有些是公开市场买不到的，有些是被它垄断的等)，漫天要价。根据 1972 年维特索斯在拉丁美洲的某些行业调查，跨国公司主要是美国跨国公司在转让技术(资本产品和专利权)中定价过高的现象十分普遍和严重。在智利定价过高的程度达 30%—700%，在秘鲁为 50%—300%，在厄瓜多尔为 75%—200%，在哥伦比亚的医药业与跨国①公司技术转让有关中间产品定价过高的程度，竟高达 136%—82 000%。有一个马来西亚的调查资料表明，外国跨国公司在该国开设的 5 家汽车装配厂，它们进口的汽车零配件(到

① [美]缪勒：《创造贫困》，载于[美]《外交政策》1973 年秋季号，第 96-98 页。

岸)价格，竟比进口已装配好的汽车(到岸)价格还贵①。

第四，在一定程度上抑制了东道国科学技术的发展。美国在世界各国的跨国公司通常以高价招聘许多高级科学家、工程师及技术水平较高的高级技工和熟练工人，并将其中一部分优秀者送回美国的母公司工作，造成东道国科学人员的大量外流。据英国科学技术人力资源委员会统计，仅1961—1966年间，从英国迁往美国的科学家和工程师达11 800人，约占其本国科学家、工程师总数的7.5%②。另据统计，近年来，从西欧迁居美国的科学家和工程师，平均每年达1万多人，如此众多的高科技人才的大量流失，势必给西欧的科技事业带来极为不利的影响。在加拿大，由于长期依赖于美国的科技成就，加拿大的科技发展得不到足够的重视，加拿大企业在研究与发展方面的开支也很少，加拿大科技机构不发达，使专业人才大量外流。在发展中国家，由于美国的子公司企业的工资、生活福利，都比当地企业待遇高一些，有一技之长的人竞相投奔。此外，子公司还用高薪招聘当地奇缺的高级研究人员，把他们的研究成果据为已有，造成人才外流，给发展中国家经济和科学事业带来不良后果。

第三节　美国对外直接投资对东道国就业的影响

美国跨国公司的海外直接投资对东道国会造成直接的就业影响和间接的就业影响，直接的就业影响是由于美国跨国公司在东道国投资设厂而雇佣当地的劳动力而产生的。间接的就业影响就是由于跨国公司子公司在东道国的经营活动造成东道国当地企业雇佣人数的变化而引起的。它包括三个方面：

第一，美国跨国公司在东道国投资建厂后，促进东道国与之密切

① 莱尔：《转让价格和发展中国家》，载于[美]《世界发展》1979年1月号，第66页。

② 英国科学技术人力资源委员会：《知囊流失》1967年10月，第83-85页。

联系的生产资料供应行业和消费性行业的发展，从而增加了就业机会；

第二，美国跨国公司子公司在当地的支出和上缴的税收，通过乘数效应，增加了东道国的国民收入，促进了经济发展从而带来了新的就业机会；

第三，美国跨国公司子公司的存在，加剧了东道国行业内部的竞争，迫使一些当地企业倒闭，丧失了部分就业。美国跨国公司的海外直接投资对东道国就业的影响可以用图 7-1 来说明。

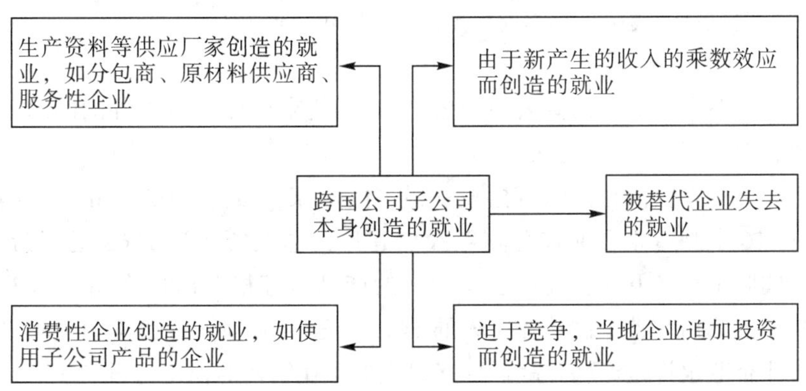

资料来源：格罗斯：《在拉丁美洲的多国公司》，伦敦，1989 年版，第 91 页。

图 7-1　美国海外直接投资对东道国就业的影响

由图 7-1 可见，美国跨国公司的海外直接投资对东道国的就业产生了不可忽视的影响，它在一定程度上增加了东道国的就业机会，在一定程度上缓解了东道国的高失业率。据统计，1977 年，美国跨国公司国外子公司的雇员总数共计 720 万人，其中美国拥有多数股权的子公司雇员总数为 540 万人，分布在大约六七十个国家。对于有些国家来说，美国子公司提供的就业机会相当重要。例如，加拿大制造业中高达 38%的就业人员是受雇于美国子公司的。表 7-5 显示出在 5 个有可比资料的发达国家中美国子公司对当地制造业就业人数的影响。

表 7-5　美国子公司对 5 个发达国家制造业就业的影响(1977 年)

项目 国家	制造业就业总数(万人)	美国子公司雇员人数(万人)	美国子公司雇员在制造业就业总数中的比重(%)
加拿大	171.4	65.7	38
比利时	96.6	12.0	12
荷兰	106.0	10.0	9
英国	1 346.2	82.9	6
原联邦德国	838.3	49.8	6

资料来源：美国商务部：《现代商业概览》1983 年 2 月。

在西欧，美国跨国公司子公司 70 年代末雇佣欧共体各国的总人数有 200 多万人(详见表 7-6)。

英国是美国在西欧直接投资最多的国家。截至 1973 年止，美国有 116 个制造业企业在苏格兰投资建厂，总投资额达 2.68 亿英镑，雇佣职工 9.2 万人，美国公司生产的产品占苏格兰出口产品的 1/3，职工占苏格兰整个制造业工人的 14%，正如邓宁所说："美国资本制造业企业也许是苏格兰战后以来最大的工业结构的稳定力量。"①

表 7-6　美国在西欧各国开办的企业数及西欧在美国公司中就业人数

国别	美国在西欧企业(家数)	就业人数(万人)
英国	1 300	80
法国	1 000	30
意大利	750	20
原联邦德国	1 300	50
比利时和卢森堡	1 100	15
荷兰	800	12.5

① 邓宁《在英国的美国企业》，伦敦威尔顿出版社 1976 年版，第 12 页。

续表

国别	美国在西欧企业(家数)	就业人数(万人)
爱尔兰	175	2.5
丹麦	200	~
合计	6 625	210

资料来源:《西欧经济论文集》,福建人民出版社 1980 年版,第 107 页。

美国在发展中国家和地区的直接投资对发展中国家和地区的就业人数的增长也起着不小作用。例如,委内瑞拉和墨西哥就业总数中的 11%和 9%是受雇于美国子公司的。又如,在新加坡最重要的工业之一即电子工业里大约 95%的生产和就业属于外国跨国公司的子公司,其中至少一半属于美国的子公司。此外,马来西亚电子工业就业的至少 1/2,中国香港和中国台湾电子工业就业的大约 1/4,也都是由美国的子公司提供的。① 据统计,1977 年美国在亚太地区发展中国家(或地区)的电子工业子公司雇佣的人数为 15.84 万人,其中中国香港为 1.88 万人,印尼 0.53 万人,马来西亚 2.36 万人,菲律宾 0.89 万人,新加坡 2.52 万人,韩国 0.85 万人,中国台湾 4.77 万人。②

另据美国商务部的统计,1977 年,美国非银行的跨国公司在拉美的非银行的子公司共雇佣 134.7 万人,其中巴西 43.6 万人,墨西哥 37 万人,阿根廷 10.8 万人,委内瑞拉 10.1 万人,这四国占全部被雇佣人数的 75%。就子公司行业划分,雇佣人员主要集中在制造业,其次是服务业。

上列数字仅是指美国海外直接投资造成的直接就业影响,对于间接就业影响的估算相当困难。有一种观点认为,美国跨国公司海外直接投资挤占了东道国企业的投资机会,而且由于美资企业资本密集度

① [美]J. 格伦沃德和 K. 弗莱姆:《全球工厂》,布鲁金斯学会 1985 年版,第 110-112 页。

② [美]J. 格伦沃德和 K. 弗莱姆:《全球工厂》,布鲁金斯学会 1985 年版,第 112 页。

高，因而提供较少的就业机会。这种观点有其正确的一面，但还必须看到，在很多情况下，东道国企业并不具备美国企业同样的技术和设备，在某些行业内，美国投资只是填补生产的空白，创造出新的就业机会。还有一种观点认为，美国跨国公司的海外直接投资通过兼并当地企业而实现的比重较高，直接后果是造成大量失业。我认为，这种情况只是暂时的，一方面，美国跨国公司子公司仍要雇佣人员，吸收原企业一部分职员；另一方面，被兼并企业的业主可能运用手中的资本进行新的投资，重新增加就业机会。从长期看，美国跨国公司海外直接投资创造的间接就业机会远远大于直接提供的就业机会。有统计表明，美国跨国公司海外直接投资造成的间接就业至少两倍于直接就业影响。

第四节 美国对外直接投资对东道国国际收支和国民收入的影响

一、对国际收支的影响

美国跨国公司在东道国的直接投资的活动，几乎没有一项不涉及到东道国的国际收支问题。从东道国的角度看，美国在东道国建立子公司的开办投资——支出收入；开业后付给母公司的利息、红利、许可证使用费、管理费、派出人员的工资等——资本支出；经营中的原材料、中间产品和设备的进口——支出；产品出口——收入；产品的进口替代——支出减少；归还投资——支出，等等，把这些因素综合起来，就构成了对东道国国际收支的总的影响。

从短期看，美国跨国公司的海外直接投资对东道国的国际收支有着积极影响，它可以弥补东道国的外汇缺口。一个国家要使投资达到一定水平，国内储蓄是必要的条件，但还不是充分条件，因为即使没有储蓄缺口，还可能有外汇缺口，为了进行投资，东道国必须从国外获得本国不可能制造的机器设备和材料，但是，由于这些国家的经济结构不易进行相应的改变，无法通过增加出口或减少进口，获得必要的外汇来购买需要进口的材料设备，因此出现了外汇缺口。美国的直接投资可以填补这项缺口，缓和国际收支逆差。但从长期看，美国对外直接投资将对东道国的国际收支产生消极影响。

目前，国际上一般采用以下公式来计算跨国公司直接投资对东道国国际收支平衡的影响。

$$B=(X+I)-(M+M^{*}+F+P+R)$$

公式中：B 代表国际收支状况，X 代表出口，I 代表投资（资本流入）；M 代表机器设备进口，M^{*}代表原材料，中间产品进口，F 代表付给外商的特许费，服务费等，P 代表外商的利润和利息，R 代表母公司抽回的资金和贷款。

按照此公式把各种数据代入计算，如果其结果是正数，即是对东道国国际收支有利；是负数，则对东道国不利。跨国公司的直接投资对东道国国际收支的影响，是随着跨国公司的经营活动而逐年变化的。因此，在考虑这一影响时，不能只考虑一年，而是要计算几年，计算一个时期，只有这样，才能做出恰当的估计。

加拿大是美国对外直接投资最多的国家。从短期看，美国的直接投资对弥补加拿大经济发展中的资金不足，提高投资率，平衡国际收支有着积极作用。但是，随着投资的增长，加拿大劳动者创造的剩余价值，每年以利润、利息等形式成万上亿地流进了美国资本家的腰包，据加拿大官方公布的资料，60 年代中期以来，加拿大支付给美国投资者的利息和红利，每年都在 10 亿加元以上，而且逐年增加（见表 7-7）。

表 7-7　加拿大支付给美国的利息和红利　　单位：百万加元

年份	利息	红利	合计	占加拿大支付给外国的%
1967 年	436	622	1 058	87. 4
1970 年	631	675	1 306	84. 3
1972 年	708	684	1 392	83. 5

资料来源：《加拿大国际收支差额》1972 年，第 139 页。

美国从加拿大拿走的利润占加拿大非金融部门公司的利润的比重是相当高的。据统计，在1975年非金融部门公司经营利润中，38%被美国资本所占有，在某些部门，美国资本占有的利润份额更大。例如在矿业占59%，制造业占52%，（而在服务业只占28%，批发贸易只占21%）①。大量利润的获得，成为美国在加拿大的子公司扩大经营规模的主要资金来源。1976年由美国输往加拿大的直接投资只有1.15亿美元，而该年美国在加拿大的直接投资却增加了29亿美元，其中85%是美国公司在加拿大的子公司的利润再投资。1977年，不仅没有美国的新资本输入加拿大，而且美国原先在加拿大的直接投资还倒流4亿多美元回美国，可是，这一年美国在加拿大的直接投资额却增加了14亿美元，这个增加额全部来自美国公司在加拿大的子公司的利润再投资②。

美国海外直接投资对发展中国家和地区的国际收支影响，从投资初期某一度度看，有着积极影响。如70年代美国在亚太发展中国家和地区设立的电子元件制造业子公司的财务收支情况，可以看出美国海外直接投资对东道国国际收支的有利影响。表7-8显示出这些公司在1977年度内的收入毛额的分配比例：美国方面得到总收入的45.5%，其中资本收益仅占3.3%，而专利和许可证费用也不过1.4%，更多的部分（40.8%）是用于从美国进口原材料和零部件。东道国得到总收入的54.5%，这也就是流入东道国的外汇净额。

但从长期看，跨国公司（其中美国跨国公司占有相当比重）直接投资对东道国的国际收支将产生消极影响，70年代中，莱勒和斯特里顿根据前述的公式中的各个因素系统地调查了肯尼亚等六国的159家企业的5—7年期间的国际收支影响。其结果表明，五个国家（牙买加、印度、伊朗、哥伦比亚、马来西亚）有消极作用，只有一个国家（肯尼亚）有积极作用。是什么原因导致了跨国公司对东道国的国

① ［加］《公司和工会申报局1975年度报告：第一部分—公司》1978年4月，第154-155页。

② 美国商务部：《现代商业概览》1978年8月号。

际收支产生消极作用呢？作者在其专著《对外投资、跨国公司和发展中国家》中提出了五个论据：

表 7-8　美国电子元件制造业跨国公司在亚太发展中国家和地区的子公司收入毛额分配情况(1977 年)

	数额(百万美元)	占收入毛额比重(%)
收入毛额	1 622	100.0
支付美方总数	737	45.5
从美国进口的原料或零件成本	661	40.8
直接投资收益(包括再投资部分)	54	3.3
向母公司汇回的专利和许可证使用费	22	1.4
流入东道国的外汇净额	885	54.5
雇员工资福利	195	12.0
业务开支、赋税、当地成本开支及杂项	690	42.5

资料来源：[美]J. 格伦沃德和 K. 弗莱姆：《全球工厂》，布鲁金斯学会 1985 年版，第 114 页。

第一，跨国公司投入的资本少，它们投入的资本总数大多只占销售额的 5%或 5%以下。如牙买加占 1.1%，印度占 3.3%，伊朗占 3.4%，哥伦比亚占 5.0%，马来西亚占 5.3%，只有肯尼亚超过了 10%，占 12.5%。

第二，跨国公司收取的许可证使用费和利润等相当高，仅利润一项有的竟占销售额的 10%以上，如肯尼亚占 17.2%，牙买加占 10.7%，印度占 3.1%，伊朗占 2.1%，哥伦比亚 8.6%，马来西亚 5.2%。

第三，上述两项相抵，造成东道国在资本流动平衡中的净支出。其六国净支出占销售额的比重分别为：肯尼亚占-5.7%，牙买加占-0.4%，印度占-0.3%，伊朗占-0.7%，哥伦比亚占-6.7%，马来西亚占-1.5%。

第四，这些企业出口额都比较低，除了肯尼亚和牙买加出口额较大(分别占销售额的42.9%和24.9%)外，其余都低于10%，如印度占3.2%，伊朗占0.3%，哥伦比亚占4.3%，马来西亚占8.5%。

第五，这些企业进口倾向高。它们的进口额占销售额的比重分别为：肯尼亚占32.8%，牙买加占57.7%，印度占14.5%，伊朗占54.6%，哥伦比亚占32.9%，马来西亚占44.6%①。

可见，美国海外直接投资对东道国的国际收支平衡方面的作用，也象它在资本形成方面的作用一样。只是在直接投资初始时期的一段时期才会有积极作用。从长远和总体看，它最终要转向反面，起消极作用。东道国对这一点必须预见到这一结局，以及早作出安排。那种想依靠跨国公司直接投资，依靠其子公司经营本身来达到改善国际收支平衡状况的想法，显然是不切实际的。东道国改善自己国际收支平衡地位的根本途径，只能是加强本国的经济实力，适时调整产业结构，实现工业化，并依靠本国企业提高当地总体创汇能力。引进外国直接投资其目的就在于促进本国工业化和提高出口创汇能力。

二、对国民收入的影响

美国跨国公司海外直接投资对东道国国民收入的影响，是一个带全局性的，最重要的根本性影响，它是由多种因素决定的。我们在分析这种影响时，既要看到跨国公司的直接投资给东道国带来的收益，也要看东道国在这些生产经营活动中的作用与成本。

目前大家在分析美国跨国公司对东道国国民收入的作用问题时，大多采用成本和收益分析方法。其具体公式和计算过程如下：

第一步，是从该子公司的总产值(D)中减去购入(进口或当地购进)的(其他企业生产的)零部件和中间产品(I)金额，其余额传统称之为净增加产值。即B=D-I。净增加产值也可以用该子公司在生产

① 详情参见[美]莱勒和斯特里顿：《对外投资，跨国公司和发展中国家》，伦敦，1977年版，第132-135页。

中直接使用的各种生产要素(土地、资本、劳动、机器)价值(F)和企业的利润收入(R)来表示。即 B=D-I=F+R。但是用上面公式计算得出的净增加价值，远不能全部算作是跨国公司直接投资的贡献。因为这些生产要素(全部或一部)，如果不被跨国公司使用，当地企业也需要，也同样可用于生产，增加产值。这种情况称之为当地生产要素的机会成本，它也可看作是东道国所付出的代价(除非子公司所使用的生产要素都是闲置的或剩余的资源，那么机会成本等于零，可不必考虑)。

第二步，是从净增加产值中再减去机会成本(N)，即 B=(F+R)-N。这就是跨国公司所产生的对东道国的近似收益。以上这些过程都是计算子公司所造成的直接收益。但是，该子公司的生产经营活动还会对收益产生间接影响，即外部的经济性和不经济性。所谓外部的经济性，是指子公司的生产经营活动促进当地企业生产率提高和产量的增加，例如，通过竞争，保进降低产品价格，通过培训雇员，对将来别的企业雇佣时有利等。所谓外部不经济性，是指子公司的生产经营活动抑制或损害当地企业经营活动，造成当地的失业增多，环境污染，生态失去平衡，消费结构扭曲等。

第三，加上外部净经济性(L)，即

$$B=(F+R)-N+L$$

第四步，在踞国公司利润收入中减去向当地政府支付的所得税。于是利润(R)分为两部分，即 R^*(纳税后的子公司利润)和 T(付给当地政府的所得税)，这样得出的最终近似净收益公式为 $B=(F+R^*+T)-N+L$。

第五步，这个近似净收益是子公司的近似净收益，对东道国来说，却没有得到那么多，因为东道国还要为此付出代价。其中包括要支付子公司所使用的外国生产要素价值和支付给母公司的各种收益(利润、红利、利息、管理费等)，这付给外国的两项支出构成东道国的成本(E)。

这样，我们就可以得出一个计算跨国公司直接投资对东道国的成本收益率公式：

$$成本收益率=\frac{(F+R^{*}+T)-N+L}{E}$$

按此公式计算的结果，如果大于1，那就是收益大于成本；对东道国有利；如果小于1，那就是成本大于收益，对东道国不利。

一般来讲，美国跨国公司的直接投资所产生的净收益总是超过东道国付给投资者的报酬，这是东道国引进外资的主要目的之一。当然，由于资本的边际收益率总是递减的，大量外资的流入，往往会降低东道国全部资本的边际收益率。所以也会导致减少所有原来外国资本的净收入。

70年代后期，美国学者鲁特和弗兰克林企图用美国商务部公布的数据，算出美国跨国公司在拉丁美洲国家制造业直接投资对这些东道国国民收入的影响(见表7-9)。

表7-9　1966年美国跨国公司在拉丁美洲制造业直接投资的成本和收益

项　目	金额(万美元)
美国子公司支付的各生产要素金额(F)	13 770
工资和薪水	114 700
利息	14 900
特许费和手续费等(外国的要素)	8 100
缴纳所得税后的利润(R^{*})	31 600
付给东道国政府的税收(T)	46 400
国民生产收益合计($F+R^{*}+T$)	215 700
支付国外生产要素(特许费等)(E)	8 100
支付给母公司的纳税后的净利润(E)	31 600
国民生产成本合计(E)	39 700
不包括机会成本和外部经济性的成本	
收益率($F+R^{*}+T$)/E	5.4

资料来源：[美]鲁特和弗兰克林《国际贸易和投资》，1978年辛辛那提版，第571页。

表 7-9 所示，美国对外直接投资对东道国国民收入有着积极影响。外国直接投资不仅使东道国增加了税收，而且使东道国闲置的资源(如失业人口和其他资源)得到充分运用，这无疑对于促进东道国经济的发展，增加东道国的国民收入有着积极作用。

第五节　美国对外直接投资对东道国经济自主的影响

美国跨国公司的海外直接投资对东道国的经济自主有何影响？尽管在量上很难有一个准确的衡量标准，但是可以肯定，它对东道国经济自主的影响是客观存在的。正如莱尔和斯特里顿所指出的："这些跨国公司拥有巨大的商业和经济力量，它们对国家政策和经济独立提出了挑战。"美国跨国公司在东道国的大量直接投资，不能不在一定程度上损害东道国某些经济自主，这是东道国利用美国直接投资的重要代价。

美国跨国公司直接投资对东道国经济自主的不利影响的根源在于：美国跨国公司在东道国的子公司的最终决策权并不在东道国手中，而在美国跨国公司母公司手中。而且，美国跨国公司的目标和东道国的目标又不一样，这就给东道国实行独立自主经济政策造成了困难，例如，美国巨型跨国公司采用的是全球经营战略，追求最大化利润，按照跨国公司的全球战略布署生产，什么地方供应原料，什么地方进行加工制造，什么地方销售，都必须服从母公司的全球战略，各个子公司都有其特殊的目标。东道国一般都有建立自己独立的工业体系的发展目标，但跨国公司的全球安排却使得东道国成为原料供应地和加工装配基地，这样，跨国公司在东道国的子公司的发展目标与东道国经济发展目标冲突。与此同时，美国向其他国家进行直接投资时，还利用其强大的经济实力和各种优势，向东道国提出苛刻的要求，直接影响东道国的政策，以左右东道国的经济方向。

美国海外直接投资对东道国经济自主的影响，主要表现在以下几个方面：

一、东道国的许多经济部门被美国垄断资本所控制

战后，在美国大规模海外直接投资的推动下，许多国家建立了一些工业部门，这些部门实际上在不同程度上被美国跨国公司所直接控制，这严重影响了它们的经济自主发展(详见表 7-10)。

表 7-10 300 家美国跨国公司在 7 个东道国制造业的渗透程度

东道国	年份	占产出的比重(%)	工厂和设备开支(占国内全部固定资本形成的比重)(%)	美国子公司雇员人数(万人)
英国	1966 年	10. 5	16. 3	56. 6
	1970 年	16. 4	20. 9	71. 5
原联德	1966 年	5. 8	9. 2	26. 4
	1970 年	8. 0	12. 3	42. 9
法国	1966 年	5. 9	4. 3	11. 4
	1970 年	6. 1	5. 8	19. 6
比利时①	1966 年	10. 3	17. 0	7. 4
	1970 年	15. 7	14. 1	14. 1
加拿大	1966 年	48. 5	42. 7	55. 4
	1970 年	51. 8	32. 2	55. 1
墨西哥	1966 年	16. 1	6. 7	10. 6
	1970 年	24. 8	9. 3	18. 4
巴西	1966 年	11. 6	12. 4	12. 8
	1970 年	17. 8	18. 3	17. 6

注释：①包括卢森堡。

资料来源：美国关税委员会：《跨国企业对世界贸易和投资以及美国贸易和劳工和影响》，向美国参议院财政委员会和其国际贸易小组委员会的报告，第 93 届国会第一次会议，华盛顿，美国政府出版局，1973 年。

表 7-10 表示了美国公司在 7 个东道国的产出，就业和工厂设备开支中所占份额，表明了东道国经济受美国跨国公司的控制程度。

在加拿大，1970 年，300 家美国跨国公司在制造业产出中占 52%，在国内的固定资产形成中占 1/3，就业人数达 55 万多人。大量美国涌入加拿大，在加拿大造成所谓分厂经济，即在加拿大的主要经济部门中占统治地位的都是美国大公司的子公司。据统计，在加拿大的六个高技术行业，美国跨国企业的渗透程度是相当高的。1970 年，300 家美国跨国公司在加拿大的化学工业产出中所占比重为 85%，电机工业占 82%，仪器工业占 90%，非电气机械占 80%，橡胶工业占 98%，运输设备占 90%。① 加拿大的汽车工业，早期集中于美国垄断资本开设的通用汽车公司、福特汽车公司和克莱斯勒公司手中。1947 年，美国司蒂别克汽车公司在安大略的汉密尔顿设立了一座大型汽车厂，后来又并入美国汽车公司，成为加拿大汽车制造业中第四大公司。1968 年，这四家公司在加拿大的生产总值占加拿大汽车工业产值的 94. 8%。② 而 1970 年这四家公司在美国本国控制汽车产值的百分比是 91%。③ 可见，美国汽车垄断资本控制加拿大汽车工业，其程度比它们控制美国本国的工业部门还要高些。

由于美国资本对加拿大经济的高度控制，这严重损害着加拿大民族利益。美国资本凭借对加拿大经济的巨大控制权，可以在相当程度上支配加拿大经济发展方向、结构与性质。正如加拿大能源部长吉·莱斯皮 1975 年在旧金山谈话时指出："关于在加拿大将生产什么和向那里销售的许多战略决定，都是在纽约、伦敦、杜塞尔多夫、东京以及就在旧金山这里的董事会房间里作出的。"④很显然，在美国的董事

---

① 美国关税委员会：《跨国企业对世界贸易和投资以及美国贸易和劳工的影响》，向美国参议院财政委员会和其国际贸易小组委员会的报告，第 93 届国会第一次会议，华盛顿，美国政府出版局，1973 年。

② 《1973 年加拿大年鉴》，第 684 页。

③ 《美国统计摘要》1973 年第 706 页。

④ 《加拿大金融时报》1975 年 5 月 19 日，第 28 页。

会房间里作出的经营方针与政策决定，无疑是以美国垄断资本的利益和意志为依据，而决不会以加拿大的民族利益为出发点。由此必然产生一系列损害加拿大利益的后果。

在西欧，随着美国大量直接投资的不断涌入，西欧一些重要的工业部门在不同程度上为美国垄断资本所控制。1970 年，300 家美国跨国公司在西欧各国 6 个高技术行业的渗透程度为：英国，美国 300 家跨国公司在化学行业产出中所占比重为 21%，电机行业 18%，仪器行业 56%，非电气机械行业 21%，橡胶行业 31%，运输设备行业 27%；联邦德国，化学行业占 7%，仪器行业 25%，非电气机械行业 11%，橡胶行业 11%，运输设备行业 25%；法国，化学行业占 12%，电机行业 8%，仪器行业 20%，非电气机械行业 14%，橡胶行业 6%，运输设备 8%；比利时和卢森堡：化学行业占 48%，电机行业 43%，仪器行业 45%，非电气机械 41%，橡胶行业 82%，运输设备行业 18%。① 70 年代初，仅美国的国际商业机器公司一家就控制了联邦德国电子计算机市场的 53%，法国的 51%，荷兰的 50%和英国的 40%，到 80 年代初，西欧生产的集成电路的 95%，合成橡胶的 90%，电子计算机和检验计量仪器的 80%，半导体的 50%和小汽车的 40%都为美国垄断资本所控制。② 美国跨国公司在西欧，为了牟取暴利，通过各种形式，在国际间转移资本和技术，使西欧各国政府往往无法加以控制。例如美国可以通过在不同国家设有子公司的跨国公司的内部贷款、利息付款、价格折算、转让特许证、偿付咨询费等方法，把利润转移到低税率国家的子公司去；也可以通过类似方式，将资本转移到高利润率国家，美国在西欧跨国公司的这种为攫取暴利而采用的内部汇拨方式使西欧国家难于控制美国资本的流动及利润的转移，这无疑在一定程度上妨碍了西欧各国民族经济的发展。

---

① ［美］J·格伦沃德和 K·弗莱姆：《全球工厂》，布鲁金斯学会 1985 年版，第 110-112 页。

② ［苏］《美国对外经济战略》，三联书店，1982 年版，第 102 页。

二、美国直接投资大量涌入以及从属于美国资本利益的投资倾向，在许多方面大大加剧了东道国经济发展的不平衡性

长期以来，美国垄断资本为了掠夺加拿大的资源，使加拿大变成自己的原料附庸，极力促进加拿大采掘业工业的优先发展，结果导致了加拿大矿业片面膨胀。1945—1973年，加拿大石油产量猛增了77倍，天然气产量增长了64倍，铁矿产量增长48倍，镍、铜、锌、石棉、钾碱和铀矿的产量增长了好几倍。在战后50—60年代，加拿大采掘业比制造业发达得多，在美国和其他工业国家经济发展的趋势，是制造业在国民经济中的比重不断提高，采掘业的比重趋于下降，而加拿大的情况则恰恰相反，采掘业的比重连续上升。加拿大是发达资本主义国家中唯一具有这样结构的国家。美国垄断资本对加拿大采掘业的控制，使得加拿大的许多矿产绝大部分被运往国外加工，因而美资控制下的加拿大采掘业的巨大发展，并没有带来有关制造业的相应发展。换言之，美国资本对加拿大采掘业的控制，人为地阻碍了加拿大制造业的发展。石棉工业是一个典型的例子。加拿大的石棉工业实际上完全被美国资本所统治，1974年加拿大开采的石棉原矿，94%被运往外国工厂加工。① 所以在加拿大的石棉生产部门中，几乎只有采掘业而没有加工业，其他如铁矿部门，都在不同程度上存在这种情况。

美国在加拿大的大量投资，除了导致加拿大采掘业和制造之间发展不平衡外，造成了制造业内部各部门之间严重的比例失调，由于美国垄断组织掠夺和控制的需要，加拿大制造业中得到较大发展的是造纸和有色金属等面向出口市场的部门，而黑色冶金工业和一般机器制造业特别是机床制造业，则遭到人为阻挠而发展缓慢，美国垄断资本主义为了阻碍加拿大钢铁工业的发展和推销美国的铁矿，在第二次世界大战以前，极力阻挠加拿大黑色冶金业建立自己的原料基地。虽然战前已知加拿大蕴藏有丰富的铁矿资源，但几乎没有进行勘探和开采

① 《加拿大矿业杂志》1977年11月号，第46页。

工作，以致使加拿大铁矿开采极为薄弱，被迫从美国输入所需铁矿的绝大部分。战后，由于美国铁矿资源的耗竭，美国垄断组织一改初衷，转而在加拿大大规模开采，把加拿大战后发现的巨大的魁北克——拉布拉多铁矿产地夺到手，以致到 1958 年，加拿大黑色冶金业使用的铁矿，有 66%要从美国进口。① 加拿大的机器制造业，在美国资本的控制和阻挠下，发展也很薄弱。战前，加拿大工业机械大部分靠进口供应，战后加拿大机器制造业有较大发展，但直到 60 年代初，进口仍占国内工业需要量的 60%左右。特别是机床工业，更为薄弱。据报道：加拿大在现代设备的使用方面，落后于其他工业化国家。加拿大现有的 32 万部机床中 7 万部机龄已达 20 年以上，10.9 万部机龄已达 11—20 年……加拿大应当使用 4000 台数控机床，但现在实际使用的只有 1500 台。②

美国资本对加拿大经济的控制还表现在生产力地区配置的某些极不合理现象上。如加拿大主要工业区远离煤矿产地，就是一个典型例子。加拿大的工业，80%集中于安大略和魁北克两省西部，这里是加拿大最大的工业中心，这种布局本来就是美国资本利益所决定的，它实际上是美国经济区的自然延伸，可是该地区完全没有煤矿区，它离新斯科舍煤区约 1600 公里，离阿尔伯塔煤田更远达 3000 公里左右，因此，加拿大主要工业区用煤不得不依赖从美国进口。安大略水电公司的能源几乎 1/4 烧用进口美国煤，加拿大最大的 3 家钢铁企业（加拿大钢铁公司、自治领铸造与钢铁公司和阿尔果马钢铁公司）炼钢用煤几乎完全依赖从美国进口。1976 年加拿大进口 1610 万吨煤，就几乎全部是供应上述四家企业使用的。

三、美国资本对东道国经济的控制，大大加剧了东道国经济发展的不稳定性

加拿大长期以来是美国最大的贸易和投资伙伴。由于美国资本对

① 转引自法拉马强《现代加拿大经济》，第 150 页。

② 《加拿大金融时报》1976 年 10 月 25 日。

加拿大经济的渗透与控制，使加拿大的经济发展严重依赖于美国经济行情。加拿大对外贸易的60%—70%是同美国进行的。因而美国经济中任何微小的行情变动，都会在加拿大经济中得到反映。战后以来，加拿大的再生产过程，其所以同美国的经济周期关联最为紧密，原因就在如此，在这方面的例子，举不胜举。50年代后半期，美国加紧采购铀矿，加拿大的铀矿工业成了加拿大采掘业中的一个主要部门，而60年代初，美国的采购规模不断缩小，加拿大的铀矿部门的处境就急剧恶化。处于安大略省的美国子公司略兰矿业有限公司，1973年突然关闭了它的全部业务，原因是它的美国母公司业务景况不佳，一旦美国经济处于衰退阶段，美国总公司通常总是“优先”让它的加拿大分厂或子公司停产与解雇工人，这些都对加拿大经济产生了不利影响。

在发展中国家和地区，美国跨国公司的直接投资对它们的经济发展的稳定性影响更大。以亚洲“四小龙”(韩国、中国台湾、中国香港、新加坡)为例。60年代以来，亚洲“四小龙”通过引进以美国为首的发达资本主义国家的资金、技术，推行出口导向型经济发展战略，促进了经济的快速发展。但是，亚洲“四小龙”的出口导向型经济发展战略属“来料加工型”，只有大进，才能大出，况且它们的出口加工企业和外贸企业往往是以美国为首的西方发达国家的跨国公司的子公司，它们的原材料、零部件、资金、技术、机器设备等往往由其母公司统一供应，当地政府很难独立对其控制和约束，加之亚洲“四小龙”的进出口市场高度依赖于美国市场，这就使它们的经济发展在很大程度上受制于美国。当美国经济高涨时，它们的产品出口销售就好，反之就会出现麻烦。70年代以来爆发两次战后最严重的资本主义世界经济危机对亚洲“四小龙”的经济发展带来了猛烈的冲击。尤其是80年代以来，亚洲“四小龙”面临的国际环境更为严峻，这不仅表现为以美国为首的发达国家贸易保护主义日益增强，而且其他发展中国家劳动密集型工业的迅速发展，已开始成为亚洲“四小龙”的竞争对手。在这“双重夹击”下，它们的经济在80年代初期和80年代中期先后两次发生停滞和衰退。如1985年亚洲“四小龙”经济增长率仅2.3%，其中中国香港为0.8%，新加坡为-1.8%，亚洲“四小龙”经济发展的大起大落，正如台湾经济研究所所长刘泰英所指出的：我们的适应能力愈来愈低，在各国经济情势都还平衡的状况下，我们的经济复苏却为昙花一现，经济趋势已呈颓势，进口长期萎缩，物价长期趋跌，这两个迥异于他国的现象显露我经济结构的脆弱。①

第六节　美国对外直接投资对东道国社会政治方面的影响

美国跨国公司在东道国投资设厂，除对东道国的经济发展产生重大影响外，对东道国的社会政治方面产生了不可低估的影响。

一、社会问题日益突出

美国跨国公司通过在东道国的直接投资，带进了美国的社会关系消费模式、生活习惯、价值观念、文化意识、政治态度以及身份、语言、礼节等，使东道国的民族传统和特征，潜移默化地演变。特别是子公司的一些雇员们，他们受子公司的专门训练和思想薰陶，削弱了对自己祖国的忠诚。子公司雇佣的大量未婚女工(主要在电子、服装和服务业)，有时上化妆课或举办选美；有时强制接受工作条件，给他们造成心理和生理上的过度压力。另之，美国的不少子公司在东道国是生产消费品的。它们用广告来宣传发达资本主义国家的消费方式，人为地刺激需求，结果形成了与东道国实际水平极不相称的消费结构。一位外国记者在一篇报导中描述道：“外国投资者对消费者影响最大……墨西哥人驾驶福特牌小汽车，在西尔斯和罗巴克超级市场购买商品，喝着可口可乐，抽着莫尔伯罗牌香烟。”②从这幅街头即景中，不难看出外资对墨西哥的消费方式影响之甚。

---

①　转引自陈继勇、石松：《怎样认识亚洲“四小”的经济发展》，《湖北日报》1991年3月21日。

②　《墨西哥经济》，社会科学文献出版社1986年版，第240页。

二、环境污染严重，生态遭到破坏

美国在海外通过直接投资，大量开采原料、燃料以供本国消费的做法，造成了一些高度依赖资源出口的东道国的自然资源采掘过度，而且在开采、提炼、运输过程中还使这些国家的土壤覆盖，绿色植被和水源等生态环境遭到破坏。尤其严重的是，美国跨国公司在进行海外生产时有意识地把那些公害最严重的工业向发展中国家转移，造成对东道国环境的极大危害，在这方面最触目惊心的例子，就是1984年12月美国联合碳化物公司设在印度中央邦博帕尔的一家工厂发生剧毒气体外泄事件，酿成2500人死亡，20万人终生残废的惨剧。尽管联合国等国际组织已经对跨国公司的行为规定了种种限制，但此类事件还是时有发生。

三、进行政治颠覆活动

美国跨国公司通过直接投资在国外建立子公司，在东道国形成“国中之国”。当东道国政府采取一些限制外资的政策和措施，触犯美国跨国公司的利益时，美国跨国公司就内外勾结，图谋颠覆东道国政府。1972年，美国国际电话电报公司图谋颠覆智利阿连德政权的勾当，尽管声名狼藉，但也不能排除在其他发展中国家的重现。如美国跨国公司“在希腊、伊朗、黎巴嫩、刚果和古巴等地的军事干涉，它在遍及自由世界各国的军事派遣活动以及它对许多第三世界国家的经济控制等。这些事实已给除了那些最顽固的观察家以外的所有人留下一个深刻印象，即美国一直是战后可怕的帝国主义力量”①。

总之，美国的海外直接投资对各国经济的发展具有积极和消极的双重影响，对于具体国家来说，关键在于本国引进美国直接投资的政策是否得当，措施是否得力，投资流向是否合理，如果利用得当，可

① T. E. 韦斯科普夫：《资本主义·社会主义和帝国主义来源》，载于S. J. 罗森和J. R. 库尔斯编：《对经济帝国主义理论的检验》，马萨诸塞州，克列星敦，D. C. 希恩出版公司，1974年版第41页。

以趋利避害，使之对民族经济的发展和现代化起到推进作用；反之，则会使消极影响占主要地位。从第二次世界大战以后的实际情况出发来判断，引进美国直接投资较多的国家或地区，得益较多，利大于弊者居多数。但同时也存在着一些不可忽视的消极影响，这是一个国家在引进外国直接投资时必须要全面考虑和权衡的问题。

第八章　美国对外直接投资对国际经济的影响

美国海外直接投资的迅猛发展，投资规模的急剧扩大，不仅对美国经济和东道国经济发展产生重大影响，而且必然会对国际经济产生深远影响。

第一节　美国对外直接投资促进了新的国际生产结构的建立

美国跨国公司的海外直接投资，使国际分工愈来愈细，生产专业化程度越来越高。跨国公司通过直接投资，迅速把新观念、新产品、新生产函数、新技术、新管理与组织方法以及其他创新推广到全世界，这无疑提高了生产效率。从资源配置的角度看，美国的直接投资可以将资金、技术、管理和生产设备，输入缺少这些要素的国家，从而使投资国和东道国的资源配置得以改善，促进生产效率的提高；另一方面，投资国可以将本国富有的生产要素转移到国外，和当地廉价的生产要素相结合，取得额外效益。总的来说，美国的海外直接投资可以带来世界范围内较优的要素组合，从而可能给世界经济带来总效益的提高。在战后不少国家和地区的例子中，外国投资促进了东道国经济的发展，使有些国家和地区的经济曾一度出现“奇迹”，而在另一极，美国的大量投资给美国带来了丰厚的利润，这是美国对外直接投资引起的最一般的经济效果。

美国的海外直接投资，促进国际生产结构的建立，是通过两条途径进行的。一是不断增加设在国外的子公司。据联合国跨国公司中心统计，美国最大的 180 家制造业跨国公司在海外新建或收买的子公司数目，1961 年到 1965 年，年平均每年有 615 家，1966 年到 1970 年平均每年有 877 家，1971 年到 1975 年平均每年有 648 家。① 美国跨国公司的国外子公司总数从 1957 年的 10 000 家增至 1970 年的 25 000 家，到 1977 年进一步增加到 35 000 家。② 美国跨国公司在国外子公司的大量增加意味着海外直接投资的规模不断扩大。这说明美国的国际生产规模不断扩大。二是跨国公司内部将资源配置和业务活动的重心从国内向国外转移。据统计，美国最大的 233 家工业公司国外业务的比重，即它们的国外子公司的销售额(公司内部销售额除外)占公司总销售额的比重在 1971—1976 年间有了很大提高。其中比重上升 10%以上有 22 家，占总数的 10%；比重上升 2—10%的有 93 家，占 41%；保持稳定的占 22%；比重下降的只占 6%，其余 21%的公司情况不明。这样，到 1976 年，这些公司中国外业务比重占 25%以上的有 82 家，占有统计数字的 213 家公司的 39%；国外业务比重占 25%以下的共计 118 家，占 213 家公司的 55%，完全没有国外业务的仅 13 家，占总数的 6%。③ 在这些企业中，诸如埃克森石油公司、福特汽车公司、德士古石油公司、莫比尔石油公司、加利福尼亚美孚石油公司、海湾石油公司、国际商业机器公司等一批世界最大的工业跨国公司的国外部分(销售额、或资产、或收入、或就业人数)的比重多在 50%左右。

美国的海外直接投资所形成的国际生产规模问题，美国商务部曾作过一些估算，根据美国商务部 70 年代初公布的一个数据，美国在 1970 年拥有多数股权的国外子公司销售总额为 1570 亿美元，相当于

① 联合国跨国公司中心：《再论世界发展中的跨国公司》，商务印书馆 1982 年版，第 275 页。

② 美国商务部：《美国海外直接投资》，华盛顿 1981 年版，第 2 页。

③ 联合国跨国公司中心：《再论世界发展中的跨国公司》，商务印书馆 1982 年版，第 275 页。

当年美国对外直接投资账面价值总额 781 亿美元的两倍，由此算得，美国跨国公司的国外销售总额和其对外直接投资总额之比是 2∶1，到 70 年代中期，上述比例已有很大变化；1975 年，美国拥有多数股权的国外子公司的销售额和对外直接投资之比，已提高到 3.8∶1，按照这一比例，1978 年，美国对外直接投资 1 681 亿美元，国际生产产值为 6 388 亿美元，出口贸易总额为 1 412 亿美元，国际生产产值相当于出口贸易总额的 452%。① 到 1989 年，美国对外直接投资累计额 3 734.36 亿美元，按照 3.8∶1 的比例，国际生产产值则为 14 190 亿美元。

如此巨大规模的国际生产产值表明，美国生产的国际化已发展到了一个更高的阶段。第二次世界大战以前，美国的生产国际化还仅仅是初露端倪，并不具备发达和成熟的形态。这一阶段生产国际化的发展水平还比较低，主要局限于流通领域中，它是与国际商品交换的发展联系在一起的。尽管美国的对外直接投资已有较大发展，但直接物质生产过程仍主要在美国国内进行，战后尤其是 60 年代以来，美国生产国际化主要是通过直接投资来实现的。这可从美国跨国公司的子公司在一些国家里的生产规模得到证明(详见表 8-1)。

表 8-1　美国拥有多数股权的国外子公司生产总值占东道国国内生产总值比重(1977 年)

国家＼项目	美国子公司生产总值(亿美元)①	东道国国内生产总值(亿美元)	美国子公司生产总值占东道国国内生产总值比重(%)
加拿大	268.73	1 628.76	17
利比亚	29.34	172.34	17
巴拿马	2.89	18.61	14

① 叶刚著：《遍布全球的跨国公司》，复旦大学出版社 1989 年版，第 79 页。

续表

国家＼项目	美国子公司生产总值（亿美元）[①]	东道国国内生产总值（亿美元）	美国子公司生产总值占东道国国内生产总值比重（%）
卢森堡	2.02	17.29	12
印度尼西亚	46.60	405.75	11
爱尔兰	7.64	78.52	10
英国	168.43	1 982.66	9
利比里亚	0.56	7.41	8
新加坡	4.01	56.35	7
荷兰	41.90	746.52	6
厄瓜多尔	3.07	51.54	6

注释：①已按可比口径加以调整。

资料来源：美国商务部：《现代商业概览》1983年2月。

1977年美国在加拿大的子公司的总产值接近于当年挪威的国内生产总值，而原联邦德国的美国子公司的全年产值则相当于委内瑞拉全国的总产值。又如加拿大和利比亚国内生产总值的17%，巴拿马的14%，卢森堡的12%，印度尼西亚的11%，爱尔兰的10%，英国的9%等等，都是由美国跨国公司在当地的子公司生产的。

美国跨国公司通过其设在世界各地的大量子公司，使企业的直接生产过程跨越了国界，延伸到其他国家，从而将一个企业内部的分工协作，变成了直接生产过程中的国际分工与协作，使得生产国际化的广度和深度都达到了空前水平。

规模巨大的“国际生产新结构”的形成，使美国跨国公司的海外子公司的生产和销售活动成为整个公司生产体系的一个环节。这种专业化程度更高，分工更细的国际生产协作使美国的生产过程同外国的生产要素有机地融为一体，把美国的生产国际化大大向前推进了一步，使美国与世界其他国家之间的国际分工出现了多层次化的趋势。

美国与其他发达资本主义国家之间的分工，主要表现为水平型的国际分工，表现为部门内部的分工，它是建立在生产协作化基础之上的。它们竞相利用自己的资本、技术优势，相互投资，发展专业化协作，实行零部件专业化和生产工序的专业化，以取得比较利益和发挥竞争优势。

美国与发展中国家之间的分工主要是垂直型国际分工，但这种分工与战前已有了巨大的差别。战前美国与发展中国家的分工是一种工业国与农业国、矿业国的分工。战后以来，美国除了向发展中国家的采矿业继续进行投资外，美国对发展中国家的直接投资更多地转向了制造业。在制造业投资中，已经不再局限于传统工业，而是把范围扩大到相当一部分高技术产业，同时，美国通过对外直接投资，转移到国外的已不一定是某种产品的整条生产线，而往往是其中的一部分工序(多为劳动密集型工序)，如美国在亚太地区的电子元件方面的直接投资，这类生产主要已不是为当地市场服务，而是用于返销本国市场或转销第三国市场，或者只是为本国生产提供加工协作。

美国与世界其他各国的这种多层次的生产专业化和协作，是高度发达的现代生产力的需要，它有利于生产力的发展，有利于各国经济的相互交往和沟通。但是，必须指出的是，美国的这种跨国生产是建立在资本主义私有制的基础之上的，美国生产和资本的国际化理所当然地也要受到这一基础的限制。美国的海外直接投资既是美国生产的国际化，也是资本与劳动关系的国际化，从而也是资本主义生产关系的国际化。只要是资本，总是有对劳动剥削的本性，从这种意义上说，美国海外直接投资是剩余价值生产和瓜分的国际化。

总之，美国大规模的海外直接投资，促进了国际分工的深化和新的国际生产结构的建立，加速了生产国际化的进程，有利于世界经济的发展，但是，由于美国跨国公司的生产和资本活动，往往具有垄断性，因此，它在一定程度上抑制了竞争，从而有降低世界经济资源配置效率和经营效率的消极作用。美国跨国公司通过其内部联系，在各国之间调动资金，转移商品，使投资国和东道国的宏观经济政策运用受到干扰，各国经济政策更难于协调，此外，美国跨国公司还往往成为通货膨胀和经济危机国际传播的一个渠道，促使资本主义基本矛盾在国际范围的激化等，这一切，又会给世界经济的发展带来不利影响。

第二节　美国对外直接投资扩大了国际贸易的流量和领域

列宁早就指出，资本输出是促进商品输出的重要手段。战后以来，美国海外直接投资的大规模展开和迅猛发展极大地推动了国际贸易的发展。通过直接投资，美国跨国公司把原来本国公司体系内的部门间和部门内的分工扩展到世界范围，将这种分工放大为各国之间的相互依赖和协作。分工各异，设立于各国的美国跨国公司分支机构和子公司，它们的存在本身就是与机器设备的进出口，原材料和零部件等中间产品的进出口密切相联的。美国跨国公司在直接投资中，根据市场需求，不断推陈出新，研制和发展新产品，从而开拓了国际贸易的新领域。所有这些无疑有利于国际贸易的发展，扩大了国际贸易的流量。

一、跨国公司的直接投资带动了国际贸易的发展

美国跨国公司作为美国最大的垄断组织，不仅是对外直接投资的主体，而且也是对外贸易的重要机构。如果说，在第二次世界大战以前，绝大多数的国际贸易是通过作为各国商品买卖的中介人——专业进出口贸易公司来经营的话，那么现在这些贸易公司不再享有从事进出口贸易的垄断地位。战后以来，美国跨国公司在国外从事经营活动，带有“一揽子”性质。这就是说，美国跨国公司不仅在国外从事生产经营活动，而且绝大部分兼营进出口业务，在国内外设立专门从事进出口业务的子公司。由于美国工业跨国公司以生产为基础并拥有世界各地的销售网点，特别是它们最了解自己的产品，可承担售前咨询和售后服务，这是它们从事进出口业务的突出优势。目前美国跨国公司发展成为从事国际贸易的主要机构。据统计，美国现有 25 000

家生产企业兼营进出口贸易，它们所经营的进出口贸易总额已占美国全部进出口总额的50%以上。而专营的进出口贸易公司所经营的业务，在美国的出口总额中仅占20%，在进口总额中不过约40%，1983年，仅50家最大的美国跨国公司的出口额就占美国出口额的近30%，全部跨国公司贸易额占据了美国出口额的89%和进口额的59%。随着美国海外直接投资的不断增长，美国的进出口迅速扩大，两者是同步增长的(详见表8-2)。

表8-2　战后美国对外直接投资和对外贸易　　单位：亿美元

年份	对外贸易	对外直接投资	对外贸易/对外直接投资(%)
1950年	192.84	117.90	163.4
1960年	344.08	318.70	108.0
1970年	823.35	754.80	109.1
1980年	4 740.19	2 153.80	220.1
1985年	5 540.18	2 303.00	240.6
1986年	5 917.92	2 598.00	227.8
1987年	6 600.32	3 143.00	210.0
1988年	7 676.60	3 335.00	230.2
1989年	8 357.94	3 734.00	223.8
1990年	8 887.96	4 214.94	210.9

资料来源：美国《总统经济报告》1991年第401-402页。
《现代商业概览》有关各期。
《日本统计月报》1991年第6期第163页。

二、受美国跨国公司对外直接投资的部门结构和投资地区流向的制约，美国对外贸易的商品结构和地区流向战后发生了根本性的变化

战后以来，美国对外直接投资的主要部门是制造业。反映这一特点，美国对外贸易中的制成品贸易比重急剧上升。这种对外贸易商品

构成特点的形成主要出于两个原因：一是与美国经济在资本主义世界国际分工体系中的比较优势相联系。美国与其他发达资本主义国家相比，每年用于科学和研究方面的费用多，劳动生产率水平高，劳动队伍熟练程度高，拥有技术优势，因此，机械和运输设备类别中的技术密集型产品，如航空设备、通讯设备、工业电气设备、电子、汽车，其他制成品中的技术密集型产品，如科学仪器、照相器材、医疗器械，需要用高技术化学和生产方法生产的一些化学制品等，一直是美国对外直接投资发展最快的行业和部门，也是美国出口的主要工业品，并且在国际上具有较高的竞争力。二是与美国跨国公司的海外直接投资的经营战略相联系。60 年代以来，随着西欧、日本经济的迅速发展，美国的一些商品在世界市场上的竞争力日益下降。尤其是劳动密集型和资本密集型产品，其竞争力下降十分明显，贸易逆差不断扩大，这种情况促使美国跨国公司将此类产品的生产转移到工资水平低，资源丰富，环境保护限制少的发展中国家和地区，以降低生产成本，与其他国家竞争，并向美国国内输入这些产品，夺回被占领的市场。其结果是，一方面，由于技术密集型产品出口，机械和运输设备等工业产品在出口贸易总额中的比重增加了；另一方面，由于非技术密集型产品或低技术密集型产品的进口，机械运输设备等工业产品在进口总额中的比重也增加了。这表明美国与其他国家之间的制成品贸易的迅速增长。

美国对外直接投资促进美国与其他国家的贸易的发展在美国的海外生产线方面表现得极为明显。60 年代中期以来，美国跨国公司的海外子公司利用美国元器件加工、装配而成的产品对美国再出口增长迅速。据美国海关统计，因产品中含有美国成分而对这一部分免税放行的进口商品(称为 806/807 进口项目)的价值总额在 1969 年到 1983 年期间从 18.4 亿美元激增到 218.5 亿美元，14 年间增长了 11 倍，速度远远超过美国进口总额的增长。结果，这类进口在美国进口总额中的比重由 1966 年的 4%上升到 1983 年的 10%，1981 年，美国制成品进口的 15%，来自发展中国家制成品进口的 22%都是在国外经过加工装配后再进口的商品。在成衣和电子产品等的进口中，再进口的比例还要高得多。① 这类进口的一大半是来自美国跨国公司的海外子公司。表 8-3 展示了美国从 15 个主要来源国再进口的情况。在美国的再进口产品中，半导体及元件具有特殊的重要地位。美国跨国公司在国外大规模组装美国产品再返销国内市场就是从半导体分厂开始的。1969 年半导体工业已经成为美国最重要的海外生产行业。到 1982 年，它在美国的经海外组装后再进口的商品中所占份额比 1969 年上升了 2 倍，达到 17%，其中免税再进口的美国部件占全部再进口免税额的 42%，远高于其他任何部门。

与美国海外直接投资的地区流向相联系，美国战后对外贸易的地区分布上也发生了显著变化，即美国与其他发达资本主义国家的对外贸易所占比重上升，与发展中国家或地区对外贸易的比重下降，据统计，1960—1977 年间，发达资本主义国家在美国出口贸易中的比重一直在 50% 以上，发展中国家或地区所占比重同期由 30. 5% 降至 23. 1%；发达资本主义国家在美国进口贸易中的比重同期为 47. 5%，发展中国家或地区所占比重同期由 29. 8% 降到 23. 1%。在美国的对外直接投资中，主要对象国为加拿大、英国、联邦德国、法国、日本、意大利等，与此相联系，在美国的对外贸易中，主要对象国也是加拿大、日本、英国、联邦德国、法国和意大利。据统计，1988 年，美国出口贸易 3 193 亿美元，其中，发达国家为 2 065 亿美元，占 64. 7%，在发达国家中，加拿大 735 亿美元，日本 371 亿美元，西欧 864 亿美元，澳大利亚、新西兰、南非 94 亿美元，分别占 23. 0%、11. 6%、27. 1% 和 2. 9%。同年，在美国进口贸易 4 465 亿美元中，来自发达资本主义国家 2 824 亿美元，占 63. 2%，其中加拿大 844 亿美元，日本 898 亿美元，西欧 1 022 亿美元，澳大利亚、新西兰、南非为 60 亿美元，分别占美国进口的比重为 18. 9%、20. 1%、22. 9% 和 1. 3%。②

---

① ［美］J. 格伦沃德和 K. 弗莱姆：《全球工厂》，布鲁金斯学会 1985 年版，第 7 页。

② 《美国总统经济报告》，1990 年英文版，第 413 页。

表 8-3　美国从 15 个主要来源国再进口的情况　　单位：百万美元

年份 / 项目 / 国别地区	1969 年		1983 年	
	806/807 进口总额	免税美国部件价值	806/807 进口总额	免税美国部件价值
发达国家				
联邦德国	627.4	11.6	2 736.7	58.9
日本	137.9	25.4	6 489.6	175.5
加拿大	340.1	118.7	1 425.9	467.0
发展中国家或地区				
墨西哥	150.0	97.9	3 716.9	1 908.7
马来西亚	0.4	0.1	1 203.2	695.7
新加坡	11.6	3.8	983.3	275.9
菲律宾	5.2	3.5	725.9	455.6
韩国	23.8	15.9	575.6	340.4
中国台湾	68.7	23.8	568.5	100.7
中国香港	91.4	51.3	448.1	72.2
海地	4.0	2.4	197.4	139.4
巴西	4.1	2.5	193.1	27.4
多米尼加	0.1	0.1	161.0	111.6
萨尔瓦多	0.2	0.1	79.6	45.3
哥伦比亚	0.4	0.2	29.8	20.0
15 国或地区合计	1 463.3	357.3	19 534.6	4 894.3
世界总计	1 841.8	442.6	21 845.7	5 447.1

资料来源：[美]J. 格伦沃德和 K. 弗莱姆：《全球工厂》，布鲁金斯学会，1985 年第 13 页。

三、美国的海外直接投资在很大程度上促进了跨国公司内部贸易的发展

美国跨国公司在海外的大规模生产投资，与世界各国根据各自不同的比较优势和垄断优势进行分工协作和专业化生产，必然引起公司内部、跨国公司与跨国公司之间的多层次的国际贸易的新发展。如美国国际商业机器公司分别在联邦德国、法国、英国和意大利等国生产不同的零部件，然后组装成“360 型”电子计算机，如美国在亚太地区的半导体工业生产线等，这种国际化的专业分工，一方面有助于节约劳动，提高生产效率；另一方面，这种跨国界的分工和协作生产，各种零配件的往返运输组合，势必导致跨国公司内部贸易的扩大，促进国际贸易的发展。据关税和贸易总协定专家估计，现在跨国公司内部贸易占资本主义世界出口贸易总额的40%，1977 年，329 家大型跨国公司内部贸易占它们出口贸易总额的平均比重达$\frac{1}{3}$，其中美国跨国公司为 45. 5%。① 所谓内部贸易是指美国跨国公司体系，母公司与子公司之间，各子公司之间的贸易。这种内部贸易的程度，既可用跨国公司内部贸易占母国与母公司的出口总额的比重来表示，也可用它占母国或母公司的进口总额的比重来表示。

企业内部贸易也是国与国之间的贸易，但是这种贸易并不通过市场，交易对手并不是局外企业，而是同属本公司体系的有关企业。与此相联系，交易时虽然也要计价，但买卖价格并不完全由市场机制确定，而纯粹由公司内部确定，即所谓划拨价格。人们把这种内部贸易称之为国际贸易的“飞地”。据估计，美国跨国公司的内部贸易占美国对外贸易的比重相当高(详见表 8-4、表 8-5)。

① 联合国：《跨国公司与国际贸易：选择的问题》，纽约，1985 年版，第 3-4 页。

表 8-4　与跨国公司有关的进口在美国进口总额中所占的份额，按国家类别分（1974 年）

国家和国家类别	美国进口额（亿美元）	美国拥有多数的股权的国外子公司向美国销售的销售额	
		销售额（亿美元）	%
全世界	991.6	318.0	32.1
发达市场经济国家	596.9	148.3	24.8
加拿大	218.0	114.1	52.3
欧洲	229.9	30.8	13.4
日本	129.3	1.3	1.0
其他国家	19.7	2.2	10.9
发展中国家	394.7	147.6	37.4
拉美	183.9	64.2	34.9
亚非	210.3	83.5	39.6

资料来源：联合国跨国公司中心：《再论世界发展中的跨国公司》，商务印书馆 1982 年版第 273 页。

表 8-5　以美国为基地的跨国公司拥有多数股权的国子外公司，其公司内部的销售额在总销售额中所占的份额，按销售目的地和国家类别分（1971 年和 1975 年）　　单位：%

东道国与国家类别	子公司向母公司出口在其向美国出口总额中所占的份额		子公司向其他子公司出口在其向第三国出口总额中所占的份额	
	1971 年	1975 年	1971 年	1975 年
全世界	74	74	53	42
发达市场经济国家	76	65	60	60
加拿大	74	61	45	33

续表

东道国与国家类别	子公司向母公司出口在其向美国出口总额中所占的份额		子公司向其他子公司出口在其向第三国出口总额中所占的份额	
	1971 年	1975 年	1971 年	1975 年
欧洲	85	87	62	64
其他国家	62	97	37	32
发展中国家	69	82	42	30
拉美	69	85	56	73
非洲	79	95	73	74
中东	59	43	23	14
亚洲	93	100	74	65

资料来源：同表 8-4，第 274 页。

从表 8-4、表 8-5 可以看出，公司内部贸易所占比重是相当高的。公司内部贸易的迅速发展和规模的急剧扩大，反映出美国资本主义私有制尤其是垄断外壳内的生产社会化的矛盾过程。跨国公司由于直接控制这部分贸易，因而就完全能根据公司体系的要求，确定产品的价格，贸易的规模和流向，以取得最大的利润。

美国跨国公司内部贸易的大规模进行，对美国传统的国际贸易收支统计提出了挑战。据美国官方统计，自 1984 年以来，美国每年的外贸逆差都超过 1 000 亿美元。但是一些专家认为，随着美国跨国公司的增加，海外直接投资的扩大和生产国际化的发展，贸易的含义已与传统的概念有所不同。如果综合起来统计，直到现在，美国不仅没有外贸逆差，而且仍是世界上最大的贸易盈余国。据壳牌石油公司首席经济学家朱利叶斯最近发表的一项研究报告，估计 1986 年美国“对外销售”总额为 11 450 亿美元，它的国外采购总额为 10 880 亿美元。这一年美国对外贸易就不是 1 440 亿美元的逆差，而是有 570 亿美元的贸易盈余。

据美国官方统计，1986 年，美国与欧洲共同体的贸易额为 1 300 亿美元，美国贸易逆差不到 200 亿美元。但是，据美国《外交》季刊援引专家们的计算，这一年，美国跨国公司在欧洲子公司在当地销售额达 5 000 亿美元，欧洲跨国公司在美国的子公司在当地销售额为 3 250 亿美元，比双边贸易额还多，美国具有明显的优势。

据西方报刊提供的资料，1984 年，在日本的 300 家美国最大公司的销售收入达 439 亿美元，而在美国的日本公司的销售收入只有 128 亿美元，两者相差 311 亿美元，几乎等于当年日本对美国 312 亿美元的贸易盈余。1989 年在日本投资的 2 000 家公司在当地的产值超过当年美国对日本 490 亿美元的贸易逆差。

另据美国未来学家奈斯比特在《2000 年大趋势：90 年代 10 个新方向》一书中指出，美国进口商品中的近 20%是美国企业在海外制造的。据美国报刊提供的数字，1982 年墨西哥出口制成品的 1/3 是美国跨国公司在当地生产的。新加坡向美国出口商品的 50%以上是美国跨国公司设在当地的子公司生产的。

所有这些情况表明，在经济日益国际化，全球性跨国公司相互直接投资迅猛发展的情况下，传统的贸易统计已不能全面准确地反映一个国家的国际贸易地位和外贸形势。①

四、美国海外直接投资极大地促进了国际间的技术转让，推动了国际技术贸易的发展，扩大了国际贸易的领域

目前，国际技术贸易的 90%是在发达资本主义国家之间进行的。其中绝大多数又为跨国公司所控制。一般而言，美国跨国公司进行技术转移的方式有五种：(1)通过对外直接投资，创建新产业和骨干企业，从而形成技术转移；(2)通过子公司输出技术；(3)通过购买和兼并外国拥有某种先进技术的企业，达到购进先进技术的目的；(4)通过人员培训、留学深造或对企业进行技术指导的方式转移技术；(5)参与技术合作，在合作中转移技术。

① 《经济参考报》1991 年 6 月 7 日。

目前，世界上的许可证交易基本上受跨国公司所控制。许可证交易的80%左右在跨国公司内部进行。这一特点是由跨国公司的内部化优势决定的。美国的技术转移的主体是跨国公司，1988—1989年，美国在海外直接投资中所获得的净专利权，许可证和其他劳务的收入分别为115.35亿美元和135.91亿美元。①

此外，美国的海外直接投资还促进了美国与其他国家贸易的发展。这主要表现在美国的跨国公司在东道国的子公司生产的产品，不仅仅是供应当地(替代部分出口)，或返销美国(扩大了出口贸易)，而且还对第三方出口。例如，美国通过在英国的直接投资，其产品可进入欧洲共同体国家市场和英联邦国家市场；通过对欧共体各主要国家投资设厂，其产品可以打入该主要国家的一些“联系国”，以扩大美国的对外贸易。

第三节　美国对外直接投资加快了国际资本的流动

美国跨国公司由于它的强大经济实力和全球经营特点，由于它遍布世界各地的子公司网络和直接投资活动，由于跨国公司与跨国银行等金融机构的密切联系，必然会对国际资本流动和国际金融市场产生重大影响。

一、美国的海外直接投资促进了美国跨国银行的大发展

美国跨国公司是美国海外直接投资的主体，也是美国跨国银行的主要贷款对象和主要客户。跨国公司与跨国银行的信贷关系是当代金融资本国际化的一个重要方面。美国跨国公司海外直接投资的大发展和全球经营推动了美国跨国银行的大发展。

(一)美国跨国公司海外直接投资的大发展，产生了对跨国银行的公司信贷的巨大需求，进而促进了美国跨国银行的发展

众所周知，美国跨国公司在海外进行直接投资，需要自有资本，

① 美国商务部：《现代商业概览》1990年第8期，第61页。

但是仅有自有资本是远远不够的，必须要求有外部借贷资本的支持，这是因为：

1. 美国跨国公司在海外投资建厂需要巨额资本

如1958年西欧经济共同体建立以后，美国跨国公司为突破关税壁垒，实行就地生产和就地销售，相继在西欧国家建立起汽车、合成纤维、电子计算机等一系列资本技术密集型工业。由于投资浩大，不得不向美国跨国银行告贷。即使在海外子公司建立后，仍然需要中长期外部资金，以便更新设备，扩建新工程等。

2. 美国跨国公司在海外兼并企业需要巨额资本

1963—1970年美国跨国公司就兼并了西欧3 000多家企业①。80年代以来，美国对西欧的直接投资愈来愈采取兼并的方式，仅1989年美国兼并西欧企业185起，成交额138.03亿欧洲货币单位，约合157.5亿美元。② 兼并企业需要付出费用，因此必须向跨国银行告贷。

3. 美国跨国公司在海外进行跨国经营中，需要进行国际贸易融资和补充流动资本

跨国公司不论是作为买方或卖方，经常需要从跨国银行融资，以扩大公司的进出口贸易；同时，充分利用金融杠杆，进行负债经营，以便扩大资本额，获取尽可能多的利润是当代美国跨国公司财务管理的重要原则之一。美国跨国公司为了支付短期到期债务，如应付账款、票据、工资、利息、税收等，经常向跨国银行借入短期资金。

据统计，美国跨国公司约有40%的资金来源于外部。

（二）美国跨国公司在海外进行大量直接投资的过程中，必然会形成大量的境外美元

这不仅是因为美国输出货币资本，而且是由于美国跨国公司在海外直接投资产业资本循环中会游离出大量的暂时闲置资本，如待购的

① 张帆：《美国跨国银行与国际金融》，中信出版社1991年版，第153页。

② ［英］《金融时报》1990年2月5日。

流动资金、折旧基金和保留利润。据估计，1972 年抽样调查的美国跨国公司海外分公司的资金来源中，未分配利润占 16%，折旧基金占 34%，二项相加所占比重为 50%①。另据统计，1969 年底，美国跨国公司及其海外子公司持有的现金和流动资金共达 350 亿美元，即相当于同年美国政府的全部储备基金的 3 倍；到 1971 年它们所持有的现金和流动资金已增加到 1 150 亿美元。这个金额竟比同年所有资本主义国家储备总金额 885 亿美元还高出 30%。这笔庞大的资金在未进入现实购买之前，要求存款获利。美国跨国银行为了经营这些有利可图的跨国货币，就追随美国跨国公司在世界各地广设银行机构，使美国跨国银行的海外分支机构得以迅速发展。

(三)美国跨国公司的海外经济扩张，需要美国跨国银行提供各种广泛的金融服务

其中主要有：(1)经办跨国公司体系内机构的资金调拨、资金周转、现金管理、代收代付等结算业务；(2)为跨国公司的海外经营提供外汇信息、市场商情等咨询意见；(3)接受跨国公司的委托，承办和直接参与为跨国公司所需要的银团、企业的建立和变动等有关活动。没有这些服务，美国跨国公司的海外直接投资活动就难以顺利进行。正是为了满足美国跨国公司的上述需要，美国跨国银行紧随跨国公司奔向了世界各个角落，建立了遍布全球的金融网。

(四)美国垄断资本对海外银行业的直接投资，直接推动了美国海外银行业的迅速发展

据统计，截至 1990 年底，美国对海外银行业的直接投资累计额为 213.97 亿美元，占美国整个海外直接投资的 5.2%，如果包括美国对海外非银行金融业、保险业和不动产业的直接投资，该比重高达 29.2%。② 美国的埃治法公司(Edge Act Corporation)是美国跨国银行经营对外直接投资的专业机构。60 年代以来，埃治法公司通过对海

---

① 美国商务部国际投资部转引自奥利维尔·帕斯特利：《跨国公司：银行与公司的关系》，康涅狄克州 1981 年版，第 154 页。

② 美国商务部：《现代商业概览》1991 年第 6 期，第 29 页。

外商业银行、投资银行、商人银行、信托公司、金融公司、租赁公司、代理公司、来料加工公司、保险公司、咨询公司甚至包括部分工商业公司的直接投资，建立了大量的海外分支机构，促进了美国跨国银行的迅速发展。1960年，美国银行总行只有8家，1970年发展到79家，1980年增至139家，1986年更增至158家①。通过埃治法公司的海外直接投资，美国跨国银行海外分行获得了持续而迅猛的发展。1966年，美国跨国银行在43个国家内拥有123家多数股和少数股子银行和子公司，1971年底，在74个国家拥有416家，1973年底，在102个国家内拥有1670家，发展极其迅速，机构遍及全球。②到1980年底，美国跨国银行在国外拥有的多数股子银行和子公司共有943家，分布在世界各地。（详见表8-6）

表8-6　1980年美国多数股子银行的地区和资产分布

区域和国家	子银行数(个)	资产额(亿美元)
欧洲	345	337
奥地利	7	6
比利时	16	32
法国	23	28
意大利	8	38
瑞士	25	7
英国	191	145
原联邦德国	21	68
其他国家	54	13
拉丁美洲	152	34
阿根廷、哥伦比亚、墨西哥	23	10

① 张帆：《美国跨国银行与国际金融》，中信出版社1991年版，第8页。

② 美国银行货币和住宅委员会：《金融机构和国民经济》，华盛顿1976年版，第839页。

续表

区域和国家	子银行数(个)	资产额(亿美元)
巴西	61	21
其他国家	68	3
非洲	42	11
澳大利亚	47	31
其他地区	357	228
中东	9	26
香港	59	33
加拿大	73	82
离岸金融中心	143	64
其他地区	73	23
总计	943	641

资料来源：[美]伊曼纽尔 N. 罗萨斯：《国际银行业、原理和实践》，1983年纽约版，第24页。

这表明，随着美国跨国公司产业资本的国际化，美国跨国银行借贷资本的国际化获得了长足的发展，进而把美国金融资本的国际化推向了一个新阶段。

二、美国跨国公司的海外直接投资对国际金融市场的影响

美国跨国公司海外直接投资的大规模展开对国际金融市场的发展产生了巨大而深远的影响，这种影响表现在下列几方面：

(一)促进了欧洲货币市场的建立和发展

欧洲货币市场是战后出现的最大借贷市场，也是资本主义世界借贷资本和银行业发展史上具有重大意义的事件。它的产生和发展是与美国跨国公司急剧扩大的海外直接投资紧密相联的。50年代中期以来，随着以美国为首的各主要资本主义国家跨国公司的迅速崛起和向全球实现经济扩张，世界范围内产业资本的国际化、商品资本的国际

化程度不断提高，进而促进了借贷资本的国际化。

大家知道，美国跨国公司在海外建立子公司以从事生产经营活动，必然要带去自有资本和筹集外来资金。这种自有资本既可以是现款，也可以是用技术、设备作价；而外来资金既可以是从别国或当地银行借来的长期贷款，也可以是当地或第三国企业的合伙人的资本。在海外直接投资急剧发展的情况下，国际贸易的规模空前扩大，跨国公司大规模的海外直接投资和大量的进出口贸易使它们对国际信贷的需求量不断扩大。这就在客观上要求有一个存款和贷款方便、资金充足、遍布全球的借贷市场。1958 年欧洲货币市场的建立无疑是战后跨国公司和国际直接投资大发展的结果。

欧洲货币市场建立以来，市场规模急剧扩大。1964—1987 年间，存款毛额由 200 亿美元增至 45 090 亿美元。其中，欧洲美元在存款毛额中的比重保持在 66%以上。① 欧洲货币市场的建立、发展，为美国跨国公司提供了一个全球存款、借款和调拨资金的市场，因而反过来又促进了美国海外直接投资的发展。

(二)推动了国际资本市场的发展，加速了国际资本的流动

美国跨国公司在海外经营活动中，不仅拥有大量的外国股票和债券，而且也向国外出售股票和债券。它们是国际证券交易市场上的一支重要力量。1975 年，在美国的年销售额超过 10 亿美元的 200 家大公司中(大部分是跨国公司)，有 80 家在国外证券交易所挂牌出售股票。仅 1985 年一年，美国跨国公司通过出卖股票在欧洲债券市场上就筹集了 1 344 亿美元②。由于美国跨国公司在海外直接投资经营中，不仅拥有巨额流动资本，而且在母公司和子公司之间，各子公司之间的资金转移频繁，周转迅速，这无疑加速了国际资本的流动。

(三)美国跨国公司在国际金融市场上的各种投机活动恶化和加剧了国际金融市场的不稳定和混乱

70 年代以来，随着以美元为中心的国际货币体系的崩溃，固定

① [美]摩根公司：《世界金融市场》各期。

② 转引自《人民日报》1986 年 8 月 13 日。

汇率制由浮动汇率制所取代，国际储备货币日益走向多元化。美国跨国公司依靠它的雄厚资金、现代化信息系统和在国际市场上的垄断地位，经常参与外汇市场的期货交易和套汇套利，大搞金融投机活动，从中牟取暴利。如它们利用各国利率差别，将资金随时从低利地区转移到高利地区，从利率差额中牟利；或者直接通过银行和外汇市场买卖外汇，从事外汇投机活动；或者当东道国货币即将发生贬值时，尽快把国外子公司的利润和现金转移到本国，或通过支付红利等办法，使子公司的资金限制在最低的限度。跨国公司的这些货币投机活动，引起了大量的资本流动，破坏了东道国货币汇率的稳定和国际收支的平衡，严重影响了东道国经济的发展，更进一步加剧了国际金融市场的不稳定和混乱。

第九章　美国对华直接投资的现状及其发展趋势

第一节　美国对华直接投资的发展及其主要特点

美国对华直接投资始于首都北京。1980 年 4 月，中国政府批准美国沈伊建设发展有限公司与中国旅行社北京分社合资兴建北京长城饭店，打响了中美合资兴办企业的第一炮。以后，随着中美经济关系的发展，中国投资环境的不断改善，美国对华直接投资的规模迅速扩大，投资领域不断拓宽。据统计，1980—1990 年，美国在华直接投资项目 1 208 个，累计协议金额 34.04 亿美元，实际使用金额 19.22 亿美元。(详见表 9-1) 截至 1991 年底，美国对华直接投资协议累计金额近 47.25 亿美元，实际使用 26.63 亿美元，投资项目达 2 004 个①。据统计，截至 1992 年 9 月底，美国对华直接投资项目约有 3 900 个，协议金额高达 63.4 亿美元，在外国对华直接投资中处于首位②。

80 年代以来，美国对华直接投资与其他外商对华直接投资相比，具有几个明显的特点：

---

① 《国际经贸消息》1992 年 7 月 5 日。

② 《经济日报》1992 年 12 月 16 日。

表 9-1　美国来华直接投资统计一览表　　单位：万美元

年份	项目个数	协议金额	实际利用金额
1979—1982 年	21	24 700	20 848
1983 年	32	47 752	8 313
1984 年	62	16 518	25 625
1985 年	100	115 202	35 719
1986 年	102	54 148	32 617
1987 年	104	34 219	26 280
1988 年	269	37 040	23 596
1989 年	276	64 052	28 427
1990 年	357	35 782	45 599
1979—1990 年	1 208	340 448	192 238

资料来源：国家计委外资司。

一、发展速度迅速，投资规模较大，在外商对华直接投资中占有重要地位

从 80 年代美国对华直接投资的增长速度看，它大大超过了同期美国对亚洲“四小龙”和东盟其他四国的增长速度。据统计，1982—1989 年，美国对华直接投资协议累计额由 2.47 亿美元增至 30.47 亿美元，年平均递增 43.2%，实际使用金额由 2.085 亿美元增至 14.66 亿美元，年均递增 32.1%。而同期美国对韩国、中国台湾、香港、新加坡、印度尼西亚、泰国、菲律宾、马来西亚的直接投资累计额年均增长率分别为 12.5%、17.7%、10.0%、2.8%、5.1%、11.8%、3.8%和 0.9%①。

从美商所建企业数和投资协议额看，1979 年 7 月至 1990 年 9 月，

① 根据美国商务部：《现代商业概览》1984 年第 8 期；1990 年第 8 期资料计算。

12 个国家(或地区)在大陆所建企业 23 862 家，其中香港、澳门居第一位，所建企业数 19 573 家，占 82.0%；中国台湾居第二位，所建企业数 1 188 家，占 5.0%；日本居第三位，所建企业 1 082 家，占 4.5%；美国居第四位，所建企业 1 062 家，占 4.4%。同期，美国对华直接投资累计协议额 29.96 亿美元，占 12 国(或地区)外商对华直接投资的 9.7%，仅次于香港、澳门居第二位(详见表 9-2)。

表 9-2　外商在中国大陆直接投资企业数和协议额一览表

(截止 1990 年 9 月)

国家(地区)	企业数(个)	所占比重(%)	协议金额(亿美元)	所占比重(%)
香港、澳门	19 573	82.0	225.98	73.2
中国台湾	1 188	5.0	11.00	3.6
日本	1 082	4.5	18.64	6.0
美国	1 062	4.4	29.96	9.7
新加坡	409	1.7	6.81	2.2
泰国	113	0.5	1.71	0.6
加拿大	96	0.4	2.08	0.7
澳大利亚	85	0.4	2.05	0.7
德国	80	0.3	4.97	1.6
英国	78	0.3	1.78	0.6
法国	67	0.3	1.92	0.7
荷兰	29	0.1	1.76	0.6
合计	23 862	100.0	308.66	100.0

资料来源：对外经贸部外资司。

从每个企业平均投资额计算，美国在华企业平均投入资本额为 282 万美元，居第一位；日本为 172 万美元，居第二位；香港、澳门地区为 155 万美元，居第三位；中国台湾为 92.59 万美元，居第四位。在向中国大陆投资最多的前四名国家(地区)中，美国建立的大型企业最多，总投资额在1 000万美元以上的企业约占其投资项目数的30%左右。其中有一批是资金技术密集型企业。如中国南海贝克钻井有限公司，年产1 500万吨煤的山西平朔安太堡露天煤矿，年产5万辆的北京吉普车有限公司，生产大功率发电机组配套锅炉的北京巴布科克威尔科克斯有限公司，生产仪器仪表的北京惠普公司，生产自动化控制设备的上海福克斯波罗有限公司，生产新型复印机的上海施乐有限公司，生产高效药品的上海施贵宝制药有限公司和天津中美史克公司等。

二、投资地区分布以沿海大城市和沿海开放区为主，并逐渐遍及全国，投资方式以合营为主，多种方式并举

在80年代初期的几年中，美国在华直接投资主要集中于上海、天津、北京、广州等大城市。因为这些大城市相对其他地区而言，经济比较发达，工业基础较为雄厚，基础设施和产业配套较好，技术力量较强，具有吸引外商直接投资的良好条件。随着中国先后建立五个经济特区，相继开放沿海14个城市和辽东半岛、长江三角洲、闽南厦漳泉三角洲和珠江三角洲经济开发区后，美国的对华直接投资逐步由沿海向内延伸。截至1986年底，沿海地区有美商投资企业130家，投资额7.6亿美元，在内地有美商投资企业104家，投资额7.8亿美元，基本上是平分秋色①。

从目前美商对华直接投资的55个大型项目的分布看，地域是相当广泛的。如上海12个，南海石油勘探7个，北京6个，大连3个，湖北、福建、黑龙江、内蒙古、南通、秦皇岛、天津各2个，沈阳、重庆、浙江、新疆、山西、徐州、云南、黄海各1个。这表明，随着中国对外开放的进一步扩大，美商对华直接投资已由沿海地区向内地纵深发展。

在投资方式上，美商在华直接投资有合资企业、合作经营、独资

---

① 详情参见：《中美经济关系现状与前景》，复旦大学出版社1989年版，第259页。

企业、合作开发、国际租赁、补偿贸易、加工装配等方式。在这些投资方式中，合作开发主要以近海石油勘探为对象，补偿贸易数量有限，独资企业所占比重不高，而合资经营始终占主导地位，据统计，在目前美国对华直接投资所建企业中，合资经营企业所占比重高达70%以上。

三、美商在华直接投资的部门行业结构已实现了以初期的能源开发和宾馆饭店业为主转向以制造业为主

据统计，1980—1986年，美国对华直接投资累计协议额(不包括近海石油合作开发)为15.42亿美元，其中服务业6.365亿美元，居第一位，占41.3%；能源业3.7566亿美元，占24.4%，居第二位；制造业(包括电子、电讯、生物工程、化学、机电制造、建筑材料、轻纺、食品)3.3亿美元，占21.4%，居第三位。

在80年代上半期，美国一直将服务业作为对华投资的重点，并主要投向了宾馆饭店业。截止1986年底，美国对中国宾馆饭店业投资金额6.2亿美元。其中，中美合营企业14家，投资2.07亿美元；中美合作企业10家，投资4.09亿美元，平均每个项目投资2 570万美元。最大的项目投资为上海展览馆，美国波特曼合伙有限公司投资为1.75亿美元。当时美商把投资重点放在宾馆、饭店主要是出于以下二点考虑：一是中国旅游资源丰富，对国际旅游业具有较强的吸引力，是一个收益较高，风险较小，资本周转快的行业；二是旅游业有直接的外汇收入，容易解决外汇平衡问题，便于美资企业在中国市场立足并展开竞争。

随着其他国家和地区对中国服务业直接投资的竞争加剧，某些大中城市宾馆、馆店建筑日趋饱和，加上1986年国际石油价格的暴跌，美国对近海石油勘探的兴趣减弱，美国对华直接投资的部门结构发生很大变化。其显著标志是：服务业所占比重下降，制造业日益居主导地位。根据美国在华直接投资的55个大型项目的统计，制造业40个，能源项目10个(其中8个海上石油勘探，2个煤炭开发)，服务业项目5个，各占比重为72.7%、18.2%和9.1%。从投资协议额看，

制造业 10.54 亿美元，占 55 个大型项目协议额（22.768 亿美元）的 46.3%；能源 9.33 亿美元，占 41.0%；服务业 2.89 亿美元，占 12.7%①。目前，美国对华直接投资以生产性项目为主，且主要集中于机械、电子、轻工、医药、能源、化工、计算机等行业，其中生产性项目占 80%以上。

四、美国在华直接投资企业经营效益较好，在多数情况下中美双方比较满意

在已经投产或开始营业的美商对华直接投资中，大部分企业经营良好，企业的利润率平均在 15—20%之间，有的企业利润率高达 25%。其中，合作成功的事例不少。如由美国克莱斯勒汽车公司投资 2 768 万美元与中方合资建立的北京吉普汽车有限公司，自 1984 年 1 月 15 日正式开业以来，截止 1991 年底累计生产汽车 25 万辆，实现销售收入 79 亿元，平均每年递增 37.9%；实现利润 8 亿元，平均年递增 32.2%；上缴国家税费 13.6 亿元，平均每年达到 1.7 亿元，该公司零部件国产化率已达 45%以上。1992 年计划生产汽车 5.5 万辆，平均每人年产汽车 10.4 辆，为开业前的 6.1 倍；销售收入超过 30 亿元，为开业前的 10 倍；实现利润超过 3 亿元，为开业前的 4 倍以上②。该公司已经成为我国生产吉普车的最大工厂。

中国惠普有限公司是中美电子领域第一家高技术合资经营企业，1985 年 6 月正式在北京成立，中方投资者为中国电子进出口总公司、北京市计算机工业总公司和中国长城计算机集团公司，外方为美国惠普（HP）公司，投资总额 2 500 万美元。该公司主要产品有：数字存储示波器、逻辑分析仪、动态信号分析仪、微波扫频源、彩色 B 超等。惠普公司于 1990 年 4 月将 HP3394、HP3396 两个化学积分仪产品的世界独家生产权转给中国惠普，且产品的 90%销往国际市场，目前已累计创税利 1.5 亿元③。

① 根据国家计委外资司有关资料计算。
② 《光明日报》1992 年 4 月 2 日。
③ 《经济日报》1992 年 7 月 5 日。

由美国福克斯波罗有限公司投资1 000万美元与中方合资的上海福克斯波罗有限公司是上海第一家中美合资企业。9年来，这家公司生产的系统控制仪表已在大江南北、东北、西北数百项大型工程上使用，质量符合美国本部标准，零部件国产化率达60%。从1984年开始，营业利润不断增加，中美双方均表示满意。

由美国布迈施贵宝公司与中方合资的上海施贵宝公司是中国第一家中美合资制药企业。自1985年投产以来，连续6年生产经营蓬勃发展，销售额直线上升，赢利持续增长。1991年，该公司销售额突破2亿元，比1990年增长75%，利润额比1990年增长2倍以上，6年来该公司投资1美元已增值8美元。目前上海施贵宝公司已建成一个符合国际标准，按照国际GMP规范(优良药品制造规范)设计、生产、经营和管理的现代化制药企业。它引进了心血管、抗生素和维生素三大门类、六种类型的优质产品，是我国第一家西药制剂产品出口美国的制药公司。据国家统计局等单位评选结果，上海施贵宝公司荣列中国50家医药工业最佳经济效益企业第三名①。

上海施乐复印机有限公司投产3年来，在产量、销量、市场占有率和用户综合满意度四个方面均居全国同行业首位，荣获了连冠称号。1991年，复印机产量达1.2万台，销售收入2.7亿元，人均创利税6万元，向西欧出口1 000余台。1992年预计销售额可达3亿元，目前已成为我国复印机行业中唯一的一家机、鼓、粉生产制造一体化的合资企业②。

由广州肥皂厂、美国P&G公司、香港和记黄埔(中国)有限公司等单位于1988年合资兴建的广州宝洁有限公司，通过引进先进技术改造老企业，引进先进配方更新产品，先后向市场推出海飞丝香波及护发素，飘柔二合一和玉兰油等新产品。这些产品不仅畅销国内市场，而且1990年有1/5畅销海外。1990年人均劳动生产率62.5万

① 《光明日报》1992年6月29日。

② 《国际商报》1992年6月7日。

元，人均创利税 25.4 万元。在全国同行业中处于领先地位①。

深圳中华自行车集团股份有限公司是由中、港、美资本组成的中外合资企业。近几年来，该公司产品覆盖整个欧洲市场。1990 年，"中华"毅然将美国第二大专业自行车公司收于名下，使该公司一跃而升为世界自行车界举足轻重的厂家。到目前为止，该公司自行车产品已发展到郊游车、山地车、赛车、童车、健身车、高级铝合金车等 6 大类共数千种不同车型、规格和色彩的中、高档产品。与初创时的 1985 年相比，到 1991 年底止，该公司自行车年产量提高了 32.3 倍，其中出口量提高了近 50 倍，年总产值、总销售额和出口创汇均提高了百余倍②。正如颇具权威的日本《自行车刊报》所赞许的："中华自行车公司是世界自行车界升起的一颗灿烂的新星！"

由美国百事可乐公司投资 750 万美元与中方合资的深圳饮乐汽水厂，经过 7 个月的改造，将原来每月只能生产 6 000 瓶汽水的手工作坊式的汽水车间变成一家可以日产 50 万瓶，年产 8 万吨汽水的全自动化的现代化饮料厂，产品 80%出口到我国香港及日本。从 1982 年 8 月正式投产至 1989 年底共实现利税 9 075 万元，其中中方获纯利润 2 456 万元，共向国家上缴税金 3 489 万元，企业三项基金共留成 1 762 万元。美国也从合资中获得了可观的效益。1986 年美国百事可乐国际公司董事会主席简道尔先生率领该公司最高董事局访华团成员参观深圳饮乐汽水厂后感到，该厂为中美合作树立了好的榜样，为他们继续来中国投资增强了信心③。

第二节　目前美国在华直接投资中存在的主要问题

10 多年来，美商对华直接投资在中美双方的共同努力下，得到

① 《经济参考报》1991 年 8 月 25 日。

② 《经济日报》1992 年 7 月 5 日。

③ 王永金：《从合作十年展望中美经济关系》。

了迅速的发展。但是，必须指出，美商对华直接投资的规模还是很有限的。中国作为一个发展中的大国，在美国海外直接投资中所占的比重是微不足道的。据统计，截止 1990 年底，美国海外直接投资累计额 4 215 亿美元，其中对华直接投资协议累计额仅有 34 亿美元，所占比重为 0.8%。这表明，尽管中国自 70 年代末实行了改革开放政策，先后举办了五个经济特区，开放了沿海 14 个城市，对外商投资采取了各种优惠政策和措施，但在美国公司看来，中国还不是最有吸引力的投资场所。10 多年来，虽然美国的跨国公司来了一些，并表现出对中国投资的兴趣；但是，许多美国公司对中国的投资采取观望态度，即使是有所投资，也带有投石问路的性质，有长期打算的较少。之所以出现这种情况，我们认为，中美双方都存在一些客观的原因。

一、就美方而言，主要是由于美中历史、文化、社会制度、意识形态和价值观念都不相同，美国跨国公司对中国的市场、企业经营了解不够，不敢贸然大规模投资

尤其是 1989 年“6・4”事件后，美国以“人权”问题为借口，对中国实行经济制裁，急剧恶化了中美经济关系。美国对华经济制裁的主要内容有：

(1)停止向中国出口用于国防、军事及治安防暴方面的设备；

(2)停止政府间的新贷款以及世界银行、亚洲发展银行等机构的对华新贷款；

(3)停止向新的在华私人投资者提供保险或融资服务；

(4)停止贸易发展项目的融资与活动；

(5)反对巴黎统筹委员会进一步放宽对华高技术转让，冻结美国对华高技术转让的许可证；

(6)停止发放使用中国火箭发射美国卫星的出口许可证；

(7)不再继续实施核能源条约，停止发放新的核燃料许可证。

美国的经济制裁，尤其是美国政府停止美国海外投资保险公司对美国商人到中国的投资保险，这在中美之间未签订投资保护协定的情

况下给美国公司来华投资造成了阻力。加之美国抽紧了对中国高技术的出口，这直接影响了美国企业的对华直接投资和高技术转让。

二、就中方而言，其根本原因在于投资的软硬环境尚不理想，对美商投资的吸引力不够

美国跨国公司对外直接投资，首先要对可投资环境进行研究分析，从安全、盈利、方便三个基本需要出发，对各国和各地区的投资环境进行评估、比较，在此基础上选择那些政治稳定，经济增长快，利润率高，生产率高，生产成本低，基础设施完善发达，经济运转机制灵活有效和市场潜力大的国家或地区作为投资场所。这就是说，一个对外商具有吸引力的投资环境必须具备三个特征：一是要使投资者相信他的投资是安全可靠的，他的合法权益是受到当地的政府和法律保护的；二是使投资者的投资有利可图。无论商品经济发展到什么程度，我们都无法想象外国资本家会心甘情愿拿出投资仅仅是为了帮助东道国发展经济建设；三是使投资者在形成投资判断和实施投资过程中，他的交易费用是最低的。根据以上三个特征，来评判我国的投资环境，我认为存在以下几个问题：

(一) 开放观念不够强

改革开放以来，在我国的经济特区、沿海经济开发区，思想比较解放，开放意识较强，吸收美资较多，但从全国整体上看，开放意识还不够强。主要表现是：

(1) 对对外开放的理解不够全面，对引进外商直接投资以弥补我国建设资金不足的考虑较多，而对如何引进美国先进技术，学习、借鉴美国企业先进的管理经验，利用美国跨国公司的国际营销渠道和国际市场灵敏的信息重视不够，没有自觉地把引进美商直接投资与促进我国整体经济素质的提高有机的统一起来加以通盘考虑，因而引进存在一定的盲目性和引进项目的重复性。

(2) 由于受传统保守观念、利益关系等因素的影响，有些地方和部门不认真贯彻执行国家和地方已颁布的对美商投资企业的优惠政策规定，一怕外商赚大钱，肥水流入外人田；二怕市场被外资企业占领，冲击国内民族工业。

(3)按照国际惯例办事的观念不强，行政干预较多。美资企业的人、财、物和生产经营自主权得不到保障，而且政出多门，规定不一致，美资企业报批、立项、批准到具体经营，计委、外经委、工商、银行、海关、商检、税务、审计、物价、公安、卫检、人事等部门都可以插手管，而且各自分工不明确，有些规定不衔接或自相矛盾，三资企业办事难。

(4)美资企业中中方管理人员素质不够高，对合资经营模式了解不够，对吸引外资办企业的战略意义认识不足，主动加强与美商的交往不够。

(二)基础设施较为落后

具体表现在能源、电力、运输、通讯等生产要素和资源不足；宾馆饭店旅游娱乐等服务设施落后。这在一定程度上制约了美商对华直接投资。如，由于交通运输困难，延误了合资企业的设备安装，生产过程所需要的原材料、零部件不能及时到货，产品出口由于运输得不到保证而不能按时交货，打乱了合资企业正常的生产秩序；由于通讯条件尤其是国际通讯条件差，更直接影响到合资企业与国外母公司的联系和其他业务联系，以致有的企业不得不将对外联络和业务活动的中心设在香港，造成经营上不便；由于有些地区电力供应不足，燃料缺乏，供水紧张，也给合营企业的经营带来一些困难。

(三)涉外法律不健全

突出表现在：

(1)已有的涉外经济法规规定不够严密，有的甚至相互矛盾，有些法规存在规定滞后，不能跟上美商投资不断发展的需要，且部分法律法规不配套，如如何引导美商投资的投向问题，我们现在仍沿用1979年确定的产业发展政策，这些产业发展方向是否符合我国现在发展国民经济的要求就很值得推敲。又如关于美商投资企业的解散程序，目前只有合资企业法及其实施条例有规定，合作和外商独资企业法均无规定等。

(2)执法观念淡薄，尚未形成严格依法办事的良好习惯，致使一些合营企业的合法权益得不到保障。如山西平朔安太堡露天煤矿在中美双方签订的合作经营合同中是划定了矿区界限的，界线内的煤炭开采权已转让给了合营企业，但地方煤矿、个体户纷纷进入合营企业采区采煤，企业无法制止，外方要求中止合同，此事一直反映到中央，中央才责令地方与合资企业谈判，制订合理补偿办法。

(四) 市场体系不够完善

80 年代以来，我国的经济体制处于改革和转换之中，新旧两种体制并行，计划经济与市场调节相结合，市场体系不完善、不发达，给外资企业的经营造成了一些困难。在生产资料市场上，由于生产资料的计划分配与市场供应方式并举，同一物质存在着计划分配价和市场议价两种价格，合资企业所需的原材料和零部件如果未能列入物资供应计划获得计划指标，或列入计划而未落实，则只能求助于市场议价采购，是否能按需要的数量、质量获得必需的供应是缺乏保证的，且得到供应而价格太高，势必影响企业的经济效益。由于市场体系不完善，物资管理尚未完全放开，劳动力流动有困难，技术贸易不方便，均影响合资企业的业务经营。尤其是我国的金融市场不发达，三资企业融资困难，严重影响了企业的正常经营，如股票债券市场发育不健全，三资企业直接融资困难，由于国内产业、产品结构不合理，企业经营状况恶化以及信用制度不完善，银行结算纪律松驰等原因，企业之间相互拖欠货款问题比较严重，三资企业债权清理困难，正常的生产经营受到影响。如 1989 年春，北京巴布克可威尔克斯公司被卷入“三角债”的旋涡，公司有 7 000 万货款收不回来，其中大坝电厂就欠 2 100 万货款，致使企业面临停业关门的危机，后经与多方协商，给合营企业贷款 1 000 万元，以防止工厂关门，保持安定局面。外方总经理黑格先生一方面对北京市领导的支持表示感谢，另一方面也提出了一个现实的问题：我从银行借款要付利息，而货主欠款却不付息，我在经营上的这笔利息损失应该由谁承担呢?

上述问题的存在，外商抱怨较多，影响了他们来华投资的积极性，阻碍和制约着美国对华直接投资的大发展。

第三节 进一步做好引进美资工作的对策与建议

当前，在90年代国际资本供应相对短缺，区域经济集团化加速发展，各国吸引美国直接投资的竞争异常激烈的情况下，我国引进美商直接投资的任务相当艰巨。尽管我国存在着许多优势条件(如自然资源丰富，劳动力价廉，潜在市场巨大等)，但在美国投资者眼里，中国还不是美国海外直接投资的主要场所。截止1990年底，在美国的海外投资累计额中，欧洲占48.4%，加拿大占16.2%，日本占5.0%，澳大利亚占3.4%，巴西占3.7%，墨西哥占2.2%，而我国仅占0.8%①。这是与我国在国际上的地位和经济实力很不相称的。

90年代美商对华直接投资能否有一个大发展，这除了要受国际经济发展的大环境和美国对华政策的制约外，关键在于我们能否在不断深化改革，扩大开放的前提下，审时度势，扬长避短，趋利避害，认真总结10多年来我们引进美资的经验教训，有的放矢地采取一些得力政策和措施，以促进美商对华直接投资的快速发展。为此，我们必须做好以下几项工作：

一、必须进一步提高对引进美国对华直接投资的重要性的认识，这是促进美国对华直接投资迅速发展的重要前提

我们应该看到，吸引美商来华直接投资，不仅仅是为了吸收经济建设资金，更重要的是为了吸收美国的先进的企业管理经验和先进技术，以提高我国国民经济的整体素质。同时，对美商来说，对中国投资的根本目的是赚取高额利润，否则，美资企业是不会冒着比国内投资大得多的风险来中国投资的。同时，随着美商来华直接投资企业的增多，它们不可避免地会占领我们国内的一部分市场，这是国际商品经济规律所决定的。因此，我们要端正和提高对美商来华投资的认识，增强整体开放意识，积极主动吸引美商来华投资，有步骤有计划

① 美国商务部：《现代商业概览》1991年第6期，第29页。

地让国内的一部分大中型骨干企业与美商合资和合作经营，有计划有步骤拿出一部分市场换取美国跨国公司的技术，以促进我国企业的技术改造和企业经营机制的转换，推动我国经济的发展。

二、深化经济体制改革，完善投资环境，增强美商对华直接投资的区位优势，这是吸引美国对华直接投资的基础

当前国际直接投资中的一个显著特点就是发达资本主义国家间相互直接投资发展迅速并占居国际直接投资的主导地位，这除了新的科技革命的有力推动，国际分工的不断深化，以及发达资本主义国家之间的相互经济依赖日益加强以外，发达资本主义国家投资环境的相似性是一个重要的促进因素。美国、加拿大、西欧、日本投资环境的相似性表现在：政局比较稳定，与投资有关的法制健全，基础设施完备，经济结构，发展水平和消费结构相近。市场机制和销售体系完善，金融市场发达等等。80年代以来，我国为改善外商投资环境，做了不少工作。在硬的环境方面，我们从交通运输到邮电通讯，从公用设施到宾馆服务都有大量的投入，面貌日益改观，尤其是在大中城市，基础设施的建设已取得长足进展。在软环境方面，我国颁布了一系列鼓励外商投资的法律法规和政策措施，特别是七届人大四次会议通过的《外商投资企业和外国企业所得税法》，规定了对外商投资的优惠政策，有关方面正在认真贯彻执行。但是，必须看到，我国在办事效率、服务水平、法制观念方面还有待进一步提高，基础设施的建设任务还很艰巨，离现代化企业的跨国经营要求还相差甚远。从今后一段时期看，我们还必须下大力气改善外商投资环境。首先，我们要统一对“三资”企业的归口管理，建立一个权威性的“三资”企业综合管理部门的机构，指导、协调、管理、“三资”企业的业务活动，改变目前多头管理的状况，简化外商投资项目的审批手续，提高办事效率和服务质量。其次，真正落实国家颁布的对外商直接投资的各项优惠政策。各地、各部门要克服传统保守观念和局部利益，对许诺给“三资”企业的原材料，能源、电力实行计划单列，专渠供应，确保落实，切实维护国家信誉。再次，国家对各地、各部门制定的外资政

策和措施，应当组织力量进行一次系统清理，凡违反国家统一规定的，一律停止执行，以形成完善的、透明的法律政策环境。

三、改善和加强“三资”企业的内部管理，尊重美商投资企业的经营自主权，保护投资者的合法权益，这是吸引美国来华直接投资的根本措施

要吸引更多的美国直接投资，必须要充分尊重美商投资企业的经营自主权，使美商投资企业能按国际惯例管理企业，能按商品经济规律办事。而要做到按国际惯例管理企业，就必须继续深化企业经营机制的改革。首先，在“三资”企业推行股份制经营，明确产权关系，同时按照国际惯例，按企业章程选举和产生董事长，总经理由董事会任免，使美商投资企业的总经理在法律规定和经过批准的合同范围内，在董事会的领导下，全权处理企业经营管理方面的重大问题，自行制定生产经营计划。其次，减少行政干预，培育和完善生产资料市场、劳动力市场，使“三资”企业有更大的发展空间，使它们在采购原材料、销售产品、招聘高级技术人员和管理人员以及录用、辞退一般工人方面拥有更多的自主权，给“三资”企业严格劳动管理提供淘汰机制。再次，建立统一的外商投资企业社会保障制度，在劳动合同中列入劳动安全保护条例。

四、培育和发展金融市场，搞好金融配套服务和其他服务，具体协调解决美国在华“三资”企业经营中遇到的各种融资问题，是办好现有美资企业的可靠保证

目前美国来华投资兴办的企业约有 3 900 家，协助它们解决融资方面的困难，提高企业的经济效益，对于进一步吸引美国对华直接投资具有极其重要的意义，要做到这一点，除了合资企业自己要加强经营管理以外，我认为应加快我国金融体制的改革，培育、发展和完善金融市场，搞好金融配套服务，为“三资”企业提供融通资金的便利。

实践表明，我国兴办的“三资”企业，外币和本币投入的比例，新建项目为1∶3，老企业技改项目为1∶1.5，因此吸引美商直接投资必须有足够的人民币配套资金，解决资金问题的重点是发挥金融部门职能作用和优势的同时，发展和完善金融市场，建立优质高效，功能完善的金融服务体系。第一，大力发展证券、股票市场及二级转让市场，把“三资”企业推向市场直接融资；第二，切实改进和落实结算制度，加强结算管理，严肃结算纪律，改进结算方式，确保汇路畅通，加快结算资金周转；第三，中国银行作为国内经营外汇、外贸信贷业务的专业银行，要建立专门机构，搞好“三资”企业的信贷工作，提高信贷资产的质量。第四，建立全国性的外汇调剂市场，消除外汇调剂的区域障碍，帮助“三资”企业实行外汇平衡。第五，建立全国性的金融和信息网络系统，为“三资”企业的生产和销售提供多功能的信息服务，以利于外商作出投资决策等。

五、加强对引进美商直接投资的宏观调控，合理引导投资流向，以促进我国的现代化建设

要发挥美国直接投资在我国国民经济建设中的积极作用，一个重要前提就是要加强对引进美商直接投资的领导，从宏观上确定和引导美商的投资流向，并辅之以其他相配套的政策措施。战后日本和亚洲“四小龙”根据经济发展不同阶段的不同需要，把引导外资投向与实施产业政策相结合，使外资投向国民经济急需发展的产业，这对于调整产业结构，加速技术进步，促进产品升级换代起了重要的促进作用。我国在今后引进美商直接投资时，也必须从我国的“八五”计划、十年规划的全局来考虑。根据我国各地区经济发展严重不平衡和产业结构的多层次性特点，今后，我们应从四个领域加强美国对华直接投资的引进工作：一是充分利用我国劳动成本低廉的优势，吸引美国跨国公司在沿海地区和内地经济开发区举办外向型企业，以充分利用美国跨国公司的国际销售网络，“借船出海”，拓宽我国对外贸易的渠道，提高我国的出口创汇水平。二是发挥我国自然资源相对丰裕的优势，吸引美商来内地兴办工矿企业，搞资源开发型项目，以资源换技术，促进我国的资源开发、加工和利用。三是利用我国潜在市场巨大、急待开发的优势，为满足我国建设基础产业的庞大需要，吸引美商来我国投资设厂，搞一些进口替代型项目，以市场换技术，加快我国工业现代化的步伐。四是为了加强对我国老企业的技术改造，吸引美资和美国技术，搞一些嫁接型项目，以调整我国的产业结构，推进技术进步。

总之，只要我们坚持改革，扩大开放，工作扎实，措施得力，90年代美商对华直接投资必将有大的发展。

结 束 语

60年代以来，跨国公司和国际直接投资获得了空前的大发展。跨国公司的海外直接投资作为生产、资本和技术日趋国际化的体现和推动力，已成为世界各国参与国际经济活动和竞争的主要形式。在目前的世界经济舞台上，跨国公司已成为经济活动的主要组织者。依据联合国1992年世界投资报告所提供的数据，目前全世界共有跨国公司3.5万个，总资产达1.6万亿美元，其内部贸易量占全球贸易量的1/3①。跨国公司大规模的海外直接投资活动，使得超越国界的商品、服务以及生产网大规模建立，因而产生了一个由跨国公司组织和管理的国际生产体系。跨国公司通过海外直接投资，在分配资源，提高投资国和被投资国的竞争能力，加速经济调整过程方面起着极为重要的作用。

80年代后期以来，在资本主义经济发展不平衡规律的作用及美国国内经济发展和经济政策的影响下，美国对外直接投资出现了迅速增长的趋势。截止1991年，美国海外直接投资累计余额已达4 500亿美元。展望90年代，美国的海外直接投资受各种经济政治因素的影响，将呈现出如下几大趋势：

一、收购与兼并外国企业仍将是美国跨国公司对外直接投资的主要方式

当前世界市场竞争日趋激烈，各国产业结构加速进行调整，企业兼并与收购活动也随之加强，其发展势头方兴未艾。尤其是随着欧共体统一大市场的建立和逐步完善，美国、日本等国企业加紧向西欧渗

① 《经济日报》1992年7月21日。

透。而目前欧洲中小企业占90%以上，规模小，数量多，不适应国际激烈竞争的局面，只有在结构、经营规模和技术上联合起来，才能获得发展。

美国对海外企业的收购与兼并主要集中在西欧。据英国《购买》月刊报道，1988年美国公司兼并西欧国家企业的交易额从1987年的13亿美元增加到36亿美元。另据英国《金融时报》提供的数字，1989年美国是西欧企业的最大买主，美国全年在西欧共进行185起兼并交易，占西欧企业兼并总数的14.5%，兼并交易额达138.03亿欧洲货币单位，占西欧企业兼并交易总额的30.5%。另据统计，1992年美国公司兼并收购的外国公司达342家，花费金额达153亿美元，比1991年花费的82亿美元增加了85%①。美国跨国公司主要采用收购与兼并的方式，一是便于更快地进入东道国投资和商品市场，二是为了尽快地壮大自己的实力，以利于在国际市场上进行更激烈的竞争。

二、对发达资本主义国家的直接投资在今后一段时期里仍将是美国对外直接投资的重点，对发展中国家和地区的直接投资增长则相对放慢

80年代中期以来，经济区域化和集团化进程加快，美加自由贸易区已于1989年开始建立，美、加、墨自由贸易协定已经签订，欧共体12国于1992年底建立统一大市场，日本正在积极酝酿筹建东亚经济圈。为了确保美国在北美大市场的绝对优势地位和在全球的竞争地位，美国必须赶在西欧统一大市场建成之前，加速向加拿大和墨西哥、欧共体产业和资本的渗透，以迎接西欧统一大市场的挑战。同时，美国也会加紧向日本和东亚地区进行投资，以确保其在亚太地区的经济利益。从美国海外直接投资累计额看，截止1990年底，在美国对外直接投资总额(4 215亿美元)中，发达国家占74.1%，发展中国家和地区占25.1%。就国别而言，加拿大居第一位，投资额为684.31亿美元，英国居第二位，投资额为649.83亿美元，德国居第

① 《经济参考报》1993年1月22日。

三位，投资额为 277.15 亿美元，瑞士居第四位，投资额为 237.33 亿美元，日本居第五位，投资额为 209.94 亿美元。美国对上述五国投资占美国对外直接投资总额的 48.9%①。

在突出发达资本主义国家作为投资重点的同时，美国对发展中国家和地区的直接投资也在不断增长。在 1990 年美国对发展中国家和地区直接投资累计额(1 057.21 亿美元)中，拉美占 68.5%，亚太占 23.4%。就国别(或地区)而言，百慕大 189.72 亿美元，巴西 154.16 亿美元，墨西哥 93.6 亿美元，巴拿马 85.21 亿美元，香港 65.37 亿美元。上述五国(或地区)占美国对发展中国家或地区直接投资的 55.6%②。从今后一段时期看，美国海外直接投资以发达国家为主，以发展中国家为辅的投资格局仍将继续维持下去。

三、美国海外直接投资的产业结构将进一步高档化和多层次化

本世纪 90 年代乃至 21 世纪初，在新的科技革命的推动下，全球产业结构的调整必将加速。在日本高科技迅速发展的强大压力下，美国将充分利用它在众多高技术领域的垄断优势和领先地位，在国际生产领域加强与日本的竞争。美国电子行业的几大巨头，如国际商业机器公司、数字计算机公司均在其他发达国家大力投资于科技密集的高技术产业，使投资部门结构进一步高档化。同时，一些新兴的工业化国家或地区目前在产业层次上虽与美国存在差距，但已摆脱了产业层次以劳动密集的加工，组装和制造业为主的状况，日益注重引进外资，优先发展以电子、软件、通讯设备等技术密集、高附加值工业，以促进产业结构升级，这为美国向这些国家和地区进行直接投资提供了契机。此外，美国在东欧和一些欠发达国家的直接投资在将来一段时期仍将以劳动密集和技术比较简单的行业为主，以充分利用其劳动力价廉和自然资源丰富的优势，开发一些具有潜力而尚未开发的市场。从 1990 年美国海外直接投资累计额产业结构的分布看，石油业

① 美国商务部:《现代商业概览》1991 年第 8 期，第 88 页。

② 美国商务部:《现代商业概览》1991 年第 8 期，第 88 页。

597.36亿美元，占14.2%；制造业1 682.2亿美元，占39.9%；批发贸易业414.11亿美元，占9.8%；银行业213.97亿美元，占5.1%；金融、保险和不动产业988.89亿美元，占23.5%；服务业108.39亿美元，占2.6%；其他210.01亿美元，占5.0%①。

四、美国的国际直接投资地位将进一步相对削弱，美国与其他发达国家之间的资本对流趋势将进一步加强，美国所面临的国际资本挑战将更为严峻

进入90年代，由于受海湾危机的影响和国际国内各种矛盾的激化，美国经济增长率大为降低并一度陷入衰退，外国对美直接投资步伐放慢，而美国对外直接投资势头未减。根据美国商务部公布的统计资料，1990年美国海外直接投资增加额为514亿美元，而外国对美国直接投资增加额为300亿美元②。尽管1990年美国的国际直接投资地位有所改善，但从今后一段时期看，随着日本对外直接投资的迅猛增长和统一后的德国对外直接投资的大规模展开，美国的国际直接投资地位将进一步相对削弱。据日本贸易振兴会1992年12月22日发表的1993年版白皮书“投资篇”称，1991年全世界对外直接投资总额为1 700亿美元，比1990年的2 292亿美元下降了25.8%。1991年对外直接投资最多的国家依次为：日本(307.26亿美元)、美国(271.35亿美元)、德国(215.35亿美元)③。尤其值得指出的是，日、英等国对美国的直接投资额大大高于美国对这些国家的直接投资额。如1990年，日本对美直接投资累计额是美国对日本投资的近4倍；英国对美国直接投资累计额是美国对英国投资的1.66倍。这将使美国面临国际资本更为严峻的挑战。如何迎接这种挑战，将是美国政府和美国垄断资本集团90年代乃至今后相当长时期里的重要政策课题之一。

① 美国商务部：《现代商业概览》1991年第8期，第88页。

② 美国商务部：《现代商业概览》1991年第8期，第88页。

③ 《国际商报》1993年1月21日。

附录一

全球 100 家最大工业公司

排名		公　司	总　部	销售额（百万美元）	利润（百万美元）	资产（百万美元）	雇员（人）
1990 年	1989 年						
1	1	通用汽车	美国	125 126.0	−1 985.7	180 236.5	761 400
2	4	荷兰皇家壳牌	英国—荷兰	107 203.5	6 442.1	106 349.1	137 000
3	3	埃克森	美国	105 885.0	5 010.0	87 707.0	104 000
4	2	福特汽车	美国	98 274.7	860.1	173 662.7	370 400
5	5	国际商用机器	美国	69 018.0	6 020.0	87 568.0	373 816
6	6	丰田汽车	日本	64 516.1	2 993.3	55 340.3	96 849
7	11	工业复兴	意大利	61 433.0	926.5	—	419 500
8	10	英国石油	英国	59 540.5	3 013.1	59 199.2	116 750

续表

排名		公　司	总　部	销售额（百万美元）	利润（百万美元）	资产（百万美元）	雇员（人）
1990年	1989年						
9	8	莫比尔	美国	58 770.0	1 929.0	41 665.0	67 300
10	7	通用电气	美国	58 414.0	4 303.0	153 884.0	298 000
11	13	戴姆勒-奔驰	德国	54 259.2	1 041.6	44 982.6	376 785
12	9	日立	日本	50 685.8	1 476.9	49 455.6	290 811
13	15	菲亚特	意大利	47 751.6	1 346.4	66 026.6	303 238
14	20	三星	韩国	45 042.0	—	—	—
15	14	菲利普·莫里斯	美国	44 323.0	3 540.0	46 569.0	168 000
16	21	大众	德国	43 710.2	651.6	41 892.3	268 744
17	12	松下电气产业	日本	43 516.1	1649.1	49 747.9	198 299
18	28	国家碳化氢	意大利	41 761.9	1 696.9	60 466.5	130 745
19	23	德士古	美国	41 235.0	1，450.0	25 975.0	39 199
20	17	日产汽车	日本	40 217.1	808.2	36 402.4	129 546
21	18	尤尼莱佛	英国-荷兰	39 971.5	1636.8	24 806.3	304 000
22	19	杜邦	美国	39 839.0	2 310.0	38 128.0	143 961

续表

排名		公　司	总　部	销售额（百万美元）	利润（百万美元）	资产（百万美元）	雇员（人）
1990 年	1989 年						
23	25	雪佛龙	美国	39 262. 0	2 157. 0	35 089. 0	54 208
24	22	西门子	德国	39 227. 6	913. 0	41 142. 7	373 000
25	26	雀巢	瑞士	33 359. 0	1 634. 5	27 859. 0	199 021
26	37	埃尔夫 · 阿奎坦	法国	32 939. 2	1 951. 3	42 559. 2	90. 000
27	16	克莱斯勒	美国	30 868. 0	68. 0	46 374. 0	124 000
28	29	飞利浦	荷兰	30 865. 7	−2 327. 5	30 547. 7	272 800
29	24	东芝	日本	30 181. 5	922. 9	32 830. 2	142 000
30	27	雷诺	法国	30 049. 6	222. 2	23 421. 8	157 378
31	35	标致	法国	29 380. 3	1 700. 3	22 651. 6	159 100
32	31	巴斯夫	德国	29 184. 1	684. 7	24 552. 4	134 647
33	34	阿莫科	美国	28 277. 0	1 913. 0	32 209. 0	54 524
34	33	赫希斯特	德国	27 749. 7	926. 6	22 839. 0	172 890
35	43	阿西-布朗-包维利	瑞士	27 705. 0	590. 0	30 247. 0	215 154
36	45	波音	美国	27 595. 0	1 385. 0	14 591. 0	161 700

续表

排名		公　司	总　部	销售额（百万美元）	利润（百万美元）	资产（百万美元）	雇员（人）
1990年	1989年						
37	30	本田汽车	日本	27 069.6	571.8	18 018.5	79 200
38	39	通用电气	法国	26 456.0	943.3	38 146.7	205 500
39	38	拜耳	德国	26 058.6	1 163.5	25 348.7	171 000
40	32	日本电气	日本	24 390.5	596.6	23 343.0	114 599
41	41	普罗克特-甘布尔	美国	24 376.0	1 602.0	18 487.0	88 800
42	55	道达尔	法国	23 589.5	764.7	20 760.8	55 000
43	76	委内瑞拉石油	委内瑞拉	23 469.1	2 405.1	13 988.7	51 883
44	40	帝国化工	英国	23 347.8	1 195.9	20 825.9	132 100
45	47	大宇	韩国	22 260.1	121.8	31 554.6	85 831
46	46	西方石油	美国	21 947.6	-1 695.0	19 743.0	55 400
47	48	联合技术	美国	21 783.2	750.6	15 918.3	192 600
48	51	蒂森	德国	21 491.3	451.4	14 604.0	152 078
49	42	三菱电气	日本	21 228.2	537.6	20 107.8	89 113
50	44	新日铁	日本	21 155.5	817.8	26 618.0	72 929

续表

排名		公　司	总　部	销售额（百万美元）	利润（百万美元）	资产（百万美元）	雇员（人）
1990 年	1989 年						
51	57	索尼	日本	20 927. 9	719. 7	27 690. 3	95 600
52	58	巴西石油	巴西	20 473. 8	1 300. 9	12 147. 7	—
53	53	道化学	美国	20 005. 0	1 384. 0	23 953. 0	62 080
54	59	罗伯特-伯施	德国	19 966. 6	343. 6	15 728. 0	179 636
55	52	USX	美国	19 462. 0	818. 0	17 268. 0	51 523
56	36	巴特	英国	19 419. 0	1 486. 9	48 152. 7	217 373
57	65	墨西哥石油	墨西哥	19 329. 5	1 486. 4	44 987. 3	167 952
58	69	英国宇航	英国	19 328. 0	464. 1	17 917. 7	129 100
59	50	伊斯曼·柯达	美国	19 075. 0	703. 0	24 125. 0	134 450
60	60	大西洋富田	美国	18 819. 0	2 011. 0	23 864. 0	27 300
61	54	施乐	美国	18 382. 0	243. 0	31 495. 0	110 000
62	64	国家工业协会	西班牙	18 089. 1	102. 7	37 617. 4	146 251
63	49	富士通	日本	17 974. 5	602. 9	18 827. 6	115 012
64	62	百事可乐	美国	17 802. 7	1 076. 9	17 143. 4	308 000

续表

排名		公司	总部	销售额（百万美元）	利润（百万美元）	资产（百万美元）	雇员（人）
1990年	1989年						
65	61	法国北方炼铁	法国	17 640.0	580.3	20 800.0	97 308
66	74	巴伐利亚汽车	德国	17 292.1	427.7	15 030.9	70 948
67	98	比利时石油	比利时	17 289.3	649.9	12 325.5	23 800
68	62	马自达汽车	日本	16 913.0	163.2	8 761.7	34 507
69	56	三菱汽车	日本	16 740.0	147.1	11 224.8	25 300
70	67	三菱重工	日本	16 399.5	471.6	21 777.5	55 800
71	68	麦道	美国	16 351.0	306.0	14 965.0	121 190
72	119	莱普索尔	西班牙	15 770.7	664.5	12 414.0	17 069
73	97	康纳格拉	美国	15 517.7	231.7	4 804.2	58 369
74	90	曼内斯曼	德国	15 091.0	293.8	12 121.6	123 997
75	140	普罗伊萨克	德国	14 989.8	245.3	8 681.7	72 268
76	72	田纳科	美国	14 893.0	561.0	19 034.0	92 000
77	73	格兰特都会食品	英国	14 771.6	1 812.5	17 648.4	138 146
78	70	沃尔沃	瑞典	14 688.6	-3.9	18 656.4	68 797

续表

排名		公　司	总　部	销售额（百万美元）	利润（百万美元）	资产（百万美元）	雇员（人）
1990年	1989年						
79	71	日本石油	日本	14 664.2	156.9	14 687.2	9 598
80	81	西巴—盖吉	瑞士	14 477.0	743.2	20 477.7	94 141
81	95	罗纳—普朗克	法国	14 473.8	356.7	21 401.4	91 600
82	83	鲁尔煤业	德国	14 178.1	69.6	15 638.9	119 457
83	77	瑞典电气	瑞典	14 153.0	138.6	12 079.7	150 892
84	75	皮契尼	法国	14 117.4	902.3	14 236.9	69 700
85	85	殖民地钢铁	意大利	13 971.8	207.0	30 847.9	44 569
86	82	菲利浦斯石油	美国	13 939.0	779.0	12 130.0	22 400
87	66	RJR 纳比斯科股份	美国	13 879.0	-429.0	32 915.0	55 000
88	86	汤姆逊	法国	13 810.8	-440.8	—	105 500
89	108	巴洛·兰德	南非	13 664.1	363.0	7 068.3	158 378
90	111	通用电气	英国	13 592.4	1 104.1	9 806.6	107 435
91	—	奥地利工业	奥地利	13 587.4	69.8	17 663.8	77 781
92	89	惠普	美国	13 233.0	739.0	11 395.0	92 000

续表

排名		公　司	总　部	销售额（百万美元）	利润（百万美元）	资产（百万美元）	雇员（人）
1990年	1989年						
93	78	数字设备	美国	13 084.5	74.4	11 654.8	124 000
94	88	明尼苏达采矿和制造	美国	13 021.0	1 308.0	11 079.0	89 600
95	96	国际造纸	美国	12 960.0	569.0	13 669.0	69 000
96	79	西屋电气	美国	12 915.0	268.0	22 033.0	115.774
97	154	内斯特	芬兰	12 858.7	650.9	11 531.4	11 278
98	127	住友金属工业	日本	12 782.0	274.1	14 078.7	26 912
99	110	圣·戈班	法国	12 686.1	616.9	17 521.8	104 987
100	113	乔治亚—太平洋	美国	12 665.0	365.0	12 060.0	63 000

资料来源：[美]《幸福》杂志。

附录二

全球 100 家最大服务公司

排名 1990 年	公司	主要行业	国家	销售额（百万美元）	利润（百万美元）	资产（百万美元）
1	住友商事公司	贸易	日本	158 238. 5	348. 8	35 540. 5
2	伊藤忠商事公司	贸易	日本	149 012. 9	245. 9	47 966. 8
3	三井物产公司	贸易	日本	138 552. 1	254. 9	60 928. 5
4	丸红公司	贸易	日本	133 834. 7	235. 3	54 993. 5
5	三菱商事公司	贸易	日本	132 481. 8	422. 5	73 996. 5
6	日商岩井公司	贸易	日本	109 447. 2	128. 1	32 296. 1
7	东绵公司	贸易	日本	49 976. 0	58. 7	13 658. 7

续表

排名 1990 年	公司	主要行业	国家	销售额（百万美元）	利润（百万美元）	资产（百万美元）
8	日绵公司	贸易	日本	43 737.2	62.8	14 806.5
9	兼松公司	贸易	日本	39 577.5	61.3	11 099.9
10	美国电话电报公司	电信	美国	37 479.0	2 735.0	43 775.0
11	费巴公司	贸易	德国	32 881.2	748.0	30 773.0
12	RWE 集团公司	能源	德国	21 829.6	441.2	29 385.9
13	国际通济隆公司	游乐	法国	18 172.1	100.4	14 866.3
14	BCE 公司	电信	加拿大	15 759.5	983.8	36 180.1
15	丰田津书公司	贸易	日本	13 460.7	58.3	5 524.7
16	安龙天然气公司	液体燃料	美国	13 201.8	202.2	9 849.3
17	弗莱明公司	批发	美国	11 932.8	97.3	2 767.7
18	大成建设公司	建筑	日本	11 817.8	141.1	14 199.0
19	时代——沃纳公司	通讯	美国	11 517.0	−227.0	25 337.0
20	川铁商事公司	贸易	日本	11 365.5	20.1	4 978.9
21	鹿岛建设公司	工程及建筑	日本	11 247.0	198.0	14 139.5

续表

排名 1990 年	公司	主要行业	国家	销售额（百万美元）	利润（百万美元）	资产（百万美元）
22	超价商店	批发	美国	11 160.2	147.7	2 428.9
23	清水建设公司	工程及建筑	日本	10 944.7	191.2	14 161.7
24	竹中工程工业公司	建筑	日本	10 770.3	296.6	11 866.4
25	布伊格建筑公司	工程及建筑	法国	10 418.2	115.0	11 380.2
26	库珀拉蒂瓦·弗班德公司	批发	瑞典	10 126.3	72.8	5 378.8
27	弗朗茨·哈尼尔有限公司	批发	德国	9 408.1	258.6	3 627.3
28	乔治·韦斯顿公司	食品	加拿大	9 311.8	107.2	3 194.3
29	协同石油公司	石油贸易	日本	9 300.4	13.6	3 804.9
30	伦罗矿业和地产公司	贸易	英国	9 284.8	252.6	6 978.8
31	加拿大太平洋公司	运输	加拿大	9 006.2	304.8	17 426.5
32	现代综合商事公司	贸易	韩国	8 955.8	9.2	309.2
33	SHV 控股公司	贸易	荷兰	8 630.7	127.2	5 358.0
34	熊谷组	建筑	日本	8 466.0	108.0	13 301.7
35	联合电讯公司	电信	美国	8 345.1	308.7	10 552.6

续表

排名 1990 年	公司	主要行业	国家	销售额（百万美元）	利润（百万美元）	资产（百万美元）
36	奥亚旭公司	工程及建筑	日本	8 256. 1	155. 4	10 374. 8
37	克什科公司	食品	芬兰	7 973. 8	88. 8	2 487. 1
38	美国金融公司	灾害保险	美国	7 890. 1	22. 3	12 423. 8
39	埃尔德斯 · 艾克尔公司	酿酒	澳大利亚	7 881. 4	-1 008. 7	8 443. 1
40	迈卡森公司	批发	美国	7 790. 9	98. 7	2 323. 1
41	MCI 通讯公司	电信	美国	7 701. 0	299. 0	8 249. 0
42	马里奥特公司	旅馆	美国	7 693. 0	47. 0	6 926. 0
43	西斯科公司	批发	美国	7 590. 6	132. 5	1 992. 1.
44	蒂森贸易联营股份公司	贸易	德国	7 576. 8	25. 7	2 943. 3
45	巴斯公司	游乐	英国	7 563. 8	796. 9	10 847. 6
46	福陆工程建筑公司	工程及建筑	美国	7 483. 4	146. 9	2 475. 8
47	三井不动产开发公司	建筑	日本	7 468. 9	282. 1	18 663. 8
48	艾卡 · 汉德拉娜斯公司	批发	瑞典	7 078. 3	40. 2	2 785. 7
49	哈利佰顿公司	动力及建筑	美国	6 956. 3	197. 4	4 543. 9

续表

排名 1990年	公司	主要行业	国家	销售额 （百万美元）	利润 （百万美元）	资产 （百万美元）
50	太平洋企业公司	天然气	美国	6 939.0	-43.0	7 291.0
51	兰德布鲁克集团公司	旅馆	英国	6 783.9	384.7	9 048.9
52	阪和兴业公司	贸易	日本	6 672.3	160.0	36 353.7
53	塔尔马克公司	建筑	英国	6 597.2	257.8	6 067.1
54	积水房屋公司	住宅建设	日本	6 557.6	258.4	7 668.0
55	埃德卡中心公司	批发	德国	6 390.8	15.0	1 164.8
56	伊藤万公司	贸易	日本	6 308.3	52.6	9 551.7
57	斯堪斯加公司	工程及建筑	瑞典	6 283.8	261.7	8 936.0
58	巴厘赌场	游乐	法国	6 212.5	—	413.8
59	克勒克纳公司	贸易	德国	6 143.1	42.3	2 109.1
60	电子数据系统公司	统计	美国	6 108.8	496.9	4 565.3
61	废物处理公司	废品回收	美国	6 080.2	684.8	10 518.2
62	怡和有限公司	贸易	百慕大	6034.5	226.4	2 922.3
63	皮诺特公司	邮递	法国	5 981.6	198.9	5 230.0

续表

排名 1990 年	公司	主要行业	国家	销售额（百万美元）	利润（百万美元）	资产（百万美元）
64	沃尔特·迪斯尼公司	游乐	美国	5 924.5	824.0	8 022.3
65	英之杰有限公司	贸易	英国	5 876.8	172.3	3 124.7
66	大宝房屋公司	工程及建筑	英国	5 853.9	113.8	2 784.8
67	奥德布雷希特公司	工程及建筑	巴西	5 627.5	203.2	1 367.9
68	东食公司	贸易	日本	5 492.1	18.5	5 893.5
69	大都会/ABC 公司	广播	美国	5 480.0	477.8	6 696.2
70	日立家电贩卖公司	推销	日本	5 451.4	25.5	2 025.8
71	阿克塞尔·约翰逊公司	贸易	瑞典	5 410.5	10.5	1 819.9
72	威特劳公司	批发	美国	5 387.6	46.5	1 030.3
73	赖德系统公司	卡车出租	美国	5 283.5	42.7	5 501.6
74	布克公司	邮递	英国	5 223.4	185.1	2 127.7
75	蝶理公司	贸易	日本	5 208.6	13.3	3 033.2
76	斯珀尔商店	批发	德国	5 207.0	20.1	1 099.2
77	普罗维葛公司	批发	加拿大	5 191.5	−43.5	936.7

续表

排名 1990 年	公司	主要行业	国家	销售额（百万美元）	利润（百万美元）	资产（百万美元）
78	胡马纳公司	医院	美国	4 914.8	309.6	3 935.9
79	藤田公司	工程及建筑	日本	4 897.7	85.2	7 684.5
80	大利市政工程公司	工程及建筑	意大利	4 894.6	106.0	—
81	邓恩-布拉德斯特里特公司	信息咨询	美国	4 863.9	508.2	4 754.4
82	塞伊公司	工程及建筑	法国	4 862.1	46.3	5 532.4
83	大和住宅工业公司	住宅建设	日本	4 794.9	221.8	6 097.9
84	美国医院公司	医院	美国	4 664.7	61.9	6 300.2
85	艾尔克标准公司	批发	美国	4 605.4	106.2	1 738.1
86	ARA 集团公司	食品	美国	4 595.5	51.8	1 917.2
87	现代工程和建筑公司	工程及建筑	韩国	4 573.5	74.6	5 362.4
88	伯根-布鲁斯威格公司	批发	美国	4 442.3	66.1	1 238.1
89	日制产业公司	贸易	日本	4 411.2	40.8	1 415.3
90	贝特公司	咨询	英国	4 357.0	362.7	3 548.6
91	乐喜-金星国际公司	贸易	韩国	4 200.6	6.5	1 066.7

续表

排名 1990 年	公司	主要行业	国家	销售额 （百万美元）	利润 （百万美元）	资产 （百万美元）
92	阿科尔公司	旅馆	法国	4 194. 1	146. 0	5 309. 2
93	通用水管公司	建筑	法国	4 183. 1	79. 5	2 186. 4
94	户田建设公司	建筑	日本	4 174. 0	84. 5	4 560. 0
95	派拉蒙影片公司	影视	美国	4 071. 7	259. 1	6 539. 2
96	旅馆托拉斯	旅馆	英国	4 024. 2	330. 7	7 142. 5
97	斯威尔太平洋公司	运输	香港	4 001. 9	314. 5	6 506. 7
98	国家医药企业公司	医院	美国	3 965. 0	239. 0	3 867. 0
99	亚米克公司	工程及建筑	英国	3 959. 7	73. 7	2 052. 5
100	尤尼盖特公司	邮递	英国	3 952. 3	100. 6	1 569. 6

资料来源：［美］《幸福》杂志。

附录三

全美 100 家最大工业公司

名次		公　司	销售额（百万美元）	利润（百万美元）	资产（百万美元）	投资收益率（百分比）
1991 年	1990 年					
1	1	通用汽车	123 780. 1	−4 452. 8	184 325. 5	−12. 2
2	2	埃克森	103 242. 0	5 600. 0	87 560. 0	23. 3
3	3	福特汽车	88 962. 8	−2 258. 0	174 429. 4	12. 4
4	4	国际商用机器	64 792. 0	−2 827. 0	92 473. 0	−17. 5
5	6	通用电气	60 236. 0	2 636. 0	168 259. 0	37. 4
6	5	莫比尔	56 910. 0	1 920. 0	42 187. 0	22. 7
7	7	菲利普 · 莫里斯	48 109. 0	3 006. 0	47 384. 0	59. 6

续表

名次		公　司	销售额（百万美元）	利润（百万美元）	资产（百万美元）	投资收益率（百分比）
1991年	1990年					
8	9	杜邦	38 031.0	1 403.0	36 117.0	31.9
9	8	德士古	37 551.0	1 294.0	26 182.0	6.6
10	10	雪佛龙	36 795.0	1 293.0	34 636.0	-0.5
11	11	克莱斯勒	29 370.0	-795.0	43 076.0	-1.4
12	13	波音	29 314.0	1 567.0	15 784.0	7.4
13	15	普罗克特-甘布尔	27 406.0	1 773.0	20 468.0	11.0
14	12	阿莫科	25 604.0	1 484.0	30 510.0	-2.1
15	14	壳牌石油	22 201.0	20.0	27 998.0	—
16	17	联合技术	21 262.0	-1 021.0	15 985.0	17.7
17	23	百事可乐	19 771.2	1 080.2	18 775.1	32.3
18	20	伊斯曼·柯达	19 649.0	17.0	24 170.0	21.6
19	25	康纳格拉	19 504.7	311.2	9 420.3	46.2
20	18	道化学	19 305.0	942.0	24 727.0	18.8
21	24	麦道	18 718.0	423.0	14 841.0	96.0

续表

名次		公　司	销售额（百万美元）	利润（百万美元）	资产（百万美元）	投资收益率（百分比）
1991年	1990年					
22	22	施乐	17 830.0	454.0	31 658.0	104.9
23	21	大西洋富田	17 683.0	709.0	24 492.0	-9.5
24	19	USX	17 163.0	-578.0	17 039.0	—
25	28	RJR 纳比斯科股份	14 989.0	368.0	32 131.0	—
26	29	惠普	14 541.0	755.0	11 973.0	80.7
27	26	田纳科	14 035.0	-732.0	18 696.0	-29.4
28	30	数字设备	14 024.2	-617.4	11 874.7	0.7
29	31	明尼苏达采矿和制造	13 340.0	1 154.0	11 083.0	15.0
30	33	西屋电气	12 794.0	-1 086.0	20 159.0	-32.9
31	32	国际造纸	12 703.0	184.0	14 941.0	35.6
32	27	菲利浦斯石油	12 604.0	258.0	11 473.0	-4.1
33	38	沙拉李	12 456.3	535.0	8 122.0	86.8
34	41	约翰逊-约翰逊	12 447.0	1 461.0	10.513.0	62.3
35	35	罗克韦尔国际	12 027.9	600.5	9 478.9	1.9

续表

名次		公　司	销售额（百万美元）	利润（百万美元）	资产（百万美元）	投资收益率（百分比）
1991 年	1990 年					
36	36	联合信号	11 882. 0	−273. 0	10 382. 0	70. 6
37	47	可口可乐	11 571. 6	1 618. 0	10 222. 4	75. 3
38	34	乔治亚-太平洋	11 524. 0	−142. 0	10 622. 0	48. 6
39	42	摩托罗拉	11 341. 0	454. 0	9 375. 0	26. 2
40	46	布里斯托尔-迈尔斯-斯奎布	11 298. 0	2 056. 0	9 416. 0	35. 8
41	40	固特异轮胎及橡胶	11 046. 1	96. 6	8 510. 5	186. 8
42	44	安霍伊塞-布希	10 996. 3	939. 8	9 986. 5	46. 0
43	16	大陆石油	10 304. 8	459. 9	16 114. 6	4. 2
44	37	太阳	10 246. 0	−387. 0	7 143. 0	15. 9
45	39	履带	10 182. 0	−404. 0	12 042. 0	−4. 2
46	43	美国铝	9 981. 2	62. 7	11 178. 4	14. 8
47	50	洛克希德	9 809. 0	308. 0	6 617. 0	40. 1
48	45	加利福尼亚联合石油	9 780. 0	73. 0	9 836. 0	−8. 6
49	51	海岸	9 602. 8	96. 3	9 487. 3	−22. 7

续表

名次		公　司	销售额（百万美元）	利润（百万美元）	资产（百万美元）	投资收益率（百分比）
1991 年	1990 年					
50	48	通用动力	9 548.0	505.0	6 207.0	118.6
51	52	雷声	9 355.5	591.8	6 087.1	22.2
52	56	阿什兰石油	9 322.4	145.0	5 449.1	13.3
53	53	孟山都	8 929.0	296.0	9 227.0	45.2
54	·	西特戈石油	8 921.9	135.7	3 261.7	—
55	59	巴克斯特国际	8 921.0	591.0	9 340.0	46.8
56	55	尤尼莱佛美国	8 855.1	—	—	—
57	54	魏耶霍伊塞尔	8 701.6	-161.9	16 927.5	31.6
58	49	优利	8 696.1	-1 393.3	8 432.0	65.0
59	63	默克	8 602.7	2 121.7	9 498.5	89.2
60	61	阿彻-丹尼尔斯-米德兰	8 567.7	466.7	6 260.6	53.5
61	57	美国商标	8 379.0	806.1	15 115.5	12.5
62	58	汤普森-拉莫-伍尔德里奇	7 913.0	-140.0	5 635.0	15.9
63	60	达信	7 840.1	299.5	15 737.3	49.5

续表

名次		公　司	销售额（百万美元）	利润（百万美元）	资产（百万美元）	投资收益率（百分比）
1991 年	1990 年					
64	66	爱默森电气	7 427.0	631.9	6 364.4	50.0
65	67	罗尔斯顿尿素	7 394.2	391.9	4 632.1	12.3
66	65	联合碳化物	7 346.0	-28.0	6 826.0	30.1
67	64	博登	7 235.1	294.9	5 481.3	12.8
68	77	通用纺织	7 153.2	472.7	3 901.8	54.0
69	74	辉瑞	7 143.8	722.1	9 634.6	112：6
70	75	汉森工业	7 103.7	660.2	13 222.5	—
71	70	美国家庭用品	7 102.8	1 375.3	5 938.8	66.9
72	62	迪尔	7 055.2	-20.2	11 649.4	6.4
73	71	W. R. 格雷斯	6 949.1	218.6	6 007.1	72.4
74.	83	雅培制药	6 921.7	1 088.7	6 255.3	55.9
75	90	赫希斯特-塞拉尼斯	6 856.0	172.0	6 630.0	—
76	78	金伯利-克拉克	6 830.0	508.3	5 650.4	24.7
77	73	德克萨斯仪器	6 812.0	-409.0	5 009.0	-17.4

续表

名次		公　司	销售额（百万美元）	利润（百万美元）	资产（百万美元）	投资收益率（百分比）
1991 年	1990 年					
78	72	惠尔普尔	6 770. 0	170. 0	6 445. 0	71. 0
79	87	H. J. 海因茨	6 682. 0	568. 0	4 935. 4	14. 5
80	68	阿美拉达-赫斯	6 416. 3	84. 3	8 841. 4	3. 3
81	95	苹果计算机	6 308. 8	309. 8	3 493. 6	32. 4
82	81	坎贝尔羹汤	6 230. 1	401. 5	4 149. 0	47. 6
83	69	亨尼韦尔	6 220. 9	331. 1	4 806. 7	50. 2
84	91	消费者电力	6 200. 0	372. 7	4 510. 0	11. 6
85	89	迈尔斯	6 197. 4	101. 0	5 110. 5	—
86	82	库珀工业	6 162. 6	393. 2	7 148. 6	42. 5
87	80	林-坦科-沃特空间	6 117. 3	74. 1	6 685. 2	62. 6
88	84	马丁-玛丽埃塔	6 106. 5	313. 1	3 896. 9	38. 9
89	93	魁克麦片	6 101. 2	205. 8	3 016. 1	56. 2
90	94	科尔盖特-帕尔莫利夫	6 093. 7	124. 9	4 510. 7	36. 0
91	85	北美飞利浦	6 064. 6	8. 1	3 043. 7	—

续表

名次		公　司	销售额（百万美元）	利润（百万美元）	资产（百万美元）	投资收益率（百分比）
1991 年	1990 年					
92	102	凯洛格	5 786.6	606.0	3 925.8	76.1
93	88	雷诺兹金属	5.784.5	154.1	6 685.3	−0.4
94	76	里昂德尔化工	5 757.0	222.0	1 479.0	67.0
95	103	伊莉·利利	5 725.7	1 314.7	8 298.6	16.9
96	86	匹兹堡玻璃板	5 725.2	276.2	6 056.2	11.1
97	96	诺思罗普	5 706.0	200.8	3 127.8	58.8
98	92	斯通集装箱	5 398.6	−49.1	6 902.9	133.3
99	100	利顿工业	5 313.3	63.5	4 998.1	13.4
100	110	沃纳–兰贝特	5 166.6	34.8	3 602.0	17.8

资料来源：（美）《幸福》杂志。

附录四

中国规模最大的500家外商投资工业企业(1991年)

序号	企业名称	销售额(万元)	税前利润额(万元)	总资产额(万元)	出口额(万美元)
1	上海大众汽车有限公司	357 500	67 552	231 476	1 159
2	北京吉普汽车有限公司	240 620	36 474	134 838	123
3	广州标致汽车有限公司	155 273	29 225	100 586	145
4	南海油脂工业(赤湾)有限公司	114 000	5797	…	14 700
5	北京松下彩色显像管有限公司	113 498	31 815	85 858	2 739
6	深圳康佳电子(集团)股份有限公司	108 600	10 348	…	10 887
7	安太堡露天矿	92 910	28 896	256 505	12 918
8	深圳市华强三洋电子有限公司	89 981	2 412	…	…

续表

序号	企业名称	销售额(万元)	税前利润额(万元)	总资产额(万元)	出口额(万美元)
9	深圳中华自行车(集团)股份有限公司	84 000	8 406	…	13 456
10	广州钢铁有限公司	80 916	9 025	88 000	1 245
11	福建日立电视机有限公司	73 976	3 460	44 784	6 985
12	深圳市三洋电机有限公司	71 778	619	…	13 055
13	上海易初摩托车有限公司	70 446	12 990	40 389	85
14	上海永新彩色显像管有限公司	70 043	19 993	…	…
15	丽珠医药(集团)有限公司	69 592	6 063	33 492	144
16	北京轻型汽车有限公司	68 984	8 380	63 654	…
17	上海贝尔电话设备制造有限公司	63 432	17 696	119 322	7 309
18	上海大江有限公司	67 160	9 500	59 094	…
19	广东健力宝集团有限公司	67 002	10 080	55 651	15
20	金杯客车制造有限公司	61 443	6 815	…	…
21	华飞彩色显示系统有限公司	58 200	…	95 400	…
22	重庆庆铃汽车有限公司	55 414	600	7 146	1 536
23	厦门华侨电子企业有限公司	53 075	4 280	80 084	8 348

续表

序号	企业名称	销售额(万元)	税前利润额(万元)	总资产额(万元)	出口额(万美元)
24	西安杨森制药有限公司	45 610	19 914	41 020	16
25	佛山市聚酯切片有限公司	43 966	3 748	…	…
26	广州宝洁有限公司	41 176	10 028	7 972	295
27	中国雪柜实业有限公司	41 017	4 271	29 193	25
28	永新—沈阳化工厂有限公司	40 770	9 736	48 482	136
29	深圳华发电子有限公司	40 064	4 990	…	3 720
30	南通醋酸纤维有限公司	37 534	7 963	28 642	…
31	广州美特容器有限公司	36 641	6 566	35 591	1 131
32	中国迅达电梯有限公司	36 414	3 740	10 638	1 858
33	威望(珠海)磁讯有限公司	34 559	563	49 285	6 398
34	大连万宝至马达有限公司	33 787	1 861	48 837	6 816
35	正大康地(深圳)有限公司	33 578	4 087	…	499
36	广东石油气用具发展有限公司	32 778	4 973	11 450	153
37	惠州信华精机有限公司	32 077	620	12 541	4 771
38	上海海欣毛纺有限公司	31 785	1 015	…	…

续表

序号	企业名称	销售额(万元)	税前利润额(万元)	总资产额(万元)	出口额(万美元)
39	北京飞机维修工程有限公司	31 710	11 486	72 798	…
40	中国天津奥的斯电梯有限公司	31 135	…	31 953	446
41	陆氏实业(蛇口)有限公司	30 900	639	…	4 255
42	蛇口开发科技有限公司	30 820	3 408	…	5 136
43	深圳中冠印染有限公司	30 570	1 131	…	5 076
44	中美上海施贵宝制药有限公司	30 344	7 035	1 525	202
45	大连佳能办公设备公司	30 204	…	40 149	5 559
46	上海申美饮料食品有限公司	29 829	11 922	29 678	1 065
47	上海庄臣有限公司	28 138	3 684	21 580	735
48	上海太平国际货柜有限公司	28 009	3 538	17 635	3 941
49	上海耀华皮尔金顿玻璃有限公司	27 171	5 164	50 597	3 159
50	惠州 TCL 通讯设备有限公司	27 116	2 364	9 945	1 561
51	上海施乐复印机有限公司	26 607	3 235	26 268	142
52	厦门华美卷烟有限公司	26 597	15 015	25 227	628
53	中山涤纶厂有限公司	26 547	6 638	11 696	…

续表

序号	企业名称	销售额(万元)	税前利润额(万元)	总资产额(万元)	出口额(万美元)
54	江苏春兰制冷设备有限公司	26 531	6 416	19 288	113
55	广东太阳神集团有限公司	26 324	4 176	17 884	7
56	新疆天山毛纺织品有限公司	26 213	5 289	40 000	1 600
57	中美天津史克制药有限公司	26 094	…	19 639	220
58	北京四通办公设备有限公司	26 074	2 905	976	173
59	深圳创华合作有限公司	24 590	130	…	4 368
60	海丰鞋业有限公司	24 435	2 150	6 940	4 396
61	上海露美庄臣化妆品有限公司	24 276	5 129	28 641	125
62	广东浮法玻璃有限公司	23 788	…	…	…
63	大连斯大精密有限公司	23 442	23	17 689	4 357
64	上海三菱电梯有限公司	22 665	3 570	25 226	205
65	惠州中欧电子有限公司	22 176	622	6 576	3 508
66	深圳世纪电子有限公司	22 159	493	…	…
67	津美饮料有限公司	22 053	…	21 590	…
68	大连日清制油有限公司	21 992	307	25 016	2 231

续表

序号	企业名称	销售额(万元)	税前利润额(万元)	总资产额(万元)	出口额(万美元)
69	雅达电子有限公司	21 800	738	…	325
70	中国国际海运集装箱股份有限公司	20 900	2 779	…	3 926
71	福新显像管有限公司	20 304	1 538	12 932	121
72	上海利华有限公司	20 225	5 530	12 280	659
73	中国惠普有限公司	20 102	5 773	13 598	429
74	正大岳阳有限公司	20 065	3 907	…	…
75	赣新电视有限公司	20 059	2 625	8 699	274
76	北京飞利浦有限公司	19 880	2 755	12 530	1 358
77	厦门利恒涤纶有限公司	19 438	12 418	29 722	…
78	华丝企业股份有限公司	19 160	2 681	…	3 293
79	厦门华纶化纤有限公司	19 070	4 020	32 276	121
80	中山中粤马口铁工业有限公司	18 713	…	…	60
81	东莞福安纺织印染有限公司	18 108	1 188	9 960	2 606
82	深圳索泰克电子有限公司	18 000	1 638	…	350
83	佛山大陆制罐有限公司	17 427	3 670	13 882	1 619

续表

序号	企业名称	销售额(万元)	税前利润额(万元)	总资产额(万元)	出口额(万美元)
84	广州生力啤酒有限公司	17 399	2 858	8 640	319
85	中国国际钢铁制品有限公司	17 318	2 410	27 409	581
86	北京正大饲料有限公司	17 139	4 264	3 046	8
87	穗屏企业有限公司二厂	16 606	444	11 310	91
88	福建协丰鞋业有限公司	16 500	2 105	11 482	3 483
89	北京巴、威有限公司	16 210	1 273	24 478	151
90	宝安南太电子有限公司	16 130	560	…	269
91	深圳顺丰瓦通纸品有限公司	16 045	1 344	…	1 262
92	上海海欣有限公司	15 850	3 750	12 006	2 714
93	广州番禺糖果有限公司	15 637	5 997	8 254	56
94	厦门灿坤电器有限公司	15 152	754	9 717	2 723
95	漳州国际铝容器有限公司	15 081	907	27 699	…
96	深圳宝菱同利有限公司	15 000	310	…	2 896
97	江门恩平广联泰纺织企业有限公司	14 485	…	51 222	1 703
98	北京顶好制油有限公司	14 341	539	7 258	4

续表

序号	企业名称	销售额(万元)	税前利润额(万元)	总资产额(万元)	出口额(万美元)
99	扬州通运集装箱有限公司	14 338	1 065	15 326	2 446
100	江门新会毛纺厂	14 312	1 534	3 920	620
101	上海易初通用机器有限公司	14 205	2 581	16 940	1
102	正大康地—珠海有限公司	14 082	420	7 125	590
103	深圳海虹化工有限公司	14 043	2 980	…	1 756
104	青岛啤酒第二有限公司	13 508	3 541	25 057	1 393
105	广东台山纺织厂有限公司	13 483	…	23 812	1 254
106	天津天美食品有限公司	13 459	…	5 184	103
107	杭州中萃食品有限公司	13 426	3 702	14 813	…
108	顺德蚬华微波制品厂有限公司	13 418	402	14 008	3 115
109	华业特种晴纶毛条有限公司	13 246	452	6 154	…
110	深圳亚洲自行车厂有限公司	13 200	793	…	1 008
111	上海联华合纤有限公司	12 938	5 474	13 558	2
112	营口信—皮革有限公司	12 933	370	4 064	2 619
113	广州广荣鞋业有限公司	12 841	1 525	6 499	2 436

续表

序号	企业名称	销售额(万元)	税前利润额(万元)	总资产额(万元)	出口额(万美元)
114	广东开平平达棉纺企业有限公司	12 800	5	15 893	359
115	南洋木材工业有限公司	12 722	335	11 407	2 044
116	沈阳新华印染有限公司	12 706	17	15 993	2
117	沈阳长桥胶带有限公司	12 680	2 090	11 237	…
118	美星制鞋有限公司	12 467	…	3 391	534
119	深圳饮乐汽水厂	12 350	1 518	…	1 376
120	华港精密有限公司	12 271	228	2 528	2 361
121	三洋半导体(蛇口)有限公司	12 250	457	…	2 280
122	天津福津木业有限公司	12 091	…	9 500	14
123	营口三益纺织有限公司	12 090	549	19 571	303
124	南京中萃食品有限公司	12 030	3 500	2 659	…
125	广州百事可乐汽水厂	11 859	1 653	8 790	…
126	顺德三发鞋业有限公司	11 506	417	4 544	2 102
127	沈阳飞宇橡胶制品有限公司	11 497	2 412	6 168	3
128	汕头市塑胶装饰材料厂	11 438	827	9 441	244

续表

序号	企业名称	销售额(万元)	税前利润额(万元)	总资产额(万元)	出口额(万美元)
129	深圳维富化工有限公司	11 340	114	…	180
130	福州榕东活动房有限公司	11 184	289	1 787	136
131	中国南方玻璃有限公司	11 100	4 472	…	811
132	上海联合纺织集团有限公司	11 076	428	20 072	1 503
133	成都正大有限公司	11 067	2 461	9 500	…
134	中国银利来有限公司	11 016	1 074	3 668	122
135	徐州光环钢管有限公司	11 000	170	14 839	145
136	海南琼海涤纶厂	10 918	2 938	7 193	…
137	无锡奇美皮革有限公司	10 880	505	6 344	35
138	北京航空食品有限公司	10 834	5 484	9 735	834
139	吉林正大有限公司	10 789	2 300	9 233	26
140	利多鞋业投资有限公司	10 767	27	2 197	2 016
141	广达鞋业有限公司	10 688	563	5 700	2 047
142	上海海鸟电子有限公司	10 666	58	1598	2 021
143	惠州市柏惠电子有限公司	10 610	233	4 820	1 977

续表

序号	企业名称	销售额(万元)	税前利润额(万元)	总资产额(万元)	出口额(万美元)
144	上海纳铁福传动轴有限公司	10 549	2 830	14 694	13
145	阳春春华锦纶纺织有限公司	10 538	703	11 994	1 159
146	大连企荣铸铁管有限公司	10 497	…	11 111	203
147	中德武汉长江啤酒有限公司	10 391	…	21 203	…
148	南源化妆品有限公司	10 314	3 700	16 448	392
149	顺德金龙油墨实业公司	10 312	747	11 084	288
150	西安横河控制系统有限公司	10 305	393	6 608	…
151	蛇口华都绸缎有限公司	10 300	1 030	…	1 585
152	上海神明电机有限公司	10 284	2 353	…	1 915
153	杭信丝绸印染有限公司	10 142	110	15 000	1 042
154	佛山电缆厂	10 114	1 521	6 814	60
155	中山国际玩具有限公司	10 081	403	1 421	1 284
156	佳能珠海有限公司	10 060	…	31 591	2 185
157	东莞生益敷铜板有限公司	10 045	1 058	1 769	905
158	福建荔丰鞋业开发有限公司	10 044	1 196	2 362	1 859

续表

序号	企业名称	销售额(万元)	税前利润额(万元)	总资产额(万元)	出口额(万美元)
159	裕华聚酯切片厂	9 966	532	36 232	36
160	厦门富华光学工业有限公司	9 879	34	2 436	1892
161	上海跃龙有色金属有限公司	9 879	1 155	24 580	422
162	深圳赤晓组合房屋有限公司	9 760	322	…	84
163	广州麦芽有限公司	9 754	1 322	16 535	6
164	北京奥克兰防水材料有限公司	9 740	880	8 574	7 676
165	厦门领雅电子有限公司	9 740	…	3 377	1870
166	厦门三德兴工业有限公司	9 623	2 415	2 757	1 056
167	广东三洋冷气机有限公司	9 618	1 274	3 662	138
168	惠州市奇胜电器工业有限公司	9 597	804	6 072	1 158
169	涵江鞋业有限公司	9 520	474	4 326	1 627
170	上海申光毛绒实业有限公司	9 491	1 520	9 596	1 625
171	北京大发正大有限公司	9 465	…	24 745	…
172	潮州市可宏烤鳗制品公司	9 429	811	154	2 059
173	平丰织布企业有限公司	9 377	61	9 183	789

续表

序号	企业名称	销售额(万元)	税前利润额(万元)	总资产额(万元)	出口额(万美元)
174	南通三友时装有限公司	9 370	449	2 382	1 728
175	华东联合制罐有限公司	9 355	…	6 023	…
176	广东鹤山玩具厂	9 338	72	10 257	1 720
177	金钱饲料(中国)有限公司	9 304	711	…	138
178	番禺兴泰鞋业有限公司	9 298	30	3 939	1 781
179	华声音响器材有限公司	9 278	1 097	7 618	1 190
180	厦门进雄企业有限公司	9 208	457	8 120	1763
181	上海福克斯波罗有限公司	9 173	4 173	…	510
182	蚬华电器制造厂	9 153	376	12 373	1 524
183	深圳安科高技术有限公司	9 128	2 786	…	1 743
184	成都恩威世亨制药有限公司	9 119	5 308	4 800	…
185	惠信精密部件有限公司	9 105	910	10 918	1 622
186	正大康地—汕头有限公司	9 100	347	2 784	…
187	迅达电子(惠州)有限公司	9 028	445	2 071	1 338
188	马尾水产饲料公司	8 930	1 496	4 524	…

续表

序号	企业名称	销售额(万元)	税前利润额(万元)	总资产额(万元)	出口额(万美元)
189	北京雪莲羊绒有限公司	8 886	447	12 733	206
190	深圳华力包装贸易有限公司	8 821	1 525	…	1 287
191	上海民乐啤酒饮料有限公司	8 810	466	27 367	…
192	北京中燕羽绒有限公司	8 793	1 217	6 117	168
193	东莞东华机械有限公司	8 753	1 957	4 460	250
194	东莞冠亚企业有限公司	8 751	111	4 098	1 005
195	广州联和鞋业有限公司	8 742	220	4 410	1 626
196	前山裕新织染厂有限公司	8 728	…	6 052	1 678
197	上海大顺人造毛皮有限公司	8 654	1 674	8 389	1 276
198	美光印染砂洗厂有限公司	8 618	…	430	…
199	佛山电子有限公司	8 615	83	340	705
200	华瑞制药有限公司	8 598	1 584	9 909	166
201	华山棉纺织企业有限公司	8 562	27	15 137	…
202	珠海啤酒厂	8 548	…	38 314	5
203	泰山饲料发展公司	8 491	137	1 778	2

续表

序号	企业名称	销售额(万元)	税前利润额(万元)	总资产额(万元)	出口额(万美元)
204	汕特锦龙织染制衣有限公司	8 468	340	6 707	1 517
205	中国南通华丰有限公司	8 457	514	4 033	104
206	北洋集装箱有限公司	8 416	…	9 087	1 578
207	乐庭电线工业(惠州)有限公司	8 384	280	4 300	1 595
208	深圳华源实业股份有限公司	8 362	617	…	1 379
209	厦门华航企业有限公司	8 257	462	2 547	…
210	广州鸿泰(德港)木业有限公司	8 241	122	…	…
211	龙海鞋业有限公司	8 218	798	3 614	1 541
212	深圳南山上村旭光有限公司	8 200	93	…	158
213	中山隆成日用制品有限公司	8 143	234	2 869	1 291
214	厦门宝航电子有限公司	8 117	…	180	1 555
215	深圳市长兴电器制造有限公司	8 096	…	…	…
216	深圳海润纺织品有限公司	8 081	63	…	…
217	江西华丰塑胶企业有限公司	8 039	109	1 494	8
218	广州梅园针织印染有限公司	8 027	100	1 733	1 225

续表

序号	企业名称	销售额(万元)	税前利润额(万元)	总资产额(万元)	出口额(万美元)
219	深圳冠越实业有限公司	8 003	1 006	…	1 502
220	通广—北电有限公司	8 000	1138	…	305
221	宝城鞋业有限公司	7 993	6	2 081	1 502
222	深圳兴利五金塑胶有限公司	7 990	587	…	291
223	昆山协孚人造皮有限公司	7 952	1 140	2 723	295
224	南通正大畜禽水产有限公司	7 879	1 443	8 448	…
225	福辉首饰有限公司	7 720	790	…	…
226	豫大畜牧饲料有限公司	7 708	1 006	12 281	…
227	惠丰电子(惠州)有限公司	7 699	60	3 977	145
228	上海华海集装箱制造有限公司	7 647	533	13 563	…
229	明石印染厂有限公司	7 572	890	6 932	1 000
230	广廉床单有限公司	7 560	79	2 600	1 492
231	常熟函润千斤顶有限公司	7 560	659	…	…
232	上海合众—开利空调设备有限公司	7 496	3 323	11 448	22
233	常熟通润机电有限公司	7 493	321	4 321	1 060

续表

序号	企业名称	销售额(万元)	税前利润额(万元)	总资产额(万元)	出口额(万美元)
234	深圳百士特塑料彩印有限公司	7 470	1 714	2 322	28
235	深圳华加日铝业有限公司	7 437	1 714	2 322	28
236	新会海新纺织厂	7 430	303	8 974	673
237	深圳塑胶股份有限公司	7 420	852	6 078	404
238	蒲田新果鞋业有限公司	7 417	221	3 120	1 366
239	广州宗兴鞋业有限公司	7 375	…	4 171	1 414
240	河北联合制药有限公司	7 365	1 166	6 988	…
241	黑龙江双城雀巢有限公司	7 330	…	…	…
242	北方重型汽车有限公司	7 318	3 643	22 320	…
243	南通海盟有限公司	7 308	1 093	5 554	369
244	蒲田黄石鞋业有限公司	7 267	98	2 067	1 445
245	上海申实纺织有限公司	7 238	309	7 877	1 005
246	新会合成纤维厂有限公司	7 182	30	9 967	130
247	汕头市海力化纤有限公司	7 102	714	6 245	83
248	深圳嘉年印刷包装有限公司	7 100	1 035	…	390

续表

序号	企业名称	销售额（万元）	税前利润额（万元）	总资产额（万元）	出口额（万美元）
249	天津国际联合轮胎橡胶有限公司	7 068	…	21 532	251
250	烟台华润锦纶有限公司	7 029	…	9 803	34
251	深圳富华纺织丝绸有限公司	7 000	562	…	1 219
252	大连常荣胶合板有限公司	6 968	…	5 619	46
253	广美食品有限公司	6 964	1 246	8 619	6
254	广州积士佳食品有限公司	6 962	…	6 123	23
255	鞍山千丰企业有限公司	6 957	34	9 724	1 344
256	武汉华美饲料有限公司	6 933	…	6 431	658
257	上海高桥管件有限公司	6 931	28	857	658
258	江西赣建竹木工业有限公司	6 909	110	405	51
259	三新织染厂有限公司	6 899	1 161	4 801	86
260	广州冷冻食品有限公司	6 829	1 694	8 752	26
261	明达塑胶（福建）有限公司	6 824	…	9 803	1 338
262	北窖兴顺食品发展有限公司	6 805	…	6 366	901
263	上海益昌薄板有限公司	6 791	1 140	106 018	…

续表

序号	企业名称	销售额(万元)	税前利润额(万元)	总资产额(万元)	出口额(万美元)
264	厦门侨兴工业有限公司	6 775	678	7 230	1 231
265	徐州徐港电子有限公司	6 704	960	4 905	352
266	远东饼干厂(中国)有限公司	6 700	861	…	214
267	深圳市联合饼干—广进(中国)有限公司	6 674	385	…	…
268	深圳市新华纺织有限公司	6 652	515	…	…
269	汕头隆亿升鞋业有限公司	6 640	…	…	…
270	中山时泽鞋业有限公司	6 605	118	…	…
271	上海爱思旅行用品有限公司	6 600	643	3 804	926
272	包头鹿达羊绒衫有限公司	6 598	329	15 918	678
273	华嘉食品有限公司	6 595	1 830	5 886	200
274	上海申丰食品有限公司	6 553	608	…	…
275	福建丰立鞋业开发有限公司	6 523	130	328	1 219
276	永利坚铝业有限公司	6 517	791	7 470	540
277	深圳中兴企业联合有限公司	6 500	1 410	…	1 233
278	深圳威诚电器有限公司	6 500	543	…	282

续表

序号	企业名称	销售额(万元)	税前利润额(万元)	总资产额(万元)	出口额(万美元)
279	添好工艺制品(深圳)有限公司	6 500	568	7 470	1 111
280	广州万宝电工器材有限公司	6 482	…	26 668	320
281	兴隆工业有限公司	6 482	673	1 966	1 244
282	安溪凤华制衣有限公司	6 450	300	3 280	1 308
283	厦门欧拜克自行车有限公司	6 445	439	3 636	715
284	江苏斯维特蜂产品有限公司	6 413	266	…	…
285	上海申益纺织印染有限公司	6 408	339	6 261	461
286	申越富式塑料制品有限公司	6 400	600	2 988	3
287	蒲田青颖鞋业有限公司	6 399	89	4 697	1 025
288	苏州讯达电梯有限公司	6 375	…	8 106	32
289	石龙华法实业有限公司	6 374	12	1 069	542
290	上海实业交通电器有限公司	6 352	1 406	7 956	38
291	福州成伟鞋业有限公司	6 352	311	2 737	1 140
292	渤海铝业有限公司	6 330	1 188	81 300	113
293	中国江海木业有限公司	6 321	1 330	3 095	…

续表

序号	企业名称	销售额(万元)	税前利润额(万元)	总资产额(万元)	出口额(万美元)
294	3M 中国有限公司	6 316	1 183	…	…
295	常州华昌国际集装箱有限公司	6 310	…	8 219	1 370
296	深圳斯比泰电子有限公司	6 300	417	…	1 160
297	远东服装有限公司	6 297	304	4 242	1 068
298	惠州市惠通染整有限公司	6 278	933	…	…
299	合肥嘉利华油脂油料有限公司	6 269	285	2 370	936
300	深圳市天狮电器有限公司	6 268	…	…	…
301	北京京新电子有限公司	6 246	1 017	4 320	178
302	深圳市大成食品(蛇口)有限公司	6 240	824	…	…
303	顺德县震德塑料机械厂有限公司	6 208	1 820	5 763	124
304	凯达(深圳)玩具企业有限公司	6 200	180	…	1 139
305	海南南般鞋厂	6 189	…	1 100	1 187
306	顺德三杰针织厂有限公司	6 187	539	3 443	449
307	深圳银海自行车有限公司	6 184	7	…	…
308	广州广腾照相机工业有限公司	6 167	15	1 072	1 150

续表

序号	企业名称	销售额(万元)	税前利润额(万元)	总资产额(万元)	出口额(万美元)
309	广州拓威鞋业有限公司	6 165	15	2 189	1 162
310	佛山市顺德顺发塑料实业有限公司	6 153	421	…	…
311	新会新辉饲料厂	6 132	48	1 718	4
312	平顺纺织企业有限公司	6 103	16	5 469	115
313	海南文昌县昌利铝箔纸厂	6 103	189	8 008	…
314	桂林万雅珠宝有限公司	6 087	258	308	1 106
315	美华音像制品有限公司	6 059	…	2 751	101
316	闽侯青山制鞋有限公司	6 043	…	…	…
317	上海世界时装有限公司	6 024	952	4 674	963
318	无锡华美糖果有限公司	6 023	1 674	4 719	210
319	厦门东方食品有限公司	6 015	3 243	3 171	…
320	汕特伟达包装材料有限公司	6 008	221	3 403	210
321	顺德港德鞋业有限公司	6 002	109	3 760	1 177
322	邯郸新达棉纺织有限公司	5 969	…	8 692	761
323	广通食品有限公司	5 947	1 391	4 117	5

续表

序号	企业名称	销售额(万元)	税前利润额(万元)	总资产额(万元)	出口额(万美元)
324	蓝带啤酒厂(肇庆)有限公司	5 923	2 452	17 209	…
325	潮州市华达利实业有限公司	5 921	…	10 456	787
326	珠海东鑫医药有限公司	5 919	422	1 896	2
327	盐城市振阳绒毛制品有限公司	5 918	1 162	5 483	940
328	广州美达针织布有限公司	5 910	232	…	…
329	辽宁长征轮胎有限公司	5 902	676	5 509	…
330	肇港综合制罐公司	5 889	380	11 239	…
331	上海百事可乐有限公司	5 873	289	7 473	…
332	厦门波特鞋业有限公司	5 842	41	1 618	1 126
333	厦门新纶纺织有限公司	5 834	…	3 996	1 172
334	唐山三丰饲料有限公司	5 829	560	1 378	429
335	天龙(国际)针织企业有限公司	5 822	…	5 514	410
336	鞍山安舒装饰材料有限公司	5 809	516	4 516	49
337	肇煌鞋业有限公司	5 802	368	4 315	1 125
338	广州喜乐食品有限公司	5 778	1 788	6 311	…

续表

序号	企业名称	销售额(万元)	税前利润额(万元)	总资产额(万元)	出口额(万美元)
339	无锡兴业纺织印染有限公司	5 756	…	5 985	…
340	万山钢铁有限公司	5 750	1 025	4 196	441
341	广州永发塑料制品有限公司	5 749	…	12 082	1 076
342	协和电子工业(珠海)有限公司	5 740	1 388	8 749	589
343	深圳东南丝绸有限公司	5 710	630	…	1 031
344	湛江佳信电子实业有限公司	5 708	1 437	1 300	50
345	福州福盈鞋业有限公司	5 675	3	…	…
346	厦门欣丰运动器材有限公司	5 672	27	…	…
347	烟台春生滑动轴承有限公司	5 669	…	1 300	…
348	深圳敦煌服装有限公司	5 668	89	…	422
349	上海金海鞋业有限公司	5 667	889	2 730	23
350	广州番禺大兴制鞋实业有限公司	5 664	45	5 458	566
351	大连原田工业有限公司	5 654	164	12 670	1 279
352	广州美业针织印染厂有限公司	5 650	…	661	884
353	上海百乐毛纺织有限公司	5 646	552	8 530	706

续表

序号	企业名称	销售额(万元)	税前利润额(万元)	总资产额(万元)	出口额(万美元)
354	厦门国际化学有限公司	5 631	1 561	3 383	33
355	福州福禄鞋业有限公司	5 618	471	5 242	1 052
356	营口中基纺织品有限公司	5 603	639	7 986	225
357	天津联海皮革工业有限公司	5 598	…	8 822	16
358	大连联合饲饲料有限公司	5 580	222	4 480	…
359	中山时泽鞋业有限公司	5 575	118	4 939	…
360	上海协通针织有限公司	5 566	87	3 261	…
361	广州迪卡彩印有限公司	5 563	3011	367	11
362	深圳啤酒有限公司	5 548	…	…	…
363	镇江江奎电子实业有限公司	5 545	801	3 655	15
364	新疆绿州长绒棉有限公司	5 544	…	21 891	517
365	上海东方航空食品有限公司	5 543	1 885	6 240	520
366	辽宁北方食品有限公司	5 528	…	2 071	1 018
367	杭城摩擦材料有限公司	5 518	764	5 695	1
368	上海通惠—开利空调设备有限公司	5 517	1 469	4 273	88

续表

序号	企业名称	销售额(万元)	税前利润额(万元)	总资产额(万元)	出口额(万美元)
369	福建冠源轻工制品有限公司	5 512	716	6 112	1 057
370	北京隐形眼镜有限公司	5 505	2 737	8 146	…
371	伊春光明家具有限公司	5 504	1 468	…	…
372	广州华昌鞋业有限公司	5 502	159	2 743	764
373	常州常顺电器有限公司	5 445	365	4 594	249
374	上海建设、路桥机械设备有限公司	5 424	582	5 875	43
375	厦门宏泰发展有限公司	5 414	12	…	…
376	仙游华兰塑胶有限公司	5 400	45	…	…
377	天津裕年空调器有限公司	5 400	…	3 612	…
378	菏泽裕鲁食品有限公司	5 380	496	3 480	890
379	华凌电器工业有限公司	5 370	…	5 170	1 000
380	深圳奥林天然饮料有限公司	5 367	213	…	…
381	厦新电子有限公司	5 363	271	8 032	6
382	潍坊美城肉鸡有限公司	5 351	325	6 755	329
383	汕头汕特伟达包装材料有限公司	5 330	378	…	…

续表

序号	企业名称	销售额(万元)	税前利润额(万元)	总资产额(万元)	出口额(万美元)
384	深圳市业进(深圳)电子有限公司	5 325	2 501	6 755	329
385	佛山金兰铝厂有限公司	5 320	79	5 100	402
386	汕头春源实业有限公司	5 309	…	…	
387	福建仙游亿承鞋业有限公司	5 300	89	3 668	1 020
388	永大胶粘制品厂	5 295	152	5 325	93
389	汕头市超声印制板有限公司	5 285	1 585	9 356	226
390	舟洋渔业合营公司	5 280	5 071	6 361	771
391	深圳市蛇口雅德电子有限公司	5 275	…	…	
392	嘉泰陶瓷有限公司	5 274	…	7 812	11
393	平沙华侨漂染厂	5 267	108	689	992
394	福州山一鞋业有限公司	5 262	290	3 821	984
395	石狮市建明染织有限公司	5 252	…	1 540	
396	惠州市惠城电子有限公司	5 249	20	5 261	956
397	青岛日清国际食品开发有限公司	5 237	984	4 151	232
398	超富发展(福建)水产有限公司	5 225	170	350	

续表

序号	企业名称	销售额(万元)	税前利润额(万元)	总资产额(万元)	出口额(万美元)
399	深圳中轻泳辉轻工实业有限公司	5 222	1 921	…	940
400	至法(广州)实业有限公司	5 217	518	14 353	846
401	珠海世界电子有限公司	5 208	…	…	
402	广西翔发棉纺织有限公司	5 206	…	8 600	962
403	骏凯鞋业有限公司	5 148	22	1 003	955
404	广州六菱摄影材料有限公司	5 144	520	2 913	
405	临沂新光纺织有限公司	5 130	…	6 981	97
406	深圳兰海电子有限公司	5 122	357	…	
407	深圳金艺塑胶电子有限公司	5 119	198	…	
408	营口纸业有限公司	5 105	…	…	
409	天津津达制衣有限公司	5 105	…	4 749	130
410	上海福海企业有限公司	5 105	220	12 788	102
411	山东康威电子有限公司	5 105	607	4 500	259
412	上海高仕香精有限公司	5 105	1 272	3 179	205
413	张家港贝贝制鞋有限公司	5 091	125	5 250	944

续表

序号	企业名称	销售额(万元)	税前利润额(万元)	总资产额(万元)	出口额(万美元)
414	广州华新鞋业有限公司	5 083	…	2 069	951
415	深圳飞达表业有限公司	5 076	544	…	511
416	厦门吉立企业有限公司	5 072	952	4 466	964
417	富润针织有限公司	5 069	313	2 805	676
418	浙江茶织华制衣有限公司	5 069	614	2 468	1 361
419	济南东港实业有限公司	5 066	595	7 389	68
420	福建省耀华工业玻璃有限公司	5 050	1 611	15 000	450
421	深圳深日油墨有限公司	5 048	749	…	175
422	福昌塑胶有限公司	5 023	505	2 510	869
423	北京奔驰衬衫有限公司	5 020	368	9 700	154
424	厦门胜天企业有限公司	5012	1 077	2 884	462
425	万乐毛衫有限公司	5 007	…	771	417
426	珠海格力美达磁碟厂	5 001	168	9 715	885
427	广州—莎艾镀锌钢结构有限公司	4 996	…	7 382	…
428	海南饮料食品有限公司	4 996	…	9 786	…

续表

序号	企业名称	销售额(万元)	税前利润额(万元)	总资产额(万元)	出口额(万美元)
429	无锡华新可可食品有限公司	4 995	689	3 854	503
430	茂名双琳毛条有限公司	4 981	46	7 473	62
431	北京家禽育种有限公司	4 979	1 719	9 135	…
432	深圳市太平洋铜材有限公司	4 972	304	…	…
433	上海英华纺织品有限公司	4 970	707	…	904
434	无锡华燕化纤有限公司	4 954	716	5 201	…
435	汕特锦荣企业有限公司	4 953	42	4 569	919
436	蛇口开源企业有限公司	4 939	810	…	904
437	宁波雅戈尔制衣有限公司	4 934	289	3 332	26
438	上海锦乐纺织装饰品有限公司	4 930	577	5 639	335
439	天津雅马哈电子乐器有限公司	4 900	…	7 915	124
440	广州利民家庭电器有限公司	4 892	59	10 652	958
441	鸿联灯饰有限公司	4 884	507	2 572	102
442	常州中化勤丰塑料有限公司	4 879	12	5 089	…
443	华益铝厂有限公司	4 876	206	…	…

续表

序号	企业名称	销售额(万元)	税前利润额(万元)	总资产额(万元)	出口额(万美元)
444	广州彩星玩具有限公司	4 872	509	4 269	933
445	超力国际(中国)食品有限公司	4 855	351	1 288	242
446	蒲田市涵江大福鞋业有限公司	4 851	465	4 378	700
447	邯华纺织有限公司	4 851	…	11 043	689
448	广州国光电器有限公司	4 841	401	2 604	527
449	北京京华纺织有限公司	4 841	…	7 522	848
450	世界国际铝业制品厂	4 832	52	4 867	29
451	上海・格拉曼国际消防设备有限公司	4 831	243	6 265	4
452	大连波罗勒钢管有限公司	4 818	2 575	4 400	656
453	珠海特区东大鞋业有限公司	4 793	120	…	…
454	中国安利人造革有限公司	4 790	578	3 604	32
455	上海华申丝绸有限公司	4 780	579	3 303	774
456	天津华美食品有限公司	4 777	…	3 591	…
457	上海旁氏有限公司	4 757	2 182	4 111	121
458	上海王安电脑发展公司	4 747	406	3 803	…

续表

序号	企业名称	销售额(万元)	税前利润额(万元)	总资产额(万元)	出口额(万美元)
459	苏州胶囊有限公司	4 738	1 914	6 476	109
460	浙江华裕工艺织染有限公司	4 726	586	4 437	…
461	青岛港兴包装有限公司	4 721	1 011	3 971	617
462	潮州市潮港制衣有限公司	4 711	31	606	879
463	珠海昌盛印染有限公司	4 705	872	…	…
464	辽宁东方特种饲料有限公司	4 680	749	4 444	…
465	福州金利森纺织有限公司	4 659	1 671	5 375	…
466	广东海山化工制布厂有限公司	4 655	83	1 381	51
467	旦旦有限公司	4 648	296	257	890
468	厦门龙和有限公司	4 644	37	3 534	846
469	中国江本有限公司	4 620	260	4 392	867
470	广州番禺金马国际制衣中心	4 618	149	4 136	817
471	上海环球玩具有限公司	4 617	452	4 994	689
472	海懋工程服务公司	4 612	250	5 232	…
473	广州科苑电子有限公司	4 595	84	8 319	864

续表

序号	企业名称	销售额(万元)	税前利润额(万元)	总资产额(万元)	出口额(万美元)
474	中国太阳石油公司	4 587	242	2 039	254
475	常熟英沪国际标准紧固件有限公司	4 583	328	4 689	396
476	山东华临纺织有限公司	4 579	292	…	…
477	月亮贺卡(番禺)有限公司	4 574	545	3 461	836
478	北京顺美服装有限公司	4 568	550	4 660	541
479	天津远洋玻璃制品有限公司	4 567	…	8 069	105
480	西安维美德造纸机械有限公司	4 554	…	…	36
481	广兴食品有限公司	4 547	475	2 632	4
482	福建四海水产有限公司	4 542	…	2 803	775
483	华美洁具有限公司	4 523	495	7 495	219
484	深圳市中国环球印务有限公司	4 523	500	…	…
485	深圳华盛家具装饰有限公司	4 500	822	…	459
486	仙游泰立鞋业有限公司	4 492	322	1 458	1 500
487	大连桑扶阑丝绸服装公司	4 489	178	3 226	783
488	中山保达仿皮制品有限公司	4 463	661	4 096	209

续表

序号	企业名称	销售额(万元)	税前利润额(万元)	总资产额(万元)	出口额(万美元)
489	富隆革裘制品有限公司	4 463	102	2 697	809
490	深圳市宝源制品厂有限公司	4 462	119	…	…
491	扬州乐凯玩具有限公司	4 458	254	2 227	854
492	津英纺纱有限公司	4 450	…	15 046	819
493	上海泰山陶瓷有限公司	4 431	264	7 231	7
494	汕特昌泰企业有限公司	4 428	3	1 520	64
495	宁波天马电子有限公司	4 424	260	2 465	10
496	西古光纤光缆有限公司	4 422	1 040	11 059	…
497	深圳银田纺织丝绸制衣有限公司	4 410	351	…	…
498	中国广州埃特尼特有限公司	4 405	807	4 256	182
499	深圳海港石油化工企业有限公司	4 389	403	…	…
500	厦门义芳鞋业有限公司	4 371	…	1 692	819

资料来源：《国际商报》1992 年 10 月 24 日。

参 考 书 目

一、中文部分

(一)书籍文章部分

1. 马克思:《资本论》1—3 卷。

2. 列宁:《帝国主义是资本主义的最高阶段》。

3. 郭吴新、洪文达等主编:《世界经济》第一册、第二册，高等教育出版社 1990 年第 2 版(修订版)。

4. 王怀宁、黄苏著:《国际资本简论》，中国财政经济出版社 1987 年版。

5. 滕维藻、陈荫枋主编:《跨国公司概论》，人民出版社 1991 年版。

6. [苏]格·安德列耶夫著:《美国资本输出》，世界知识出版社 1958 年版。

7. 陈宝森著:《美国经济与政府政策—从罗斯福到里根》，世界知识出版社 1988 年版。

8. [美]王念祖[中]滕维藻主编:《跨国公司与中国的开放政策》，南开大学出版社 1990 年版。

9. 郑伟民、黄苏、解德源著:《战后资本主义经济》，经济科学出版社 1986 年版。

10. 褚葆一、张幼文著:《世界经济学原理》，中国财政经济出版社 1989 年版。

11. 仇启华主编:《世界经济学》上册，中央党校出版社 1989 年版。

12. 宋涛主编：《当代帝国主义经济》，经济科学出版社 1988 年版。

13. 叶刚著：《遍及全球的跨国公司》，复旦大学出版社 1989 年版。

14. [英]尼尔·胡德、斯蒂芬·扬著，叶刚等译：《跨国企业经济学》，经济科学出版社 1990 年版。

15. 章嘉琳主编：《变化中的美国经济》，学林出版社 1987 年版。

16. 吴大琨主编：《当代资本主义结构：特征·走向》，上海人民出版社 1991 年版。

17. 吴开棋编著：《国际投资学》，中国对外经济贸易出版社 1990 年版。

18. 肖海泉等主编：《国际投资与劳务合作》，南京大学出版社 1991 年版。

19. 汪熙、[美]霍尔顿主编：《中美经济关系：现状与前景》，复旦大学出版社 1989 年版。

20. 郭振英主编：《利用外资理论与实践》，南开大学出版社 1988 年版。

21. [日]小岛清著，周宝廉译：《对外贸易论》，南开大学出版社 1987 年版。

22. [苏]A. 基尔萨诺夫著，朱泱译：《美国与西欧》，南务印书馆 1978 年版。

23. 沈祖良、陈继勇著：《韩国、台湾、香港、新加坡经济述评》，湖北人民出版社 1990 年版。

24. 姚曾荫主编：《国际贸易概论》，人民出版社 1987 年版。

25. 黄素庵著：《美国经济实力的衰落》，世界知识出版社 1990 年版。

26. [美]彼得·林德特、查尔斯·金德尔伯格著，谢树森等译：《国际经济学》，上海译文出版社 1985 年版。

27. 吴纪先、赵德演、高玉芳著：《加拿大经济》，人民出版社 1980 年版。

28. 薛伯英主编:《美国政府对经济的干预和调节》，人民出版社1986年版。

29. 姚梅镇著:《国际投资法》，武汉大学出版社1989年版。

30. 樊亢、宋则行主编:《外国经济史》(近现代部分)，人民出版社1982年版。

31. 保罗·肯尼迪著，蒋葆英等译:《大国的兴衰》，中国经济出版社1989年版。

32. [苏]阿·米·沙尔科夫著:《日本和美国》，上海人民出版社1974年版。

33. [苏]苏钦科著，忻鼎明译:《战后英美在加拿大的矛盾》，世界知识出版社1957年版。

34. 张蕴岭著:《世界经济中的相互依赖关系》，经济科学出版社1989年版。

35. [阿根廷]海梅·富奇斯著，任鸣皋等译:《美国托拉斯渗入阿根廷》，世界知识出版社1963年版。

36. [苏]山大洛夫著，石宝常等译:《帝国主义争夺原料产地的斗争》，世界知识出版社1958年版。

37. 唐维霞、陈钺著:《跨国公司》，经济科学出版社1987年版。

38. 洪君彦、兆洪成编著:《跨国公司与世界经济》，机械工业出版社1988年版。

39. [美]斯·罗博克著，唐振彬译:《巴西经济发展研究》，上海译文出版社1980年版。

40. 阿里斯托特列斯·莫拉著、黄北林译:《外国资本在巴西》，世界知识出版社1966年版。

41. 世界银行国际金融公司编，陆鼎文等译校:《发展中国家吸收外国直接投资的经验》，山东人民出版社1990年版。

42. 联合国秘书处经济社会事务部编，南开大学经济研究所译:《世界发展中的多国公司》，商务印书馆1975年版。

43. 联合国跨国公司中心编，南开大学等译:《再论世界发展中的跨国公司》，商务印书馆1982年版。

44. 沈四宝编著：《国际投资法》，中国对外经济贸易出版社1990年版。

45. 王贵国著：《国际投资法》，法律出版社1990年版。

46. [苏]C·M·梅尼希科夫等主编，张础等译：《当代国际经济关系》，社会科学文献出版社1987年版。

47. 陈国庆著：《战后澳大利亚经济》，天津人民出版社1984年版。

48. [美]哈里·马格多夫著，伍仞译：《帝国主义时代》，商务印书馆1975年版。

49. [苏]瓦·瓦·查尔科夫著，何琴等译：《二百家俱乐部》，商务印书馆1977年版。

50. 复旦大学拉丁美洲研究室编：《拉丁美洲经济》，上海人民出版社1986年版。

51. 中国社会科学院西亚非洲研究所：《非洲经济》(二)，人民出版社1987年版。

52. 陈继勇：《论80年代以来美日间相互直接投资增长速度的不平衡及其原因》，《经济评论》1991年第2期。

53. 陈继勇：《论战后美国对外直接投资的主要特点及发展趋势》，《美加经济研究》1990年第2期。

54. 陈继勇：《论80年代以来美日间相互直接投资发展的不平衡及其趋势》，《美加经济研究》1990年第4期。

55. 陈继勇：《论50年代末期以前美国对外直接投资的主要特点》，《外国经济史论文集》，陕西人民教育出版社1991年版。

56. 陈继勇：《论80年代以来日本对美国直接投资的发展及其特点》，《日本学刊》，1992年第2期。

57. 陈继勇：《论美国海外直接投资对美国对外贸易的影响》，《对外经贸实务》1992年第2期。

58. 陈继勇：《论战后美国跨国公司海外直接投资的迅速发展对国际金融的影响》，《银行与企业》1992年第10期。

59. 陈继勇：《论战后美国对外直接投资对美国经济发展的影

响》,《经济评论》1992 年第 5 期。

60. 陈继勇:《论美国政府对美国跨国公司海外直接投资的鼓励与支持》,《武汉投资研究》1992 年第 4 期、第 5 期。

61. 陈继勇:《论 80 年代以来美国对华直接投资的发展及其前景》,《对外经贸实务》1992 年第 4 期。

62.《世界发展报告》,(1986—1990),中国财政经济出版社。

63. 于建勋:《关于我国吸收外商直接投资的情况介绍》,《国际贸易问题》1991 年第 5 期。

64. 丁浩金:《试论美国工业在经济中的地位和作用》,《世界经济》1991 年第 5 期。

65. 黄苏:《对美国国际投资地位的剖析》,《世界经济》1991 年第 1 期。

66. 金芳:《当前美国对外直接投资格局剖析》,《世界经济》1991 年第 6 期。

67. 孙海顺:《80 年代美国跨国公司对亚太发展中国家和地区的投资战略》,《外国经济与管理》1987 年第 11 期。

68. 林定伟、何晓谛:《当代跨国公司理论的主要流派》,《外国经济与管理》1986 年第 5 期。

69. 陈继勇:《论 80 年代以来美国对华直接投资的特点、问题及其对策》,《世界经济与政治》1992 年第 11 期。

(二)报刊杂志部分:

1.《世界经济》(1980—1992)

2.《世界经济与政治》(1989—1992)

3.《世界经济译丛》(1980—1992)

4.《国际贸易》(1986—1992)

5.《美国研究》(1987—1992)

6.《国际经济合作》(1988—1992)

7.《国际贸易问题》(1988—1992)

8.《拉丁美洲研究》(1988—1992)

9.《亚太经济》(1986—1992)

10.《世界经济研究》(1988—1992)
11.《世界经济文汇》(1988—1992)
12.《西欧研究》(1988—1992)
13.《美加经济研究》(1988—1992)
14.《经济日报》(1989—1992)
15.《国际商报》(1988—1992)
16.《国际经贸消息》(1989—1992)
17.(人民日报》、《湖北日报》有关文章。
18.《世界知识》(1987—1992)
19.《对外经贸实务》(1988—1992)

二、英文部分

(一)书籍部分

1. Richard E. Caves: " Wultinational Enterprise and Economic Analysis" Cambridge University Press , 1982.

2. John H. Dunning : " International Production and the Multinational Enterprise" George Allen and Unwin Ltd, 1981, Printed in Great Britain.

3. Vernon, Raymond: " International Investment and International Trade in the Product Cycle", Quarterly Jonrnal of Economics 30 (May 1966).

4. Economic Report of the President 1988, 1989, 1990, 1991, 1992.

5. Dominick Salvatore : " International Resource Movements and Multinational Corporations," Macmillan Publishing Company, New York 1987.

6. Frederick T Knickerbocker: " Oligopolistic Reaction and Multinational Enterprise," Harvard University School of Business Administration 1973.

7. Joseph Grunwald and Kenneth Flamm: "The Global Factory" the

Brookings Institution. Washington, D. C. 1985.

8. Franklin R. Root: "International Trade and Investment" (Sixth Edition), South—Western Publishing Company, 1990.

9. Robert Grosse: "Multinationalsin Latin America", Routledge London and New York 1989.

10. John H. Dunning : "Explaining International Produetion" Unwin Hyman, London. 1988.

11. Carl. A. Dassbach: "Global Enterprises and the World Economy" , Ford , General Motors and IBM, Garland Publishing. Inc, New York and London, 1989.

12. John H. Dunning: "Multinationals, Technology and Competitiveness." Unwin Hyman, London, 1988.

13. Thomas G. Parry: "The Multinational Enterprise, International Investment and Host—Country Impacts, Jai Press Inc, 1980.

14. "Foreign Direct Investment in Canad", Published by the Government of Canada, 1972.

15. "The Statistical History of the United States", Basic Books Inc, Pubiishers, New York, 1976.

16. OECD: "Investment Incentives and Disincentives and the International Investment Process", 1983.

17. Loet B. M. Mennes. Ardy J · Stoutjesdijk: "Multicountry Investment Analysis". Published for the World Bank , the Johns Hopkings University Press, 1985.

18. Martin G. Gilman: "The Financing of Foreign Direct Investment". St. Martin's Press, New York 1981.

19. Berch Berberoglu: "The Internationalization of Capital", by Praeger Publishers 1987.

20. John H. Dunning : "Multinational Enterprises, Economic Structure and International Competitiveness". John Neley and Sons 1985.

21. UNCTC: "Transnational Corporations in World Development:

Trends and Prospects." United Nations. New York, 1988.

22. UNCTC: "Foreign Direct Investment, the Service Sector and International Banking," London, 1987.

23. Thomas K. Mccraw: "America and Japan." Harvard Business School Press, 1986.

24. Sanjaya Lall and Paul Streeten: "Foreign Investment, Transnationals and Development Countries", the Micmillan Press Ltd 1977.

25. H. Peter Gray: "The Economics of Business Investment Abroad", Micmillan 1972.

26. Raymond Vernon and Mira Wilkins: "American Business Abroad," "Estimates of United States Direct Foreign Investment, 1929—1943 and 1947. Arno Press. A New York Time Company, 1976.

27. Raymond Vernon and Mira Wilkins: "U. S. Business Investments in Foreign Countries", Arno Press New York Time Company 1976.

28. UNCTC: "Transnational Corporations in World Development", Third Survey, New York 1983.

29. United Nations: International Capital Movements Durin, the Inter—War Period, New York 1949.

30. Eric D · Ramstetter: "Direct Foreign Investment in Asia's Developing Economies and Structural Change in the Asia—Pacific Region", Westview Press, 1991.

(二)杂志部分

1. Survey of Current Business, Various Issues,

2. IMF: International Financial Statistics, Various Issues.

3. OECD: Main Economic Indicators.

4. The Banker, Various Issues.

5. Economist, 1977—1992.

6. Federal Reserve. Bulletin 1988—1992.

7. Fortune 1985—1992.

8. The American Economic Review 1987—1992.

9. Challenge, 1987—1992.

10. Far East Economic Review 1987—1992.

11. Harvard Business Review 1988—1992.

12. Statistical Abstract of the United States 1980—1992.